马尔库塞文集

第一卷

技术、战争与
法西斯主义

〔美〕赫伯特·马尔库塞　著

高海青　冯波　译

COLLECTED PAPERS OF HERBERT MARCUSE

VOLUME ONE

TECHNOLOGY, WAR AND FASCISM

人民出版社

目　录

前　言

彼得·马尔库塞

　　这些从我父亲未出版的作品中整理汇编的文稿能够重见天日，以飨专业领域的学者和感兴趣的普通读者，我感到万分高兴。它们在我看来仍然与当今时代有着密切的关联。它们的历史意义不容置疑：法兰克福学派在塑造批判社会理论上所做的贡献，我父亲在新左派的思想与政治（他通常将二者放在一起考察）的历史中以及在我们时代的各种运动中所发挥的作用，对任何评判进步社会变革可能性的尝试来说，都特别重要。

　　但是，本卷中所收集的资料的意义超越了历史。它们还能就当今社会争论的前沿问题发表看法。在此，我们会看到：

　　1.许多典型的有关话语分析的范例（在讨论法西斯主义宣传及与其进行斗争的方式的资料中）；

　　2.在澄清"文化战争"上所做的贡献（在讨论反犹主义、德国人的性格及放任法西斯主义兴起的西方文化状况的资料中）；

---

① 方括号中数字为原书页码。——编者注

3.在现存社会主义失败的背景下，他对社会变革充满挑衅的评论及其对社会民主的重新审视。

我们还将会看到一个令人深感不安的问题：难道法西斯主义是一个舶来的（foreign）①、移植到西方自由民主躯体上的毒瘤，并且只有在魏玛共和国软弱无力和大萧条的时候才有可能发生的吗？还是说，它就是那些民主国家的内在趋势的必然产物呢？在表明法西斯主义就是民主国家进一步发展的必然结果的分析中，我们看到，这种潜在的倾向就存在于现有的社会经济体系中。诚然，那些迹象与当时的环境——魏玛的衰落，意大利、法国、西班牙乃至英国强劲的法西斯主义趋势，战争的不确定性和初露端倪的冷战，以及美国的麦卡锡主义——是一起出现的。对一切在美国政治最恶劣的时候试图把它列为"法西斯主义"或喻为纳粹主义的提议，我父亲都始终强烈反对。但是，极权主义的趋势（或纽曼的《比希莫特》中所描述的无序的趋势）与现有西方民主的其他方面是否有内在关联，这个问题在今天仍然悬而未决，并且让我们深感不安。

我父亲的个人经历与这些文稿中的思想和政治事件交织在了一起。我们曾就是否应该发表他的书信——有些书信是否应该完整出版——起过争论。我父亲有着很强烈的个人隐私意识，这既是性格特征，也是拒绝个人商品化的政治表达。然而，这些书信同样包含着很多实质性的讨论。我们可能会在编辑的过程中删节、剔除大量的资料。虽然没有悉数出版我父亲的全部书信（实际上，大部分都已不复存在，他从不保留不再需要的文件），但我们所做的挑选都是本着能够引起兴趣的目的，并且所选的每一

[x]

---

① 原文 foreign 后面的括号中写道："in both senses of the word"（从 foreign 的两层意义上讲），这里的两层意义应该是"本身所无的"和"不相关的"，为形象理解两种含义，在此把它译成了"舶来的"。——译者注

封书信都是全文刊载。

就我个人而言，该决定在一定程度上令我颇伤脑筋。将写给霍克海默的书信和我父亲与海德格尔往复的书信并行放置就突显了这一点。当这里发表的多数书信都已成文的时候，我只有十几岁，但有些事，我记忆犹新。我记得，几位研究所成员与领导者之间的人际关系完全不同于他们之间的学术思想关系。当研究所在纽约市的时候，霍克海默住在斯卡斯代尔（Scarsdale），而当研究所在洛杉矶的时候，他又搬到了太平洋帕利塞德（Pacific Palisades）的富裕的上流社会住宅区。他的生活方式很正式，还有仆人服侍。孩子们登门拜访时要求（即便他们完全是被带到这里的）不能喧闹、不能张扬。成员之间彼此"以您相称"（siezt），也就是用正式的"您"（you）称呼对方，尽管他们已经在一起共事（并且共同经历过剧烈的震荡）十余年。研究所的事务并没有以民主的方式运作：在波洛克的建议下，霍克海默制定了所有的行政（包括财政）决策。我母亲和纽曼一家都迫切希望（我不认为这是夸大其词，尽管我当时还很年幼，也只是私下里偶尔参与一点讨论）能够摆脱对研究所的依赖。弗兰茨·纽曼（Franz Neumann）在华盛顿迫切谋求职位，并非因为研究所发给他的薪水难以为继，而是因为他想从中解脱出来。我母亲想让我父亲也这么做。我记得，在我身处圣莫尼卡（Santa Monica）的母亲写给前往华盛顿谋取职位的父亲的一封书信中，我曾经加了一段话：我们都很期待去你那儿，妈妈不知道有多高兴。记忆中，他们为此争吵过几次；在我母亲与纽曼的催促下，以及在霍克海默与波洛克的驱使下，我父亲做出了决定。 [xi]

然而，我父亲写给霍克海默的书信表明，关于搬家一事，我父亲特别矛盾，但却丝毫没有流露出我在家庭层面感受到的紧张关系。在致海德格尔的信中，我父亲讲到了个人与政治的不可分割性，在评估与他人的关系时，他经常是首先做到符合得体（Anständigkeit）的行为准则的人。但是，在与研究所领导者的关系这件事上，情况就不同了。稍后，在霍克海默和阿多诺返回德国之后，并且特别是当他们最终选择支持美国在越南问题上的立场并且对学生运动表现出完全冷漠乃至不理解的态度的时候，我父亲与他们的关系才真正走向了破裂。这种破裂是否在 20 世纪 40 年代他们各自不同的思想取向中就已经有征兆，我不敢妄加揣测；本卷中的资料对该问题具有一定的启示意义。无论是从所未言说的内容来看，还是从已言说的内容来看，本卷发表的书信都使我感到难以卒读。

我们计划从我父亲去世后的卷宗中发掘整理最具价值的手迹，整理汇编为六卷，而这是第一卷。如果我们将所有资料都发表，可能十六卷都不止。那些被剔除的都是些没什么价值的资料：重复的文章草稿、商业信件以及读书笔记等。对于感兴趣的学者来说，这些资料可以在马尔库塞档案馆、法兰克福城市和大学图书馆中看到。那些出版的资料将按照主题和年代组织编排；道格拉斯·凯尔纳的"序"简要概述了这项计划。我们希望，能够每年刊发一卷，直至全部完成。我们要对劳特利奇出版社乐于主动承担这项巨大的工程表示感谢，也要对他们在完成这项工程中的倾力帮助表示感谢。

就个人而言，我对道格拉斯·凯尔纳愿意承担这项任务感到特别高兴。在 20 世纪 60 年代道格拉斯·凯尔纳还是一名哥伦比亚大学哲学系学生的时候，他曾参加过受我父亲影响的学生运动并且首次见到了我父亲。他和这个时代的其他年轻学生积极分子都深受我父亲思想的影响，并且道格拉斯在 60 年代就开始了他的研究，完成了他的著作《赫伯特·马尔库塞与马克思主义的危机》（*Herbert Marcuse and the Crisis of Marxism*）①，

---

① London and Berkeley: Macmillan and University of California Press.

而这本书最终于 1984 年出版。凭借著作《批判理论、马克思主义与现代性》(*Critical Theory, Marxism and Modernity*)[1] 和《批判理论与社会：读本》(*Critical Theory and Society: A Reader*)[2]，他关于批判理论的大量文章以及他正在开发的法兰克福学派网站，使其早已成为英语国家保持和发展法兰克福学派传统的主要参与者之一。因此，他同意参与我父亲著作的出版，我感到非常高兴。

---

[1]　Cambridge and Baltimore: Polity Press and Johns Hopkins University Press, 1989.

[2]　London and New York: Routledge, 1989.

[xii]

圣莫尼卡，1940 年：彼得、苏菲和赫伯特·马尔库塞

序
未知的马尔库塞：新的档案发现

道格拉斯·凯尔纳

从 20 世纪 60 年代末直到 70 年代初这段历史时期，马尔库塞被认为是世界上尚健在的最为重要的理论家之一。作为一名支持解放与革命的哲学家，马尔库塞在全世界广受赞誉。在那段岁月的时代精神（Zeitgeist）中，马尔库塞是一位声名卓著的人物，他对新左派和反抗运动产生了深远影响。他的著作得到了不同政治、理论信仰者的激烈讨论，并且还深深地影响到了新一代激进的知识分子和积极分子。事实上，他的著述甚至走进了一般公众的视野，不仅在学术性出版物中，在大众媒体中，他同样也是讨论、抨击、盛赞的对象。

然而，自 1979 年他去世之后，马尔库塞的影响逐渐式微。诚然，有一大批关于马尔库塞的著作源源不断地出现，[①] 而他尚未发表的文本的出

---

① 自马尔库塞去世后，涉及他的重要文献主要包括：Morton Schoolman, *The Imaginary Witness*. New York: Free Press, 1980; Vincent Geoghegan, *Reason and Eros: The Social Theory of Herbert Marcuse*. London: Pluto Press, 1981; Barry Katz, *Herbert Marcuse and the Art of Liberation*. London: New Left Books, 1982; Douglas Kellner, *Herbert Marcuse and the Crisis of Marxism*. London and Berkeley: Macmillan Press and University of California Press, 1984;

[xiv] 版将会激发人们对其著作的新的兴趣。尽管他所参与的革命运动浪潮的消退有助于解释马尔库塞缘何不再受欢迎，新文本和出版物的缺乏同样是一个不容忽视的原因。由于在过去的十年内，本雅明、阿多诺和哈贝马斯著作的大量新译本纷纷面世，而马尔库塞未翻译、未收集的材料却很少出现。此外，近年来普遍关注法国"后现代"或"后结构主义"理论家的著述，比如，福柯、德里达、鲍德里亚、利奥塔及其他人等，而马尔库塞不能置于现代思想与后现代思想的这种时髦的争论之中。② 不同于阿

C.Fred Alford, *Science and the Revenge of Nature: Marcuse and Habermas*. Gainesville:University of Florida Press, 1985; Roland Roth, *Rebellische Subjektivität: Herbert Marcuse und die neuen Protestbewegungen*. Frankfurt: Campus Press, 1985; Timothy J.Lukes, *The Flight Into Inwardness: An Exposition and Critique of Herbert Marcuse's Theory of Liberative Aesthetics*. Cranbury, N.J., London,and Toronto: Associated University Presses, 1986; Alain Martineau, *Herbert Marcuse's Utopia*. Montreal: Harvest House, 1986; Hauke Brunkhorst and Gertrud Koch, *Herbert Marcuse zur Einführung*. Hamburg: Junius Verlag, 1987; *Herbert Marcuse, Text + Kritik* 98 (April 1988); Robert Pippin, *et al.*, editors, *Marcuse: Critical Theory and the Promise of Utopia*. South Hadley, Mass.: Bergin & Garvey Publishers, 1988; *Faut-il Oublier Marcuse? Archives de Philosophie*, Tome 52, Cahier 3 (Juillet-Septembre 1989); *Politik und Asthetik am Ende der Industriegesellschaft: Zur Aktualität von Herbert Marcuse, Tüte*, Sonderheft (September 1989); Peter-Erwin Jansen, editor, *Befreiung denken-Ein politischer Imperative*. Offenbach: Verlag 2000, 1990; Bernard Görlich, *Die Wette mit Freud: Drei Studien zu Herbert Marcuse*. Frankfurt: Nexus, 1991; Institut für Sozialforschung, *Kritik und Utopie im Werk von Herbert Marcuse*. Frankfurt:Suhrkamp, 1992; Gérard Raulet, *Herbert Marcuse. Philosophie de l'émancipation*. Paris: Presses Universitaires de France, 1992; and John Bokina and Timothy J.Lukes, editors, Marcuse: *From the New Left to the Next Left*. Lawrence, Kansas:University of Kansas Press, 1994。

② 在马尔库塞的档案中，我看到一份有关德里达著作的广告，而马尔库塞在广告上面轻蔑地写道："这就是当今的哲学现状！"在马尔库塞的文本、书信及其他手稿中，我从未发现他有提到任何一位我所熟识的法国主要理论家。尽管马尔库塞在法国待过几年，他也经常访问法国，并与许多盛行的法国思想保持联系，他却对最后确定为后结构主义和后现代理论的思潮毫无兴趣。关于这种思潮，参见 Steven Best and Douglas Kellner, *Postmodern Theory: Critical Interrogations* (London and New York: Macmillan Press and Guilford Press,1991) 和 *The Postmodern Turn* (New York: Guilford Press, 1997)。

多诺，马尔库塞没有考察后现代对理性与启蒙的抨击，并且他的辩证法也不是"否定性的"。毋宁说，马尔库塞支持重建理性以及设想替换现存社会的乌托邦方案——一种在拒绝革命思想、拒绝宏大的解放与社会重建构想的时代中不受欢迎的辩证想象。

凭借这些法兰克福马尔库塞档案馆中丰富的、其中大量尚未发表和　[xv]
鲜为人知的资料，人们对马尔库塞的忽视或许可以有所改变。① 本卷——
马尔库塞档案馆策划的六卷本中的第一卷，将由劳特利奇出版社出版——
包含了一些极具吸引力的资料，它们都完成于 20 世纪 40 年代，即马尔库
塞参加社会研究所的合作性工作以及随后献身于反抗德国法西斯主义、为
华盛顿美国政府效力的这段时间。我们的读者首先会看到几篇关于现代技
术、民族社会主义（National Socialism）② 和社会变迁理论的文章，它们都
是马尔库塞在参与社会研究所合作性工作期间完成的。接着是马尔库塞供
职于美国政府期间或之前完成的对德国法西斯主义的讨论。随后，我们又
提供了几篇未曾发表的战后 40 年代文章，这些文章可以说已经预示了马
尔库塞后期理论的、政治的和美学的观点。此外，这一卷还包括与霍克海
默、海德格尔的多封往来书信，这些信件很有历史理论价值，它们能够解
释马尔库塞在这一塑造 20 世纪后半段轮廓的重要历史时期的生活和思想。

---

①　关于这些文章的起源、成因和意义的材料将在我的引言中揭示出来，文献注释也将安排在每
　　篇文章前面。

②　"National Socialism"，国内一般译为"国家社会主义"，但是本卷第八章"33 个论题"中却
　　出现了"State Socialism"，似乎后者更适合译为"国家社会主义"。事实上，根据马尔库塞的
　　理解，"National Socialism"，鼓吹国家是民族的代表，优等民族是社会进步的主体，主张对
　　外扩张，对内控制生产资料，但不主张生产资料的国有化；而"State Socialism"指的是倡导
　　在社会主义与共产主义过渡期间实行生产资料的国家所有制，强调国家在计划经济体系中的
　　核心作用的思想体系。如此看来，"National Socialism"译成"民族社会主义"更合适，"State
　　Socialism"译成"国家社会主义"更准确。——译者注

第一卷能够使我们清楚地认识到马尔库塞的思想与当代热点问题的历久弥新的关联。本卷发表的文本既向我们展示了其极富洞察的技术批判，又向我们展示了他对现代技术何以不断地生产出新形式的支持社会控制新模式的社会与文化的分析。他对法西斯主义的分析揭示了极权主义、资本主义、技术以及强势文化支配模式之间的联系。有几篇文章论证了哲学、社会理论和艺术对解放事业历久不渝的影响力。实际上，收集到的材料都是尝试将理论与实践联系起来的典范之作，也是开拓可用以领会和变革现存社会现实之理念的典范之作。

因此，这些集结成册的文本可为我们理解马尔库塞的著作提供新颖的洞见，并能展现其在当前时代持续不断的影响力。后续的从档案馆中整理的文集将每隔一年出版一集，这些文集同样向我们提供了实难获取、尚[xvi]未公开的资料，而它们应该可以证明马尔库塞的当代启示和永恒价值。这些文集将围绕诸如马尔库塞美学、哲学著作、社会批判理论、投身马克思主义和 20 世纪 60 年代的介入等不同主题组织编纂。每一卷都将包含一些未发表的手稿或难以获取的文本，以及书信、笔记和附加的把作品置于上下文中来理解的导论性文章等，而在我们准备下一个千禧年之际，它们展示了马尔库塞思想经久不息的重要性。

[xvii]

[xviii]

流亡时期的法兰克福学派：弗兰茨·纽曼、英格·纽曼、戈尔德·洛文塔尔、利奥·洛文塔尔、赫伯特·马尔库塞、苏菲·马尔库塞（1937 年前后）

引　言

技术、战争与法西斯主义：
20 世纪 40 年代的马尔库塞

道格拉斯·凯尔纳

1942—1951 年，这十年间，马尔库塞相继供职于第二次世界大战情报局和国务院等多家美国政府部门。此间，马尔库塞就德国法西斯主义撰写了颇多极具分量的文章，并且完成了大量的历史理论研究，为其后来的作品奠定了坚实的基础。马尔库塞 20 世纪 40 年代的成果为我们把握德国法西斯主义提供了实质性的历史洞察，也为他自己持续关注时代问题及事件的后期思想和著作奠定了强有力的历史经验基础。在这个新技术改变着生活的方方面面并且形形色色的法西斯主义与右翼运动持续给我们的时代带来不安和恐惧的今日，这些出现在马尔库塞 20 世纪 40 年代著作中的有关法西斯主义、发达工业社会走向及社会批判理论解放潜能的深刻洞见仍然极为重要。

在这篇引言中，关于马尔库塞 20 世纪 40 年代文本的成因，我提供了相当多的背景分析，并且阐明了，在帮助我们理解持续危害我们未来的技术、战争、法西斯主义及各种形式的极权主义上，缘何我认为这本著作

[2] 　　仍然很重要。我认为，20 世纪40 年代对马尔库塞的生活、工作都极为关键，他鲜为人知的著作既阐释了一个极为重要的历史时期，又为我们现在这个时代提供了大量理论的和政治的资源。①

马尔库塞与社会研究所

　　20 世纪20 年代，社会研究所作为欧洲第一个以马克思主义为取向的研究机构，在德国法兰克福成立。② 在霍克海默这位 1930 年上任的所长的带领下，研究所提出了一种完全不同于"传统理论"的社会批判理论概念。除此之外，研究所成员还对主流资产阶级意识形态、哲学与社会科学的理论和概念做了批判，并对自由市场资本主义过渡到国家垄断资本主义做了分析，其中也包括对德国法西斯主义的分析。马尔库塞参与了所有的课题，在研究所中，他与霍克海默、阿多诺、埃里希·弗洛姆（Erich Fromm）、利奥·洛文塔尔（Leo Löwenthal）、弗兰茨·纽曼和弗里德里希·波洛克（Friedrich Pollock）一样，是核心成员，也是最具创造性的成员之一。

---

① 在撰写引言和形成本卷的过程中，运用到了很多有助益的资料，而关于这些资料，我要感谢约翰·爱博梅特（John Abroweit）、巴巴拉·布瑞克（Barbara Brick）、斯蒂芬·本德舒（Stephan Brundshuh）、赫尔穆特·杜比尔（Helmut Dubiel）、本雅明·格雷戈（Benjamin Gregg）、马丁·杰伊（Martin Jay）、贡策林·施密德·诺尔（Gunzelin Schmid Noerr）和阿方斯·泽尔纳（Alfons Söllner）。

② 关于社会研究所，即"法兰克福学派"的历史与课题，参见 Martin Jay, *The Dialectical Imagination*. Boston: Little, Brown and Company, 1973（new edition, University of California Press, 1996）; Helmut Dubiel, *Theory and Politics*, Cambridge, Mass.: MIT Press, 1985; Douglas Kellner, *Critical Theory, Marxism, and Modernity*. Cambridge and Baltimore: Polity Press and Johns Hopkins University Press, 1989; 和 Rolf Wiggershaus, *The Frankfurt School*. Cambridge and Cambridge, Mass.: Polity Press and MIT Press, 1995。

　　然而，霍克海默是研究所的核心领导人物。霍克海默和马尔库塞档案馆的很多书信及相关文件表明，在所有成员都有赖于研究所的财政支持以及美国学术职位对德国流亡者来说极为缺乏的时候，研究所的同事在不安定的流亡环境中对霍克海默都表现得十分顺从，并且为赢得霍克海默的好感与友谊，他们还展开了激烈的竞争。① 霍克海默控制着研究所的财政支出，每月向成员和同事发放生活津贴。他还负责管理出版和课题，因此，研究所成员为赢得他的批准和任命争斗了起来。　　[3]

　　马尔库塞于 1933 年加入研究所，在希特勒登上权力顶峰之后，离开了法兰克福，到日内瓦的分支机构继续工作。1934 年 7 月 4 日，他移民美国，并很快就拿到了入籍文件，于 1940 年成为美国公民。1934 年 7 月，哥伦比亚大学把研究所邀到了学校，为确保他们能够创建一个"国际社会研究所"以继续他们的课题，还专门为他们安排了一栋楼。马尔库塞是第一批抵达纽约帮助筹建研究所的成员。20 世纪 30 年代，研究所成员一直以德语在《社会研究杂志》（*Zeitschrift für Sozialforschung*）——1932 年，它们在欧洲开始发行，不过最后 1941 年的几卷都成了英文版的——发表他们的研究成果。

　　斯图尔特·休斯（H.Stuart Hughes）曾将欧洲知识分子逃离法西斯主义到美国定居说成是"20 世纪后半段最重大的文化事件或系列事件"②。从 20 世纪 30 年代到 40 年代这段时期，围绕国际研究所组织起来的德国流亡学者密切关注着德国法西斯主义的缘起、结构和影响，形成了很

---

① 收录书信与文件的卷宗，可参见 Max Horkheimer, *Gesammelte Schriften*, Volumes 1–19, edited by Gunzelin Schmid Noerr and published by Fischer Verlag. 要了解研究所的运作和关系在流亡困难时期的变迁，这些文本必不可少。第 12 卷有不少关于研究所课题的文件，其中包括拟定的研讨会摘要，而第 15—18 卷有大量的流亡期间霍克海默与研究所不同成员之间的书信。

② H.Stuart Hughes, *The Sea Change*. New York: McGraw-Hill, 1975:1.

多重要的洞察，并且对新形式的极权主义的一般特征及其在资本主义与共产主义国家中表现出的不同面相，也形成了很多重要的洞见。马尔库塞是最早关注发达工业社会中新的技术政治支配形式的批判理论家之一。他因之也成了这个时代专注于技术、法西斯主义和发达工业社会变迁——这类主题在其战后的著作中得到了讨论——的重要理论家。

在研究所工作期间，马尔库塞是他们的哲学专家——他准备以《理性和革命》一书来向英语读者介绍黑格尔、马克思与社会理论，勾勒出本身就具有强烈的黑格尔和马克思渊源的研究所正致力于发展的社会批判理论的缘起和洞察。[①] 马尔库塞力图展示黑格尔哲学与德国法西斯主义的不相容性，以及黑格尔哲学与辩证法以何种方式构成了马克思与晚近批判思想传统所接受的社会批判与解放的主题。他特别强调的是批判、否定、矛盾以及理论与实践的关系等范畴——它们也是法兰克福学派批判理论的核心主题。

[4]

在当时的历史背景下，也就是《理性和革命》撰写和发表的历史时期，这本书展现了德国传统中的反法西斯主义潜能，也展现了在当前危机形势下必要的社会批判理论的持续相关性以及实际上日益增长的重要性。20 世纪 40 年代，当希特勒的军队在欧洲获得胜利并继续向苏联推进的时候，德国法西斯主义像是很快就要征服世界，西方文明的自由、民主与进步传统的痕迹像是很快就要涤荡一空。马尔库塞该时期的另一篇文本中有很多满怀悲怆的段章，它们清楚地表达了人类自由与幸福在当时

---

① 参见 Herbert Marcuse, *Reason and Revolution*. New York: Oxford University Press, 1941。哥伦比亚大学出版社发行的 1954 年版补录了一篇重要的编后记，它勾勒了其新形成的、将为《单向度的人》奠定基础（Boston: Beacon Press, 1964）的理论政治洞察。《理性和革命》1960 年比肯出版社的平装本补录了一篇重要的序言，描述了黑格尔辩证思想对马尔库塞批判理论历久不渝的重要性。

所面临的可怕威胁。在一段引人深思的话中，马尔库塞写道："在当前危及世界的恐怖活动下，理想只有一个，同时也是共同的一个。面对法西斯主义的野蛮行径，每个人都认识到了自由的意义。"①

　　这一卷前面是几篇重要的、完稿于马尔库塞从事研究所工作期间的文本。其中一篇极为重要的、完成于 1941 年的文章，即以英文发表在研究所期刊上的《现代技术的一些社会含义》，包含着马尔库塞最初对技术在现代工业社会中的作用所做的简要描述，并且昭示着其后期对《单向度的人》的分析。② 在这篇文章中，马尔库塞勾勒了个人主义从资产阶级革命时期到现代技术社会的形成以来所经历的历史衰退过程。他认为，在反对居主导地位的迷信、非理性和支配的斗争中，个人理性获得了胜利，并使个人确立了一种反抗社会的批判立场。因此，批判理性是一种创造性的原则，它既是个人自由的源泉，也是社会进步的源泉。在资产阶级意识形态形成的 18、19 世纪，初期的自由民主社会被视为个人能够追求其自身利益，同时也能够促进社会发展的社会安排。然而，现代工业和技术理性的发展，侵蚀了批判理性的基础，并且还迫使个人服从由技术 [5]

---

① Herbert Marcuse,"Some Social Implications of Modern Technology," *Studies in Philosophy and Social Science*, Vol. 9, Nr. 3（1941）: 435f.

② Marcuse,"Some Social Implications"。《社会研究杂志》（1932—1940）前八卷几乎全部是德文版，而由于战争环境，为了更紧密地联系英语国家的学者，从第八卷第三期（1940）到第九卷（1940—1941），研究所的期刊变成了英文版。霍克海默在包含马尔库塞讨论技术的那一期的导言中指出："本期专门由研究所成员撰写的文章和大型研究机构的工作组成。波洛克与基希海默的文章侧重于一种基础性的民族社会主义的经济社会批判，都是作为研究所系列主题的一部分在哥伦比亚大学做了宣讲的演讲稿。同时，马尔库塞的文章对当前社会中的个人问题展开了更全面的讨论。"（p.365）鉴于本卷中这篇紧随技术研究之后的关于民族社会主义的讲稿，这种关于马尔库塞的说法并不完全准确。《现代技术的一些社会含义》是马尔库塞对技术在现代社会中所起作用的首次质问，而他关于民族社会主义的讲稿才把关注的焦点对准了德国法西斯主义下的国家与个人这个主题。

社会机构（technical-social apparatus）带来的不断加剧的支配。随着资本主义与技术的发展，发达工业社会不得不根据经济社会机构的需要不断做出调整，不得不服从愈演愈烈的全面支配和管理。因此，一种"顺从机制"（mechanics of conformity）在整个社会蔓延开来。技术（工业）社会的效率和力量淹没了个人，个人逐渐失去了早期的批判理性特质（即自律、异议、否定的权力，等等），因之造成了个性的缺失，以及马尔库塞后来所说的"单向度的社会"与"单向度的人"。

相比法兰克福学派倾向于将技术首先设想为一种支配工具，将工业社会设想为社会控制与标准化的机构来说，有趣的是，在收录于本卷的1941 年的研究中，马尔库塞提出的是一种关于社会与技术的更加辩证的理论（参见 56 页及以下）。为区别技术控制体系与技术设备及其用途，他对"技术"（"technology"被定义为"一种生产方式，是代表机器时代的工具、设备与发明物的总体"）和"技艺"①（"technics"被定义为"工业、运输、通信"的工具与实践）做了区分。技术是一种整体的"组织和维持（或改变）社会关系的方式，一种流行的思维和行为模式的表现形式，一种控制与支配的工具"，不同于指称生产工艺以及汽车、计算机等诸多工具的技艺，马尔库塞对两者做了区分。对马尔库塞来说，尽管前者构成了一种技术支配系统，但他认为，后者本身"既能够助长专制主义，也可以促进自由；既能够招致匮乏，也可以带来富足；既能够延长劳作时间，也可以废除劳作"。

[6]

---

① 国内技术研究尚未对 technology 与 technics 做出区分，两者一般都译为技术。但按照目前的翻译，就会导致语义上的混乱，况且马尔库塞关于技术批判的主要观点也是围绕两个不同的术语展开的，故而，在此将其分别译为"技术"（technology）和"技艺"（technics）。——译者注

马尔库塞的批判强调的是作为一种支配系统的技术，而他把民族社会主义——在此，技术与合理化的经济社会可充当极权支配的工具——当成了一个典型案例，把第三帝国说成是一种专注于最大技术效率——一种在他的分析中民主国家也具有的特征，但这种分析有可能淡化民族社会主义所具有的明显的非理性特征——的"技术统治"形式。不过，在详细说明技术与技术理性何以助长顺从、侵蚀个性之后，马尔库塞在结尾处，提出了一个技艺以何种方式可以给所有人带来富裕，废除所需的过度劳作与异化劳动，以及扩大自由的范围的构想。马尔库塞尽管没有引用马克思于《政治经济学批判大纲》中勾勒的自动化，但却建立在马克思讨论的基础上，[①] 他写道：

> 技艺只有在束缚于维持匮乏的社会机构时才会妨害个人的发展，因为同样是这种机构，它还能够释放出可粉碎利用技艺的特定历史形式的力量。因此，一切具有反技术特征的计划，一切反工业革命的宣传，都只服务于那些把人类需要视为技艺应用的附带产物的人。那些技艺的敌人极容易与恐怖主义的技术统治结合起来。

末了这句话说的是海德格尔等严厉批判技术却拥护民族社会主义的德国理论家，而在马尔库塞看来，民族社会主义将恐怖的技术统治与非理性的意识形态结合了起来。与完全消极的技术批判不同——他有时也被认为是如此——马尔库塞概述了一种辩证理论，既避开了本质上将技术视为一种解放与进步工具的技术专家的赞美，也规避了纯粹将技术看成一种支

---

① 参见 Karl Marx, *Grundrisse*. London: Penguin Books, 1973:704 ff.。随后，马尔库塞将会反复明确地提请我们注意马克思将技术视为可废除劳动与贫困、为自由新领地奠定基础的分析。

配工具的技术恐惧者的谴责。在文章最后，他指出了"技艺可以促进潜在的功能民主化，而功能的民主化又可以帮助人们在所有工作与管理的领域中得到全面发展"。他还认为，"机械化和标准化或许有一天会促使重心从必要的物质生产转移到构建使自由人实现的舞台上来"。

[7]　　　由于当代关于技术的讨论有两种趋向，要么是技术狂热者对新登场的技术的赞美——基于这种技术，他们断定会出现一个美好的未来——要么是技术恐惧者把技术妖魔化为一种毁灭与支配工具，所以，这种辩证模式对于研究当代特定的技术与技术社会至关重要。相形之下，马尔库塞的技艺与技术（technics/technology）批判理论区分了消极性的特征与可用于实现人类生活民主化、提升人类生活水平的积极潜能，马尔库塞设想了新技术能够有效减少工作时间、扩大自由范围的可能性："人们必须花费在维持生活上的必要时间和精力越少，就越可能使自我实现的领域'个体化'。"因此，本文的结尾中，关于新的丰足和富裕的技术社会如何容许个人潜能的充分实现以及创造自由与幸福的新领地，马尔库塞做了乌托邦主义的沉思。

　　我们注意到，在马尔库塞讨论技术的文章中，有大量的美国人的英文资料，其中包括托斯丹·凡勃伦（Thorstein Veblen）、刘易斯·芒福德（Lewis Mumford）、塞尔曼·阿诺德（Thurman Arnold）、亨利·华莱士（Henry Wallace）等，还包括关于技术的政府文件与专著。纵观整个20世纪40年代，马尔库塞潜心钻研了大量的学术著作和第一手文献，而这与他仅仅是一位思辨哲学家这样的看法完全不符。实际上，在20世纪40年代，马尔库塞一直都致力于将他这段时期的核心思想、事件与研究所发展的当代理论紧密结合起来。这种关切和历史的急迫状态迫切需要全身心地投入到反对民族社会主义的战斗中。

民族社会主义与社会变迁理论

　　整个 20 世纪 40 年代早期，马尔库塞都盼着能够在社会研究所获得一个更为稳定的职位，尤其盼着能够与霍克海默保持一种更为正式的工作关系。霍克海默在医生的建议下为寻求一个更好的环境于 1941 年 4 月迁到了南加州，同年 5 月，马尔库塞也跟了过去。实际上，霍克海默搬到加利福尼亚的部分原因是他想抛下在研究所的职责，以便能够全身心地投入到理论工作中，特别是投入到很久前就已宣布的关于辩证法的课题中。① 然而，马尔库塞在秋季回到了纽约，目的是继续从事研究所的课题和考察哥伦比亚大学为研究所成员的报告付酬薪的可能性。在 1941 年 10 月 15 日致霍克海默的信中（参见 300 页），马尔库塞转述他与哥伦比亚大学社 [8] 会学系——研究所试图与该系进一步发展关系，以便为其成员谋求教学岗位——杰出人物罗伯特·林德（Robert Lynd）的"深入的讨论"。这封信特别提到了林德对研究所不能更彻底地融入美国文化的失望，从而揭示了研究所与美国知识分子之间存在的某些紧张关系。

　　在 1941 年 10 月的信中，马尔库塞向霍克海默讲到了他正在筹划中的《民族社会主义下的国家与个人》这份演讲报告。该报告是 1941 年秋季研究所在哥伦比亚大学所做的关于德国法西斯主义系列报告的一部分，本卷首次将这篇文稿发表了出来。（参见 89 页及以下）马尔库塞开篇讲道：

---

① 关于筹划撰写一部研究辩证法——20 世纪 40 年代早期，霍克海默、马尔库塞及其他研究所成员都专注于这个主题——的著作的讨论，参见 Wiggershaus, *The Frankfurt School*: 248ff., 302ff., 及其他各处。

今天，我们无须再反驳这样一个观点，即民族社会主义是一场**革命**。如果我们认为革命的含义是社会基本结构的变革，即主导权让与新的社会团体，引入新的财富生产和分配标准，等等，那么民族社会主义就绝不是这个意义上的革命。报告接下来将力图揭示，至少第一次世界大战以来决定德国社会的力量与利益同样支配着民族社会主义国家。①

马尔库塞的民族社会主义概念深受纽曼的《比希莫特》（*Behemoth*）的影响。② 纽曼的标题与霍布斯的标题正相对，即具有无序、混乱形象的"比希莫特"与"利维坦"（Leviathan）——霍布斯以这个神话形象来描述专制主义国家——正相对。纽曼利用这个形象把纳粹国家描述成了一个"非国家，一种混乱状态，一种不法、骚乱与无序的局面"（参见《比希莫特》第 xii 页）。对纽曼来说，民族社会主义是"一种社会形式，在缺乏迄今我们称之为国家这个尽管带有强制性但却充满理性机构的介入下，统治集团在此直接控制着其他人群"（参见《比希莫特》第 470 页）。马尔库塞紧跟纽曼的研究，在其关于民族社会主义的报告中指出：

[9]

---

① 演讲稿的开篇，也就是这段引文的出处，与马尔库塞准备发表的、我们收录本卷中的文稿略有不同（参见第 90 页及以下）。我们还收录了演讲报告中引人关注的、阐述民族社会主义下爱欲与艺术的结束语，它不包括在马尔库塞准备发表的版本中的（参见第 117 页及以下）。

② Franz Neumann, *Behemoth*. New York: Oxford University Press, 1942 and 1944. 纽曼是一位杰出的法学家和政治活动家，在魏玛德国，他与德国工会运动、社会民主党联系密切，是其律师代表。1933 年遭逮捕拘留以后，他离开德国，随哈罗德·拉思基（Harold Laski）在伦敦研究经济学。1936 年，他迁居纽约，加入研究所，成为研究所在哥伦比亚大学最成功的讲演者，而在 20 世纪 40 年代《比希莫特》出版发行后更是成为众所周知的人物。马尔库塞与纽曼关系特别密切，战争期间曾与其在华盛顿共事，并且合作完成了几个课题。这两家人都是最好的朋友，纽曼还帮助马尔库塞在华盛顿谋到了工作岗位。

> 我们要阐发的议题是，民族社会主义已经抛弃了人们所描述的现代国家的本质特征。通过把政治职能转移到实际掌权的社会集团手上，它趋向于消除国家与社会之间的一切分别。换句话说，借助于现有的凌驾于其他人群之上的社会集团，民族社会主义走上了直接而即时的自治道路。它通过释放个人最野蛮、最自私的本能来操纵大众。

对马尔库塞和纽曼而言，民族社会主义抛弃了确立现代自由国家的法治与分权。它的统治集团拒绝议会民主制的形式，并且结合使用暴力与意识形态来管束大众。因此，国家本身并不是"极权主义者"，毋宁说是纳粹党试图控制政治、社会以及文化生活，可是与此同时，却将生产资料的所有权交给了资产阶级。然而，民族社会主义在很大程度上也具有社会组织化、合理化与行政化的特征。实际上，在《现代技术的一些社会含义》中，马尔库塞曾讲道："具备最大生产效率的高度理性化、机械化的经济按照一定的方式也可以服务于极权主义的压迫与持续的匮乏，而民族社会主义就是该方式的一个很有说服力的例子。第三帝国实际上就是一种'技术统治'的形式：帝国主义的效率与理性这些技术性的考虑取代了利润率与公共福利这些传统的标准。"

尽管关于德国法西斯主义的这种观念看起来自相矛盾，但是马尔库塞一直认为，它的特点就是不法、骚乱和与此形成鲜明对比的合理化、秩序之间的张力，所以，它既可以看成是一个有组织地违反国内法与国际法的、无政府的强盗国家，**又**可以看成是一个社会组织和社会控制高度合理化的系统。马尔库塞还把民族社会主义当成是一种新型的国家，因为对它来说，很难说首要的是经济要素还是政治要素。事实上，对于民族社会主义是否是一种相比于经济更受政治支配的、新型的后资本主义的社会形　[10]

态，研究所内部一直存在较大争议。研究所的经济学家弗里德里希·波洛克公开为"政治至上"申辩，他认为，民族社会主义的资本积累与利润动机要服从法西斯主义的政治目的和目标，所以它是一种新型的"国家资本主义"。[①] 相反，纽曼却认为，德国法西斯主义保留着资本主义经济的主要特征，因此应该被解释成一种马克思所强调的维护经济关系至上的"极权主义的垄断资本主义"形式。[②]

前面马尔库塞将民族社会主义称之为"技术统治形式"的相关段落似乎支持波洛克所做的政治至上的解释，然而就在同一篇文章中，马尔库塞把分析当代社会中新的技术功能放在了分析资本主义发展的语境当中，他试图阐明"商业、技术、人的需求与自然（到底是如何）被焊接成了一种理性的、权宜的机制……从技术理性来讲权宜……也就是垄断意义上的标准化和集中化"。因此，马尔库塞将研究所中这两种相互竞争的观点协调了起来，他认为，经济要素和政治要素在构建法西斯主义社会的过程中是不可分割的整体。于是，马尔库塞认为它们是相互关联的，他还阐述了"私人的、半私人（政党）的和公共的（政府）官僚机构的合并。大企业利益的有效实现是把经济纳入极权主义政治控制的最强烈的动机之一，而

---

① 波洛克是霍克海默儿时的伙伴，而他整个一生都与这位研究所所长保持着密切的关系。他负责管理研究所的基金，是负责他们饮食起居的经济学家。关于波洛克的职务，参见 "State Capitalism," *Studies in Philosophy and Social Science*, Vol. IX/1941, pp.200–225; reprinted in Bronner and Kellner 1989:95–118。关于波洛克，参见 Barbara Brick and Moishe Postone, "Friedrich Pollock and the 'Primacy of the Political': A Critical Examination," *International Journal of Politics*, Vol. VI, No.3（Fall 1976），pp.3–28，和 "Critical Pessimism and the Limits of Traditional Marxism," *Theory and Society*, Vol.11, Nr.5（Sept. 1982），pp.617–658。

② 关于研究所对法西斯主义的争论，参见本章第二个注释中的材料，也参见 Alfons Söllner, *Geschichte und Herrschaft*. Frankfurt: Suhrkamp, 1979, pp.139ff., and the introduction by Söllner and Helmut Dubiel to their collection of Institute essays on fascism, *Wirtschaft, Recht, und Staat im Nationalsozialismus*. Frankfurt: Europäische Verlagsanstalt, 1981。

效率是实现法西斯主义政权对其多数人口的控制的主要原因之一"。

　　从这种分析来看，尽管德国法西斯主义包括对经济和平民实行政治　　[11]
控制，但经济因素在法西斯社会的构成中仍然发挥着自主性，而且和纽
曼所说的一样，民族社会主义应该在它与垄断资本主义的动力关系中得
到解释。对马尔库塞和纽曼来说，法西斯主义代表的是一个历史阶段，
它紧跟着自由资本主义，但却否定了民主传统中进步的方面（即人权、
个人自由和议会民主，等等）。除此之外，马尔库塞像纽曼一样，往往也
强调民族社会主义中的政治紧张关系可以被用来摧毁这个制度本身，相
反，波洛克悲观的分析似乎将民族社会主义当成了一种新型的社会结构，
它不仅解决了资本主义的危机倾向的问题，也完整地保存了资本主义的
生产关系，并且还带来了一种新型的支配制度。

　　在《民族社会主义下的国家与个人》中，马尔库塞讨论了德国法西
斯主义的结构，它与自由主义国家的差异，及其工业、军队与国家社会党
这三大权力之间的关系。法西斯主义国家的"统一性"在一定程度上是由
对元首的崇拜产生的，但马尔库塞强调指出，官僚制度建立了受效率支配
的有组织的机构和技术理性的形式，而事实上，正是这一形式将这个体系
统一了起来。由此产生的法西斯主义的"国家机器"（state-machine）服
务于帝国主义的扩张，并且它还承诺那些服从其命令、追求其目标的人能
够得到战利品和威望。

　　大众，作为管理与支配的对象，被分裂成了追求他们自身利益的个
人，而他们对自我持存的需要将他们与整体捆绑在了一起。马尔库塞断
言，德国法西斯主义"不是竞争性个人主义的反转而是完成"，它将侵略
性的力量释放了出来，使爱欲冲动和各式各样的施虐受虐冲动丧失了升华
的能力。关于性禁忌和道德约束的松动何以有助于将个人与法西斯主义

社会联系起来的分析为马尔库塞稍后的"压抑性的俗化趋势"（repressive desublimation）概念奠定了基础，本能的满足将个人与压抑性的秩序更加密切地联系在一起。

因此，对马尔库塞来说，民族社会主义不仅解放了资产阶级个体，还为淹没在大众之中的个人提供了满足。在供职于美国政府期间的许多研究中，马尔库塞没有间断对民族社会主义的发难，这些将在下一节讨论。目前，在马尔库塞档案馆中还发现了马尔库塞与纽曼专门研究社会变迁理论的一系列鲜为人知的手稿，而这些手稿显然是他们在社会研究所工作期间完成的。在该课题中，马尔库塞与纽曼概述了他们关于社会变迁的基本观点，相比研究所的其他成员，他们展示的是一种更多政治意味的激进主义取向。这一系列首次公开发表的手稿很有意义，它意味着公认的法兰克福学派史亟须做出修订。关于社会变迁理论的手稿为我们提供了很多极富吸引力的材料，这种材料能够平息这一流传甚广的观点，即整个法兰克福学派在20世纪40年代就开始远离社会实践和政治行动，而且还能够揭示霍克海默与阿多诺和马尔库塞与纽曼在政治取向上的明显差异。①

[12]

在马尔库塞档案馆中发现的手稿表明，马尔库塞是与纽曼合作完成的"社会变迁学说史"的课题。本卷中发表的两个文本（参见123页及以下和141页及以下）表明，马尔库塞与纽曼合作完成了这篇关于西方政治社会思想传统中社会变迁理论的系统论述。其中包括一篇较长和一篇较短的手稿，它们介绍了这项课题的总体观点，指出了它的范围、内容、方法

---

① 马丁·杰伊的《辩证法的想象》（*The Dialectical Imagination*）和其他大多公认的有关社会研究所的记述，以及针对研究所放弃或忽略政治的辩论都声称，法兰克福学派于20世纪40年代已经开始放弃激进政治。马尔库塞与纽曼在20世纪30年代末到40年代的工作对这种解释提出了质疑，因为研究所有的成员还在试图使他们的理论政治化并使其与实践联系起来。事实上，对法兰克福学派更为细化的解读必须阐明研究所中各种不同的理论立场与政治立场。

和目标。在马尔库塞档案馆中，还有一份文档，它看起来好像是一次关于社会变迁理论的讲座或专题研究课程的方案，除此之外，还有一封评论课程的书信和一系列的阅读资料。围绕该主题拟定的大学课程的简介阐述了课题的大致内容：

> *一种研究当代社会的社会变迁实证理论之演变的历史理论方法。*
>
> *社会制度的重大历史变革，以及与此相关的理论都将得到讨论。*
>
> *重点关注从封建主义到资本主义，从自由放任到有组织的工业社会，*
>
> *从资本主义到社会主义和共产主义的转变。*①

在马尔库塞有关该研究主题的手稿中，有份笔记写到，他曾准备与纽曼一起研究相互冲突的社会变迁与社会融合趋势，社会变迁中自由的与必然的力量，引起社会变迁的主客观因素，演变与革命等社会变迁的模 [13] 式，进步、衰退及循环等社会变迁的方向。该课题力图最终形成一种“我们社会的社会变迁理论”。不过说来也怪，竟然没有人知道该课题的形成、性质和命运。在研究所的档案馆中，没有任何文献涉及这份工作，也没有讨论到这项事业遗留下来的书信，更没有健在的研究所成员及我熟识的批判理论家知晓该课题。② 可是，手稿却完好无损。它们极其有价值，因为

---

① 课程简介和马尔库塞的笔记在他标记为 #118.01 的档案中可以看到。

② 问题的部分原因是，马尔库塞和纽曼之间也没有任何通信遗留下来，可能是因为他们的关系太过密切，起先在纽约研究所共事，后来又在华盛顿共同参与政府课题，因此没有必要写信。不过奇怪的是，不仅纽曼与马尔库塞之间没有任何书信保留下来，而且在研究所的文件、书信和讨论中，也没有涉及该文本的任何文献。有可能是，完全仰仗霍克海默以谋求研究所资助的马尔库塞和纽曼，担心霍克海默和其他人——在霍克海默极力遮没研究所之马克思主义渊源的时期——会觉得他们的课题太“政治性”了，甚至太“马克思主义”了（因为他们似乎对马克思的革命观念设定了权限）。

它们形成了一种面向现实条件的社会变迁理论，因此填补了一直以来受批评者诟病的研究所在该方面的不足。在马尔库塞档案馆中，一份由马尔库塞与纽曼完成的、题为《社会变迁学说简史》的、17 页的机打手稿开篇写道：

在 19 世纪以前，由于社会学还未作为一个独立学科出现，社会理论当时还只是哲学或一些学科（诸如经济学与法学）相融不分的一部分而已，其概念结构在很大程度上都建立在特定的哲学学说基础上。哲学与社会理论之间的内在关联（这种关联将在本文得到解说）系统阐述了出现在古代世界、中世纪以及现时代开端时的有关社会变迁的所有个别理论。一个决定性的成果就是，人们开始强调，社会变迁不能在个别的社会学科内获得解释，而是必须在人类生活的社会与自然的总体性内进行理解。这一观念很大程度上运用了社会变迁理论的心理学因素。然而，将社会与政治的概念追溯到人的"心灵"（psyche），这并非现代意义上的心理学方法，毋宁说是对作为个别学科的心理学的否定。对希腊人而言，心理学的概念根本上是伦理的、社会的和政治的概念，与终极的哲学学科融合到了一起。

[14]　　　这段话清楚地显示了马尔库塞整合哲学、社会理论、心理学及政治学的这一典型旨趣。一般的学术实践都倾向于分裂这些领域，而马尔库塞和他的同事却把这些领域视为相互联系的整体。因此，马尔库塞与纽曼认为，古代哲学包含着借助于对可能带来个人之最高实现的条件的探求而确立起来的社会变迁理论。他们声称，该课题开始于智者派，历经柏拉图、

亚里士多德和后期希腊、罗马各个学派，取道中世纪，直至现代哲学。

马尔库塞与纽曼对保守与进步的社会变迁理论做了比较，并因之把社会理论描述成了一个试图保护和改变现有社会这两种相对立的派别相互竞争的领域，而没有说成是在意识形态上维护现有社会秩序合法性的铁板一块的阵地。大致说来，马尔库塞与纽曼主要对批判的、唯物主义的、进步主义的理论与更为唯心主义的、保守的理论做了比较。① 在构建社会变迁理论的过程中，鉴于现代社会学"已经切断了社会理论与哲学之间的内在关联——在马克思主义那里仍然发挥效力——并且将社会变迁问题当成了一个特殊的社会学问题"，他们还极力倡导对哲学、政治学与社会理论做出整合。与现代社会学不同，马尔库塞与纽曼还是本着社会批判理论的精神，极力强调跨学科视角的重要性。

在法兰克福学派发展史中，该课题极有价值，因为它表明，批判理论在 20 世纪 40 年代有两种趋向：一是对西方文明之趋势所做的较为悲观的哲学—文化分析，这在霍克海默与阿多诺的《启蒙辩证法》中得到了讨论；二是由马尔库塞与纽曼完成的社会变迁理论，即更具实践—政治意义的批判理论。对马尔库塞与纽曼而言，社会批判理论已被概念化为一种可将哲学、社会理论以及激进政治学联系起来的社会变迁理论——严格说来，这是 20 世纪 30 年代批判理论的事业，而霍克海默与阿多诺在 20 世纪 40 年代早期却抛弃了该事业，转向了远离社会理论与激进政治学的文化哲学批判。

然而，这些文本在法兰克福学派发展史上仍旧弥足珍贵，因为它们

---

① 这正是马尔库塞在 20 世纪 30 年代及以后对不同哲学流派进行概念化的特有方式，因此该文本合乎他此时的工作；关于马尔库塞 20 世纪 30 年代所做工作的讨论，可参见 Kellner, *Herbert Marcuse*: 92ff.。

[15] 勾画了一项从未完成的工程，而该工程原本能够填补研究所理论的大量空白，但显然终究未能完成。① 他们在这项事业上的努力似乎被他们战时的活动打断了，尽管他们在其后多年的大学教学中都曾就该话题做过报告，但却似乎从未尝试回过头来就该话题共同撰写一部著作。

华盛顿的法兰克福学派

1942 年年初，马尔库塞返回洛杉矶，希望能够与霍克海默重新合作，共同探讨辩证法课题。他此时似乎没有任何获得大学教授职位的机会，不但如此，研究所对他接下来的资助也出现了问题。1941 年 12 月日本偷袭珍珠港之后，美国正式投入了战争，由于战时恶劣的条件以及学术经费的削减，对移民来说，获得大学职位的机会变得更加渺茫了。研究所的财力也日益缩减，而这部分要归咎于波洛克糟糕的投资，② 因此霍克海默与波洛克打算削减那些本应由他们负责提供财政支持的成员的经费。研究所早在 1939 年就停止了对其杰出社会心理学家埃里希·弗洛姆的扶持，在 1941 年还告知纽曼，他们将无力为其提供资助，③ 但在纽曼的严正抗议下，他们决定暂时降低纽曼的津贴。可是，马尔库塞与纽曼 1941 年的财政资助都被削减了，无奈之下，他们只得申请外部的资金来维持他们的

---

① 苏珊·巴克－莫斯（Susan Buck-Morss）在《否定辩证法的起源》（*The Origins of Negative Dialectics*, New York: The Free Press, 1977）中认为，20 世纪 30 年代，批判理论有两种不同的趋向：由马尔库塞、霍克海默及其他学者尝试确立的现代社会批判理论和由阿多诺和本雅明尝试确立的激进的文化批判。新发现的马尔库塞与纽曼的有关社会变迁理论的手稿表明，在 20 世纪 40 年代，社会批判理论也有两种不同的趋向。

② Wiggershaus, *Frankfurt School*: 249.

③ 参见 Wiggershaus, *Frankfurt School*: 262–263; 271; and 293–294。

收入。①

　　在此期间，霍克海默与阿多诺之间的合作变得更紧密起来，其实，阿多诺早在 1941 年 11 月就迁到了加利福尼亚州，并且自此之后都一直是霍克海默最重要的合作伙伴。由于马尔库塞接下来在研究所的位置无法得到保障，而阿多诺已经超过他并成为霍克海默更欣赏的写作伙伴，所以他在加利福尼亚州的处境非常糟糕。② 如此一来，纽曼与马尔库塞不得不开始考虑在美国政府谋职的可能性。纽曼于 1942 年 7 月接受了战时经济委员会（the Board of Economic Warfare）首席顾问的任命，同年秋，马尔库塞也前往华盛顿考察了到美国政府谋职的可能性。在马尔库塞 1942 年 11 月 11 日于华盛顿手写的一封书信中（参见 306 页），他告知霍克海默，他正在考虑签订战争信息局（the Office of War Information，OWI）的职位："我的职责是针对'如何（借助报刊、电影宣传等）向美国人民揭露他们

[16]

---

① 　Archives of the New York Public Library, Papers of the Emergency Aid of Displaced Foreign Scholars: "Correspondence with Scholars Receiving Grants or Fellowships, 1933–1945." 还可参见，*Ten Years on Morningside Heights: A Report on the Institute's History, 1934–1944*. New York: Institute for Social Research, 1944:6。

② 　众所周知，霍克海默特别善于让其潜在的合作伙伴们产生矛盾，致使研究所的很多成员都觉得自己会是这部早已设想好了的、研究辩证法的著作——后来他最终选择与阿多诺合作完成的《启蒙辩证法》——的主要作者。霍克海默很多书信表明，他与许多想与之合作完成辩证法一书的研究所成员都有过讨论，参见 *Gesammelte Schriften*, Volumes 15–17。在研究所窝里争斗、暗箭伤人最严重的时期，正值阿多诺在牛津大学写一本关于胡塞尔的著作的时候，在致霍克海默的信中，阿多诺把马尔库塞这位霍克海默当时密切的合作伙伴说成是这样一个人，说他只是"碍于犹太教而没有成为法西斯主义"的人。阿多诺埋怨道，马尔库塞"对海德格尔先生抱有太多的幻想，在他研究黑格尔的那本书的前言中，他对海德格尔表达了最诚挚的感谢"，并且他的这本书是由克劳斯特曼（Klostermann）出版的，而克劳斯特曼也是海德格尔的出版商。阿多诺继续建议说，他应该取代马尔库塞！参见 Adorno to Horkheimer, May 13, 1935 in Max Horkheimer, *Gesammelte Schriften*, Volume 15:347–348。霍克海默对此做了巧妙的回答(1935 年 7 月 5 日)，他说自己不能以书面的形式回应阿多诺书信中的全部问题，以此来掩饰他对马尔库塞的批评。

的敌人'的问题提供建议。"然而，这项工作需要他生活在华盛顿，因为所有的权威资料都在华盛顿。但是，马尔库塞仍希望能够继续与霍克海默共事，他写道："正如我所说，我可以不接受它[即，政府的工作]。"可是，马尔库塞又接着说，波洛克已经告诉他不要急着拒绝这个职位，因为"研究所的预算只能支撑两三年，将来我的生活也会朝不保夕。我觉得他太过于杞人忧天了"。

　　在随后的一封信中，实际上，霍克海默支持马尔库塞接受这份工作——他确实应该接受。1942 年 12 月 2 日，马尔库塞致霍克海默的那封信表明，战争信息局向他发出了参加会议的邀请，而会议的目的是"确定纳粹德国的哪些团体、哪些人以及哪些机构实际上应该被当作敌人。会议期间，我收到消息称，我的任命书已经被批准，我明天就可以宣誓就职"。马尔库塞对不能继续与霍克海默一起共事深表遗憾，同时，他也表示很乐意接受现在这个职位。但是，他却坚持希望霍克海默能够说服他留在加利福尼亚，参与研究所的课题，马尔库塞补充道："如果您反感这个职位，觉得我这是弃您而去，那么我会毫不犹豫地拒绝这个职位。"①

[17]

　　1942 年 12 月 4 日和 12 月 19 日，在致马尔库塞的信中，霍克海默叫他放心，让他最好是接受这个职位，他们可以继续合作，并且马尔库塞可以利用政府的职务来推进研究所的课题。马尔库塞确实向战略情报局（the Office of Strategic Services, OSS）提交了一份由研究所准备的关于《消灭德国沙文主义》的手稿。1942 年 12 月 7 日，战略情报局的官员爱德华·哈

---

①　在 1942 年 11 月 15 日的一封用研究所的信纸写给霍克海默的书信中（参见第 309 页），马尔库塞向这位研究所的所长表达了他的敬意，他说道："尽管，我反对您的一些概念，但我却从不隐藏我的信念，即我知道，现今任何知识分子的努力都不能比您更接近真理，我也知道，除研究所外，这世上没有别的地方还允许和鼓励思考。此时此刻我只能这么说，只能告诉您，我不会忘记我在您身上学到的东西。"

茨霍恩（Edward Hartshorne）写给马尔库塞的那封信表达了他对手稿的赞赏，并且提出了研究所在阐释拟定课题主要方面时需要遵循的思路。在 1942 年 12 月 4 日的书信中，马尔库塞将战略情报局对该课题感兴趣这件事告诉了霍克海默，而霍克海默在 19 日的书信中对此做了极为明确的回应，这表明他希望推动这项被提议的课题，然而，这次交谈却再也没有下文了。

　　为此，马尔库塞在 1942 年 12 月加入了战争信息局，成了该机构的高级分析师。我们在马尔库塞档案馆中发现了《德意志新心态》这份极为有价值的手稿，而该手稿进一步推进了他对德国时势的分析，也推进了他关于美国如何能够最好地实施宣传进而使德国人反对法西斯主义的分析。[1] 该手稿首次在此发表（参见 181 页），而它完成的日期是 1942 年 6 月，因此它可能是马尔库塞在加利福尼亚州从事《民族社会主义下的国家与个人》这项研究期间完成的。他研究德国法西斯主义的角度确实很类似于他早期的手稿，不过，《德意志新心态》中的分析更加充分、更加详 [18]

---

[1]　马尔库塞：《德意志新心态》（#119.01，参见原书第 139 页及以下）。二战期间，在德国流亡者与美国知识分子和政府机构互动这段他所处身的历史过程中，巴里·卡茨（Barry Katz）声称："移居美国的反法西斯主义成员坚信，他们可以借助预先准备好的申请书、手稿和研究计划不断抨击战略情报局，从而帮助赢得战争……马尔库塞把手稿——他早已写好的《德意志新心态》与《德国的私人精神面貌》（*Private Morale in Germany*）——呈给了心理学部门的主要负责人。"（*Foreign Intelligence: Research and Analysis in the Office of Strategic Services 1942–1945*. Cambridge, Mass.: Harvard University Press, 1989:11）可是，《德国的私人精神面貌》不是马尔库塞撰写的，只是作为"由社会研究所（1942 年 4 月）呈交给情报协调局（the Coordinator of Information，COI）"的文本在《德意志新心态》的注释 1 中提起过。然而，在马尔库塞档案馆中没有发现《德国的私人精神面貌》，在霍克海默与阿多诺的档案馆中也没有发现，甚至在国家档案馆中也没有发现。不管怎么说，1942 年 4 月战略情报局（OSS）都还没成立，但如上所述，马尔库塞却说他把《德意志新心态》呈给了情报协调局——它是最早用来协调战时情报的政府机构，也是战争信息局（OWI）和战略情报局（OSS）这两个马尔库塞曾效力过的政府部门的前身。

细。显然，马尔库塞在进入政府部门之前就完成了这份手稿，也正因为该手稿，他争取到了这份美国情报机构的工作。该分析与他在研究所对德国法西斯主义所做的研究密切相关，他在《德意志新心态》中表现出了颇为独到的、极为深刻的洞察。

扉页把该文本描述为"有关民族社会主义的心理学基础及其毁灭之可能的研究备忘录"。《德意志新心态》长达 63 页，是一份内容极其丰富的文本，它对法西斯主义的新意识形态和新心态的心理成分做了分析。它详细剖析了德国法西斯主义的语言成分，并提出了"反向宣传"这个很有创意的概念。马尔库塞指出，"德意志新心态"分裂成了"实用层面"（pragmatic layer）和"神话层面"（mythological layer），前者即是"讲求事实"（matter-of-factness），而后者包括异教信仰、神秘主义、种族主义和生物学主义。这种二分再次彰显了法西斯主义国家与社会中技术理性与非理性主义之间的张力。

在该研究中，马尔库塞对民族社会主义的逻辑和语言、新心态的心理学基础、它对传统宗教的抨击及其对效率与力量的狂热崇拜做了详细的分析。他还提供了许多"反向宣传"的建议以及利用民族社会主义弱点的方法。值得一提的是，马尔库塞建议使用"讲求事实"来反对法西斯主义本身，推行基本借助事实、避免意识形态——特别是，在意识形态上对似乎已被民族社会主义成功削弱的西方概念（诸如，对民主和权利的诉求）的应用——的反向宣传。马尔库塞对何种语言、艺术及其他文化形态的形式可被调动起来用以反对德国法西斯主义所做的讨论包含着对语言政治学以及话语与文化在纳粹德国发挥效用的特定方式的深刻洞察。就各种不同形式的宣传如何以德国社会中不同的团体为目标，他也做了有意义的分析。

在他供职于战争信息局期间，《德意志新心态》广为传阅，因为在马 [19]
尔库塞档案馆中，还发现了三份相对较晚的、提及该文本的报告，而我
们也把它们以附录的形式纳入了本卷。在第一份报告中（参见 228 页及
以下），马尔库塞详尽阐述了自己的构想，即何种"反向宣传"对德国民
众有效；他坚决主张，"事实的语言"（the language of facts）应该是美国宣
传工作的核心。① 他对同盟国的宣传做了批评，原因是，同盟国使用了大
量道德的、浮夸的语言，同时却提供了许多在他看来能够有效反纳粹的、
以更真实的话语为基础的宣传实例。

　　另一份报告（参见 234 页及以下）就如何向美国及同盟国的公众描
述他们的敌人提供了一些建议。② 报告中，就同盟国的大众传媒和政府官
方话语能够把德国法西斯主义的形象呈现给美国公众的各种方式，马尔
库塞做了探讨。马尔库塞认为，"纳粹"和"纳粹主义"两个术语最生动
地呈现了险恶的德国敌人的形象，但也强调说，需要呈现一个更加分化
的德国公众的形象，立足于对纳粹德国社会、经济结构的实证分析，以
及对不同团体、组织的描述，着重突出那些最直接导致德国战争罪行的
并因此成为同盟国最主要的"敌人"的团体，比如，大企业和纳粹的核
心集团。

　　马尔库塞分析德国法西斯主义的政府文件都十分重要，因为它们对

---

① 马尔库塞的这份 #110.02 档案没有标题，也没有日期。该手稿开篇写道，"下面的评论都立基
　于我的'德意志新心态的备忘录'中提出的假设"，因此，我们可以认为，该手稿的作者就是
　马尔库塞，理由是，下面参考的资料和分析与他同时期的其他作品相一致。
② 这份手稿（马尔库塞 #129.00 档案）同样没有标题和日期。文本中对马尔库塞其他报告的
　参考——事实上，它也是在他的档案馆中被发现的——以及与他同期其他作品的立场的相似
　性都表明，该报告也出自马尔库塞之手。同样的判断也适用于第三份报告《论心理学的中立
　性》，因此我们在本卷中也把它发表了出来（参见第 244 页及以下）。

极权主义社会的心理、文化和技术的条件以及该社会对个人实施支配的方式要都做了极为独到的分析，并对如何进行反向宣传也做了讨论。可是，马尔库塞在战争信息局担任宣传专家的时间只有短短的几个月，1943 年 3 月，他就调到了战略情报局，直到战争结束，都一直供职于研究和分析处中欧部（the Central European Section of the Research and Analysis Branch）。

[20]　战争信息局主要致力于对美国人、同盟国以及德国的公众做宣传，而战略情报局更深入地参与欧洲的事务，不仅研究德国的状况，还研究反纳粹主义的有效宣传和抵抗活动。①

　　那些担任政府公职的社会研究所成员受到了研究和分析处中欧部成员们的高度关注。正如他们的部门主管尤金·安德森（Eugene Anderson）所说："在我负责该部门的时候，两位主要的分析家得到了任命——很快就成为部门研究室主任的纽曼博士和迅速成为首席德国分析专家的马尔库塞博士。"安德森也呼吁重视批判社会理论，特别是社会研究所的批判社会理论中各学科间的合作精神和情境化的分析实践，"成员之间的合作精神已经取得了显著的效果。这方面赢得的很多荣誉都要归功于纽曼博士和马尔库塞博士，在他们自己的工作中，他们信赖这种方法，并且采用这种方法……我们工作的独特性无论如何都要把以总体社会环境为根据的背景分析当成主要内容，而我们部门将来的工作价值或许就在于延续这种

---

① 在 1943 年 4 月 18 日致霍克海默的信中（参见第 319 页），马尔库塞说道："我已经决定到战略情报局。最新的改组已使战争信息局的地位大大降低，这个机构似乎渐渐地、在所难免地变成了新闻记者和广告代理商的受害者。除此之外，我看到，战略情报局有着极其丰富的资料，我在那里能够做一些更有意义的工作。"关于战争期间美国的各种情报机构，参见 Bradley Smith, *The Shadow Warriors*. New York: Basic Books, 1983. 关于战略情报局，参见 R.Harris Smith, *OSS: The Secret History of America's First Central Intelligence Agency*. Berkeley: University of California Press, 1972。

方法。"①

　　马尔库塞及其同事为战略情报局的研究和分析处撰写了许多报告，目的是把德国的纳粹与反纳粹的团体和个人确定下来，他们还草拟了一份《德国民政事务手册》（*Civil Affairs Handbook Germany*），用来解决去纳粹化（de-Nazification）的问题。在马尔库塞档案馆中，我们没有发现他供职于战略情报局这段历史时期内的任何手稿，尽管一份题为《对三项重大课题的说明》的计划书概括了那些他明显觉得最重要的工作。② 由于这是在他的档案中发现的、唯一与马尔库塞在战略情报局工作相干的文件，而且这份文件还对他的重大课题做了最详尽、最准确的说明，因此我们在本卷把这份文件完整地收录了进来（参见 250 页及以下）。　　　　　　　　　　　［21］

　　第一项课题涉及 1944 年的《德国民政事务手册》，其中包括"解散纳粹党及其附属组织"和"关于复兴旧政党和成立新政党的政策"。马尔库塞详细描述了他自己在这项"重大"任务中的参与情况，包括参与了"整个课题的规划、组织和实施"，而他"独立完成几个部分"。这项事业与马尔库塞及其同事自 1943 年年初开始就一直从事的工作紧密相关。马尔库塞、纽曼和奥托·基希海默（Otto Kirchheimer）他们三位曾经效力于战略情报局的研究所成员一直以来都在不断收集这样的文献，即它们能够对纳粹德国的经济、政治以及文化环境——包括对德国的精神面貌，反纳粹

---

① Eugene N.Anderson, *History of the European Section*, February 17, 1945, National Archives Record Group 226；引自 Alfons Söllner, editor, *Zur Archäologie der Demokratie, Volume 1*. Frankfurt: Fischer, 1986:30。另参见，泽尔纳对安德森、赫茨和休斯（他们都与马尔库塞和纽曼在欧洲部共事）的访谈（Söllner's interviews with Anderson, Herz and Hughes, *Zur Archäologie*, Volume 2:22–58）。

② 马尔库塞告诉我说，出于国家安全的考虑和政府行为准则的规定，他没有带走任何他在战略情报局和国务院撰写的报告（December 28, 1978 interview in La Jolla, California），尽管在他的档案馆中出现的那些较早的战争信息局的报告表明这个机构的限制并不是多么严格。

的笑话，纳粹的宣传，执政的军人、政治经济精英、战争投机者他们之间的冲突等方面的研究——提供详细的说明。他们的去纳粹化研究继而变成了对德国各种力量能否被用以实现民主化的详细说明，他们还提供了用以消除那些导致法西斯主义的根源的措施。

马尔库塞所描述的第二项课题牵涉 1945 年 12 月 1 日的一份关于"德国社会民主党"的报告。马尔库塞指出，"整个报告是由我来撰写的"，还"负责得出了结论，然后就此与工作人员做了讨论"。这份报告在一定程度上关系到哪些德国社会民主党人在推进民主上值得信赖，因此，毫无疑问，它引起了激烈的争论。马尔库塞和他的同事认为，共产主义的力量在战后劳工运动中将会把自己拘囿于"最低纲领"（minimum program），而社会民主党人将继续他们的自由民主的改良主义传统。[①] 该
[22] 报告的批评者对它是否反映了"政治研究的客观性与完备性"[②] 表示怀疑，但很显然，关于德国的未来以及社会主义者与其他左派组织的角色，在

---

① 参见 Katz, *Foreign Intelligence*: 49。卡茨对马尔库塞参与美国政府工作做了最详细、最广泛的研究，尽管存在很多错误，比如，他早期完成的马尔库塞的传记；另参见我撰写的评论〔in *Telos* 56 (Summer 1983)：223—9〕。举例说来，卡茨没有注意到，马尔库塞根本不情愿出任政府公职，继续与霍克海默共事展开研究所的课题才是他最渴望的事情。究其原因，是因为卡茨似乎没有详细地研究马尔库塞和霍克海默档案馆中的通信，以及提及该材料的魏格豪斯（Wiggershaus）的解释（参见，同上）。卡茨还认为，《德国的私人精神面貌》这个文本出自马尔库塞之手，而在《德意志新心态》的脚注 1 中，马尔库塞却说，《德国的私人精神面貌》是社会研究所其他成员撰写的，同时，这份手稿在马尔库塞未发表的遗作中也没有被发现。因此，正如我下面要指出的，卡茨夸大了在起草去纳粹化的报告中马尔库塞的作用。不过，他也有一些很有意义的对马尔库塞报告的援引，在接下来的几段中，我会提到。

② 理查德·哈茨霍恩（Richard Hartshorne）致威廉·兰格（William Langer）的备忘录，1945 年 7 月 23 日，引自 Katz: 43。战略情报局对研究和分析处的要求是，报告应该："完全无偏见，要提供信息而不是劝说；他们应该避免提供任何建议，不管是明确的还是含蓄的。"（《政治报告筹备工作拟定指南的草案》引自 Katz:43）不过，马尔库塞与他的同事似乎时不时都会尝试去劝说，而且他们的劝说经常与那些较为保守的同事相抵触。

美国政府中，出现了政治争论。马尔库塞及其同事都在为争取德国更大程度的民主化以及促成左翼政党、工会和所有在复兴德国民主过程中的进步力量的团结不懈努力着。在战略情报局与研究所成员一起共事过的政治科学家约翰·赫茨曾讲道，马尔库塞和他的同事"都极力拥护一种社会民主改革的立场，而不是马克思主义的立场。他们倾向于在德国实现民主（广义上）宪政，即首先要消除专制的影响以及德国人生活中各个层面的不自由的传统。这是我作为一个非马克思主义者所赞同的立场：一种盎格鲁－撒克逊式的民主，但也是一种一旦条件允许便从中产生社会主义措施的民主。"[1]

马尔库塞与他的同事也支持对前纳粹党员所采取的强硬措施，马尔库塞建议对一切右翼组织加以严密监视，同时建议公众对纳粹罪犯的攻击要有限度："要像对待反纳粹的组织一样，对这些人也要一视同仁（比如，给予他们免除敌对党干扰的平等保护），而这相当于保留了挑战占领军安保机构的最大威胁，也相当于恢复了和平秩序。"[2] 马尔库塞与他的同事还提议，约22万名纳粹官员应该被立即拘捕，锁定为"积极的纳粹分子"的1800名商业领袖应该被监禁，并且建议，监狱一旦满员的话，纳粹集中营可以用来拘留可疑的纳粹战犯。[3]

战后，纽曼在控诉纳粹战犯的过程中发挥了核心作用，他与马尔库塞都曾参与制定去纳粹化的各项政策，包括废除纳粹党、起诉战犯和努力　[23]

---

① Herz, in Söllner, *Zur Archäologie*, Volume 2:37.

② Marcuse, Projects Committee Correspondence, December 10, 1943, cited in Katz: 211.

③ R&A 1655.5a, *Civil Affairs Guide*, November 27, 1944 and Herbert Marcuse, assisted by Francis Williamson and Louis Wiesner (RG 226, Entry 60, Box 1: Projects Committee Correspondence, Central Europe File, September 10, 1943）; in Katz: 47.

实现德国的民主化等。① 关于哪些团体和个人能够帮助实现德国民主化而哪些个人和团体是战犯，马尔库塞相继提出了政策建议，尽管他后来怀疑他的建议是否产生了很大影响。在哈贝马斯的访谈中，马尔库塞指出，他的建议被忽视了：

> 马尔库塞：我的主要任务是，确认那些我们可以与其合作来进行战后重建的德国团体，确认那些该承担责任的纳粹团体。当时，有一项重大的去纳粹化计划。根据准确的研究、报道、报刊阅读等，那些应该为自身的行为负责的纳粹分子在名单上被罗列出来……
>
> 哈贝马斯：……当时你的工作都带来了哪些影响，你还有印象吗？
>
> 马尔库塞：没有影响。那些我们最初列为"经济战犯"的人员却迅速回到了负责德国经济的决策性的位置上。在这里，我们很容易就能够说出他们的名字。②

---

① 卡茨认为，马尔库塞"起草了正式废除纳粹党的法令"（Katz: 35），但这似乎有些夸张。他们的政府同事兼朋友休斯回忆说，纽曼与马尔库塞共同"在战争的最后几个月里起草了去纳粹化的法令"，并且还拟定了一份纳粹主义者和反纳粹主义者的名单；in Rainer Erd, editor, *Reform und Resignation: Gespräche über Franz L.Neumann*. Frankfurt: Suhrkamp, 1985:161。从我们所了解到的战略情报局的报告、法令和文件来看，该文件主要是由集体完成的，因此，把这种文件看成特定作者的成果，是不准确的；参见额尔德的讨论和泽尔纳的讨论（in Erd, pp.161ff. and in Söllner, *Zur Archäologie*, Volume 2, pp.34–35, passim）。确实，接受过我访谈的、真正了解马尔库塞的那些人从没有听他提起过，像卡茨所说的那样，他曾独自起草了废除纳粹党的法令，尽管他的确从事过该工作。

② Herbert Marcuse, Conversation with Habermas and others, *Telos* 38（Winter1978–79）:130–131。马尔库塞的观点与他的同事赫茨的观点一致（in "The Fiasco of Denazification," *Political Science Quarterly*, Vol. 63, No. 4（December 1948）: 569–594）；另参见 Söllner, *Zur Archäologie*, Vol. 2, pp.39ff., passim。

马尔库塞在纽曼去世之后——他死于1954年的一次车祸中，马尔
库塞的这位朋友过早地离开了人世——为他撰写的颂词也许能够为研究　[24]
所成员在其政府工作期间的目标做出最好的说明。在描述纽曼的行动时，
马尔库塞对纽曼的活动做了这样的描述：

> 为规划一条德国的民主化道路，以避开魏玛共和国的失败，他
> 殚精竭虑；他试图证明，为达到应有的效力，去纳粹化绝不能止步于
> 清洗纳粹人员、废除纳粹法规——而是必须通过消除德国大工业的
> 反民主政策这个经济基础来破坏德国法西斯主义的根基。纽曼早就
> 意识到，实现该目标的努力会付之东流，但他却仍然向该努力敞开
> 的狭小的领域内始终致力于提升德国真正的民主力量。①

尽管通常来看，20世纪40年代马尔库塞在政府供职被认为是其理论
工作的中断，但这种观点需要修正。从某种程度上来看，在担任政府公职
期间，他的工作环境并非完全不同于研究所的活动。马尔库塞在办公室工
作，阅读了大量历史的和经验的资料。他撰写报告，并就此与他的上下级
展开详细讨论。他根据讨论修订文本，并把修订的文本分发给大家，以
便于进一步讨论。此外，他的同僚也大都是杰出的学者，他们不仅经常
往来，而且还经常讨论政治问题和理论问题。休斯曾经与马尔库塞一起
共事，这位同事讲述了他和其他想成为学者的年轻人是如何有效地接受了
一种自由的"第二个研究生教育"，而这种自由的教育就得益于马尔库塞、
纽曼、豪约·霍尔本（Hajo Holborn）、沃尔特·兰格（Walter Langer）及

---

① "Preface," Franz Neumann, *The Democratic and the Authoritarian State*, editor, Herbert Marcuse. New York: The Free Press, 1957:viii.

其他供职于战略情报局的著名学者。①

因此，马尔库塞的政府工作提供了重要的知识和经验，而这些知识和经验在其后期著作中将会用到，为他的理论奠定了经验和历史基础，也为他的理论提供了素材。他的政府职务，补偿了他在社会研究所工作的不足，又给他提供了另一种跨学科工作——特别强调对整合历史、经济、政治、社会以及文化视角的需要——的经验。因此，他的政府工作支持研究所对跨学科视角的价值判断、协同合作以及为分析与解释提供情境的批判理论。

[25]　　　　几十年后，当马尔库塞在 20 世纪 60 年代成为世界著名的激进领袖时，他却被马克思主义者和极左批评者当成了美国间谍，遭到了谴责，因为战略情报局就是中央情报局（CIA）的前身。② 在哈贝马斯的访谈中，马尔库塞回应道，这些批评者"似乎忘了那是一场反法西斯主义的战争，因此我从来没有对自己协助这场战争感到羞愧过"③。况且，一大批人员都在为战略情报局工作，其中也不乏同意马尔库塞左翼观点的成员，相反，中央情报局从一开始就服务于狭隘的美国冷战利益，并且被保守主义者和反共的自由主义者控制着。

1945 年 9 月，在战略情报局解散后，马尔库塞调到了国务院，成了中欧局的领导。直到 1951 年离开政府公职，马尔库塞一直都待在国务院。在马尔库塞对三项重大课题的说明中，他的第三项课题牵涉 1946 年 5 月 27 日国务院就"德国工会联合会的现状与前景"所做的报告。在结论中，

---

① H.Stuart Hughes, "Social Theory in a New Context," in Jarrell C.Jackmann and Carla M.Borden, editors, *The Muses Flee Hitler*. Washington, D.C.: Smithsonian Institution Press, 1983:118.

② 参见，譬如，那篇匿名文章〔"Marcuse: Cop-out or Cop?" *Progressive Labor*, vol. 6, no. 6 (February 1969)：61–6〕。

③ Marcuse, in *Revolution or Reform*? ed. A.T.Ferguson. Chicago: New University Press: 59.

马尔库塞指出，他撰写了报告的大部分内容，还"负责得出结论，并且整合部分工作成员提出的建议"。马尔库塞及其同事一致认为，德国工会联合会是民主化的重要组成部分，应该得到盟军的支持。

　　由于发生在冷战时期——第二次世界大战后很快就出现了——的清洗运动，马尔库塞随后在国务院的工作变得尴尬起来。有关战略情报局的研究描写了战略情报局各个机构在战后被分派到其他政府机构的具体细节。马尔库塞的研究和分析处被调到了国务院。在艾尔弗雷德·麦科马克（Alfred McCormack）——"一位纽约的公司法律顾问，他成功地恢复了战争期间的陆军情报分析"[①]——的领导下，该机构试图发展成为国务院的一个重要的情报机构。但是，国会的批评者和国务院的官员却联合起来反对该构想，研究和分析处的预算也因此受到了重大影响。在 1946 年 4 月 6 日一封致霍克海默的信中（参见 330 页），马尔库塞写道：

　　　　您大概已经知道，国务院情报和研究局因其所谓的共产主义倾向遭到了猛烈的攻击。由于这个原因，拨款委员会暂时驳回了新的资助。常规的为达成老一套折中方案而展开的政治交易现已开始，该部门很可能在 6 月 30 日就要解散。实际上，要是这种情况真的发生了，我也不会感觉多么难过。 [26]

　　其间，麦科马克与国务卿迪安·艾奇逊（Dean Acheson）一直都在努力为研究机构争取更多的资助。正如历史学家哈里斯·史密斯（R. Harris Smith）所描写的那样：

---

①　Smith, *OSS*: 364 and Smith, *Shadow Warriors*: 386f.

众议院军事委员会的主席指责说，带着"强烈的苏维埃倾向"的成员已经加入了国务院的情报机构。麦科马克拒绝并要求撤回该指控。相反，国会把他整个部门的拨款都裁掉了。保守的国务院行政官员已经使有影响力的国会议员相信，前战略情报局的分析专家在意识形态上"持有极其左倾的观点——总统及其国务卿也持有该观点"，且他们决心"在借助于集体安全以及政治、经济和社会改革致力于和平的共产主义和社会主义国家的世界共同体中建立一个社会主义化的美国，借助于集体安全以及政治、经济和社会改革，使它致力于和平；在全球范围内对国家财富进行重新分配"。[1]

麦科马克于 4 月 23 日辞职后，马尔库塞所在的研究和分析机构很快也被解散了，而按照史密斯的说法，那些继续"在边缘地带游走的成员，遭到了国务院专业人士的猜忌，因此他们的意见很少被采纳"[2]。据休斯所说，研究和分析处"对他们的高级外交官员的冷战思维提出了尖锐的质疑"，但"大部分时候我们却深感，我们好像正在向真空抛掷我们的备忘录。这种气氛就像是卡夫卡在《城堡》（Castle）中所描述的那样，也即是说，在这里，人们从来都不知道谁会接听电话，甚至也不知道是否有人会接听电话"（同上）。史密斯总结道："少数无畏的学者在国务院被折磨了一两年，他们知道，国务院已放弃了他们在提供国外情报方面的潜在作用。"（同上）

有的学者在国务院却被折磨了几年，而马尔库塞就是其中的一位。他及其留下的同事都试图反击这种已经开始的反共产主义的冷战趋势。按照亨利·帕赫特（Henry Pachter）的说法："纽曼与马尔库塞对战争部部长

---

[1]　Smith, *OSS*: 365.

[2]　本段的引文都来自史密斯（Smith, *OSS*: 365）。

史汀生（Stimson）为战后德国实行的规划——将会给民主社会主义一次
机会——进行了抨击；他们也许是想避免占领制度有可能做出的极端愚蠢　　[27]
的行为。"① 然而，在冷战的气氛下，随着时间的流逝，马尔库塞及其朋友
的影响力已变得越来越小。

　　随着反共政治迫害的蔓延，马尔库塞的处境已变得越来越危险。正
如休斯所说："20 世纪 40 年代末，看起来很不协调的是，尽管针对真正的
和疑似的左派人士的政治清洗运动蓬勃高涨，但国务院的中欧研究权威
却一直都是憎恶冷战及其一切有关活动的革命社会主义者。"② 1978 年，当
我问及他自己有没有遭到政府迫害的时候，他摇了摇头，简单地回答说，
"没有。"③ 但他却越来越沮丧，因为，他及其同事的努力很快就要化为泡
影了。此外，随着他的同事相继离开政府到大学就职，马尔库塞觉得更加
孤立了。

　　马尔库塞不得不继续留在国务院，因为不同于纽曼，他没有谋得大
学的教授职位，而且由于他的妻子患有癌症，他得留在华盛顿照顾她。对
马尔库塞来说，这不可能是一段快乐的时光，因为他以前的同事在大学谋
到了大学教授职位，而他却在一个日趋保守的国务院环境中——在这里，

---

① Henry Pachter, "On Being an Exile," *The Legacy of the German Refugee Intellectuals*, Salmagundi 10/11 (Fall 1969/Winter 1970): 36.

② Hughes, *The Sea Change*: 175.

③ 1978 年 12 月 28 日在加州拉荷亚（La Jolla, California）的访谈。劳伦斯·索利（Lawrence C.Soley）指出，马尔库塞早先在战略情报局后来又进入国务院的几个左派同事"引起了非美活动调查委员会（HUAC, House Committee on Un-American Activities）的注意。调查委员会开展的调查可谓毫不留情。迫于调查，莫里斯·霍尔珀林（Maurice Halperin）过上了逃亡生活，而卡尔·马扎尼（Carl Marzani）也因对其共产主义背景隐瞒撒谎而被投入了监狱。委员会的调查认为，战略情报局是一切战时政府机构中'渗透最严重的'机构"（*Radio Warfare*. New York: Praeger, 1989:218）。基希海默的遗孀告诉巴堡·卡尔特兹说，她丈夫就曾在战后遭到过联邦调查局（FBI）的审查。

他及其留下的几个朋友渐渐地被孤立了起来，失去了影响力——工作。休斯对马尔库塞的处境饱含辛酸地描述道：

> 我要分三个层面来解释影响力缺失的问题（即马尔库塞、休斯及其留下来的改革派同事在国务院的影响力缺失的问题）：它们分别是机构、个人以及意识形态层面。
>
> 我将先从**机构**开始：长期以来，国务院的行政官员都无法完全接受这样的事实，即从战略情报局转来这么多人；我们不是外交使节团的成员，但却具有学术背景，碰巧进入了国务院。在那时，国务院负责当时各区域的办公部门都非常小——大概只有三四个人从事中欧的工作。然而，我们却来了 15 个人（也可能是 20 个人），而这却代表了一种有组织性的威胁，至少对传统的外交部门来说是如此……
>
> **个人**问题牵涉种族和阶级出身。直截了当地说，驻外事务处的成员通常来自美国新教徒（WASP，即 White Anglo-Saxon Protestant，盎格鲁－撒克逊系的白人新教徒）的贵族阶层……他们关于欧洲的知识以及他们的外语都来自瑞士的寄宿中学——我说的是一种理想类型。他们发现来自研究和分析处的专家都很古怪，有可能会给他们造成威胁，因为他们都是外国人，说话带着乡音，而且大部分是犹太人。在外交部门，情况完全不同：犹太人寥寥无几……
>
> 说完这个，我要谈一下**第三个层面**……从一开始，问题就是，我与我的朋友都没有按照国家利益的范畴来思考——直到今天，我也没能这么做，我根本就不知道它到底是什么；对我们来说，最重要的事情就是我们所研究的国家中的人民的幸福……对我们来说显而

[28]

易见的是，我们要想理解一个国家，就必须得借助该国国民的眼睛来看这个国家。这已足以违反惯例。此外，从社会主义的意义上讲，我们都是左派人士。①

在国务院工作的几年，马尔库塞承担的主要工作是详细研究"国际共产主义"。1949 年，马尔库塞及其同事提交了一份关于"世界共产主义的潜力"的情报报告，该报告长达 532 页，描述了世界共产主义的诉求、前景和战略，也描述了它的局限性以及它与现有秩序的整合。事实上，离开美国行政部门后，马尔库塞获得了哥伦比亚大学和哈佛大学的俄罗斯研究所提供的职位，还在 1958 年出版了他的著作《苏联的马克思主义》（*Soviet Marxism*）。② 不过，除政府工作外，马尔库塞档案馆中的手稿还表明，他从未放弃他的基础理论旨趣，并且预示着他后期核心思想的几份手稿也被发现了。

极权主义、社会主义的命运和单向度的时代

从 1942 年到 1951 年，在他多年的政府工作期间，马尔库塞一直都在努力阐发自己对当代社会与文化的看法。而这些将成为《单向度的人》　[29]

---

① Hughes in Söllner, *Zur Archäologie*, Vol. 2:48–49.

② 参见 1949 年 3 月 30 日致霍克海默的信（参见第 343 页），马尔库塞在信中讲到了哥伦比亚大学俄罗斯研究所邀请他担任高级研究员这件事。可是，马尔库塞一直待在华盛顿，直到他夫人因癌症离世，之后才去了哥伦比亚大学和哈佛大学的俄罗斯研究所。他一直在做政府工作，也正是因为该工作，才铸就了他这本 1958 年出版的著作《苏联的马克思主义》——于 1985 年被哥伦比亚大学出版社再次出版，而在再版中，附上了一篇由道格拉斯·凯尔纳撰写的导言。

及其后期著作的核心主题在本卷收集的未发表的论文中都被勾画了出来。在马尔库塞档案馆中发现的最令人感兴趣的手稿是一份日期为"1945年9月"的文本，它的标题是《评阿拉贡：极权主义时代的艺术与政治》①（参见258页及以下）。这份文献表明，马尔库塞一直都在关注艺术与审美，它们不仅在其早期的著作中出现过，可以说，它们也是他在政府工作期间完成的后期著作的重要组成部分。

在极权主义支配的世界中，马尔库塞认为，具有审美趣味的反抗和爱是最激进的反对力量，因为它们创造了一种与压抑的社会现实截然相左的另一种现实。通过它创造另一个世界——对美好的生活景象做了规划，对现实状况的不足之处及恐怖之处做了揭示——的能力，艺术凭借自身的形式超越了日常生活。马尔库塞注意到了超现实主义者经由艺术创造另一种世界的努力，但他们的反抗却很容易就会被审美时尚同化，并且超现实主义艺术中的恐怖很容易就会"被现实的恐怖超过了"。因此，问题是，我们该如何创作一种真正反抗的艺术。马尔库塞认为，法国的抵抗作家们代表的是"解决的新阶段"。他们著作中的政治性并没有直接表达出来，但却深入破坏了这个具有潜在的爱、美与和谐的世界。它粉碎了这个在伟大的诗歌和艺术中展现出来的理想世界，因此，展现出来的是被否定、被摧毁的世界，是阻碍自由和幸福的世界。

因此，真正的艺术是马尔库塞对现实状况的一次"大拒绝"，也是另一个世界的前提条件。真正的艺术保存了解放的愿景，因此也是激进规划的组成部分。在他所述及的法国抵抗作家的著作中，爱与美都被自身表现

---

① 该文本特别有意思，因为这是自从马尔库塞1922年博士论文《论德国艺术小说》以来对具体的美学作品所做的最翔实的解读；关于马尔库塞博士论文及其美学的讨论，参见 Kellner, *Herbert Marcuse*: 18ff., passim。

为否定自由与幸福的、必须反过来被否定的极权主义力量否定了。在他研究的后半部分中，马尔库塞详细解读了阿拉贡的小说《奥雷利安》（*Au-rélien*），该小说讲述了一对命途多舛的情人间的故事，他们长期分离，仅仅在爱人被法西斯主义者射杀在男主人公的臂弯中那一刻才重逢。就像毕加索的《格尔尼卡》（*Guernica*）中的形象那样，"借由艺术创造并以艺术的形式"，阿拉贡的小说带来了"黑暗、恐怖以及彻底的毁灭的"生活，"因此，它们与法西斯主义的现实根本不具可比性"。

在此，马尔库塞以这种方式简单概括了他独具特色的早期观点，即他把生存的审美维度和爱欲维度当成了对另一种现实可能性的保存，对超越现存世界的更高条件的保存。在艺术与爱的领地中，马尔库塞认为，人们超越了日常生活的平庸和压抑，在一个更高的维度生存。但是，现实状况中压抑的力量否定了人的自由和幸福的更高的可能性，因此必须反过来被否定。真正的艺术拒绝现实状况，促使人们疏远这个世界，并且规划一个更好的世界的形象。马尔库塞随后将以 35 年的时间来阐释这些美学理想来充实他的解放的理想。 [30]

事实上，在他人生极度困难的时候或随后，马尔库塞似乎都会把注意力转向审美的慰藉。①1919 年德国革命失败之后，他离开柏林，前往弗莱堡大学完成了他的博士论文《论德国艺术小说》。20 世纪 50 年代早期到中期，就在他遭受麦卡锡主义迫害期间，在他为妻子苏菲的离世哀痛期间，马尔库塞在《爱欲与文明》中勾勒了他对自由的看法，而这本书在描绘现实状况的替代方案中和在描绘通向审美与爱欲体验的解放的潜在路线中给审美维度分派了一个关键的角色。在他晚年，20 世纪 60 年代运动失

---

①　参见道格拉斯在《赫伯特·马尔库塞》中的讨论（Kellner, *Herbert Marcuse*: 347ff.），该讨论为此处所做的断言提供了资料。

败后，马尔库塞在他最后的著作《审美之维》（1978）中又转向了审美。除此之外，正如我们在关于"极权主义时代的艺术与政治"的研究中看到的，在第二次世界大战最黑暗的时期，即在政府工作期间，他同样转向了艺术与审美维度的慰藉。①

在马尔库塞档案馆中，其中一个最有意义的发现还包括一份由讨论现今时代的 33 个论题构成的手稿，而它对《单向度的人》的论题已早有预示（参见 283 页及以下）。尽管马尔库塞与纽曼筹划的《社会变迁理论》始终未能完成，但是档案馆的资料却表明，马尔库塞一直都在努力使批判[31]的社会理论与实践的关系理论化。在这份 1947 年的手稿中，马尔库塞简要概述了他视之为主要时代的社会与政治趋势。② 该文本表明，马尔库塞一直都在从事各种形式的哲学与政治理论工作，而这些工作具有其早期在社会研究所工作期间的特点，与他后期的工作有区别。这些论题本来是为可能重新发行的社会研究所的期刊《社会研究杂志》准备的。事实上，战后马尔库塞致霍克海默的书信表达了着手重新出版该期刊的强烈愿望。在 1946 年 10 月 18 日致霍克海默的书信中，马尔库塞讲述了访问伦敦和巴黎的情况，他讲道，伦敦和巴黎的一些重要的知识分子都很赞赏研究所的期刊，希望它能够再次出版发行。在 1946 年 11 月 15 日致霍克海默的书信中（参见 333 页），马尔库塞向专门研究德国的一期特刊提供了一些可

---

① 在本卷发表的 1943 年 4 月 18 日致霍克海默的信中，马尔库塞指出，他刚刚读了乔治·贝尔纳诺斯（Georges Bernanos）的《致英国人的信》（*Lettre aux Anglais*），他认为："它是一部伟大的作品，它比我这些年看到的其他作品更接近事实。唯有它给了我在这里一直都在寻找的鼓励。"马尔库塞的《极权主义时代的艺术与政治》这篇文章表明，他在这期间还读了法国的诗歌和小说，因此才转向了审美抚慰，才开始从理论上阐释艺术的解放潜能这个带有其后期作品特征的论题。

② 关于这份手稿的历史的讨论，参见 Wiggershaus, *Frankfurt School*:386ff.。另参见 1947 年 2 月 9 日（参见原书第 254 页）和 1947 年 10 月 17 日（参见原书第 257 页）致霍克海默的信。

用的材料。在 1947 年 2 月 9 日的信中，他写道：

> 我已经完成了自己需要准备的那一小部分：我（而我却担心，只
> 是我一个人）已准备好了我们上次见面时取得一致意见的那些报告。
> 它们仅仅是些笔记。不过，我正在对它们做进一步的阐释，由于还
> 没有完成，我只能将很快就打印出来的第一部分寄给您。也许这样
> 能够继续我们的讨论。

马尔库塞、霍克海默、纽曼、阿多诺以及其他人的计划是写一些有
关当代哲学、艺术、社会理论、政治等方面的文章，但该计划同样没有实
现——原因很可能是研究所成员间的哲学和政治分歧已越来越明显。的确
如此，事实表明只有马尔库塞准备了一份手稿，以他的视角对当前的世界
形势做了研究，而我们以《33 个论题》为标题在本卷把该文本发表了出来。
总之，研究所的期刊一直都未重新刊发，而就在霍克海默、阿多诺与波洛
克回到德国并在法兰克福重建研究所之后，马尔库塞与研究所的联系被进
一步地切断了。①

马尔库塞的"论题"，与他后期的《单向度的人》（1964）很相似，　[32]
对当前世界形势持一种深受经典马克思主义影响的黑格尔—马克思观点。

---

① 在本卷中出现的 1947 年 10 月 17 日致霍克海默的信中，马尔库塞在他们于洛杉矶见面之后
　写道："我立即开始了我的整个工作，并且本着我们讨论的精神，对这些论题做了补充。受我
　们讨论的启发，其他作品也会随之而来。"但是，理应修改好的文章在马尔库塞档案馆中却
　没有发现，因此，我们发表的是在霍克海默档案馆中发现的 1947 年 2 月的版本。幸好贡策
　林·施密德·诺尔和霍克海默档案馆为我们提供了这个文本。马尔库塞的信件不断提到他希
　望重新启动研究所期刊的出版，但他的希望破灭了，因为阿多诺和霍克海默在回到法兰克福
　后做出了不再出版《社会研究杂志》的决定。

它简单勾勒了激进的社会转型方案——比如，在他与纽曼合作完成的著作中——将面临的社会变迁的障碍。马尔库塞《单向度的人》中的一些决定性的观点在论题中先已被提了出来，其中包括，无产阶级的整合，资本主义的稳定化，社会主义的官僚化，革命左派的消亡，以及真正推动进步的社会变迁的力量的缺失。在论题1中，马尔库塞写道：

> 在希特勒法西斯主义（它是一个早产的、孤立的资本主义重组的形式）战败之后，世界正在被划分为新法西斯阵营和苏维埃阵营。那些仍然保留着民主自由形式的国家，要么会在两大阵营之间被碾碎，要么会被双方所吞并。在不久的将来，那些在战争中幸存下来的、原属于旧有统治阶级的国家，在经济上和政治上都将法西斯化，而其他国家则会加入苏维埃阵营。
>
> （论题1）

此时，马尔库塞意识到了极权主义控制与支配这样一种制度正在形成，在他看来，在德国法西斯主义战败后，这种制度会把苏联共产主义和发达资本主义社会两种形式都席卷进来。显然，前纳粹官员在战后不久又重新掌权，以及美国战后时期右翼保守主义的回潮，使马尔库塞感到非常不安。确实，他看上去很担心法西斯主义的复活，也很担心新法西斯主义的资本主义国家与苏联会发生一场战争，因此，他预见到了主要超级大国之间迅速扩张的冷战对抗，不过也夸大了西方民主国家的新法西斯主义趋势。早在《单向度的人》之前，他就认为，这两个联盟在本质上都是反革命的支配形式，它们都"敌视社会主义的发展"。接下来的观点，马尔库塞曾经在20世纪30年代的文章和40年代的《理性和革命》（1941）中有

过论证，他坚称，自由民主的形式正在遭到破坏，或者正在被支配体系同
化。他还认为，冷战竞争对手之间有可能会爆发战争，而这一点预示着他
后来对军国主义化的资本主义和社会主义阵营所做的分析。

　　作为最早全面批判苏联马克思主义的作品之一，[①] 马尔库塞批评苏联　　[33]
未能创建一个解放的社会主义，敦促经典马克思主义学说要抵御一切妥
协和变形（论题 3）。马尔库塞讲道，工人阶级正日益融入资本主义社会，
明显反抗该制度的革命力量再也没有了，而这一点预示着他在《单向度的
人》中对工人阶级的整合所做的分析。随着新的战争技术的发展，这种与
手上拥有强大武器的势力做武装斗争的实施方案早已毫无希望（论题 6）。
另外，工人阶级的**资产阶级化**（Verbürgerlichung）符合资本主义经济的深
层次结构变革，因此需要对此做全面的理论阐释（论题 11、12）——马
尔库塞未来几年都在从事这项任务。

　　尽管设想具体的革命趋势或运动十分艰难，马尔库塞还是坚称，社
会主义的构建是当代激进政治的核心目标（论题 21），他本人始终坚持马
克思主义理论的革命传统，事实上，他一生都没放弃过。他把生产方式的
社会化和由"直接生产者"实施管理视为构建社会主义的核心任务（论题
25），尽管他赞成，经济民主与无阶级社会的发展是其社会主义概念的组
成部分（论题 26），但他却没有勾勒出一种民主社会主义的模型——这是
一个表明其整个思想存在不足的被忽略的部分。马尔库塞最后提出了一种
观点，即只有具有革命传统的共产党的复兴才能使革命理论与实践重新焕

---

① 该批判很有意义，因为正如赫尔穆特·杜比尔在《理论与政治》中所指出的那样，研究所成
　　员之前都竭力避而不谈苏联。因而，马尔库塞在此首开先例，从法兰克福学派批判理论的视
　　角对苏联做了经久不衰的批判性分析。这些视角在他 1958 年《苏联的马克思主义》这本书中
　　得到了详细阐释（参见 Marcuse, *Soviet Marxism*）。

发活力，但这却似乎不太可能：

> 那么，政治任务就是在共产党内重建革命理论，并为适合理论的实践效力。该任务在今天看来似乎不太可能。但这种不同于苏联指令的相对独立性——它是该任务所需要的——对西欧和西德的共产党来说却是一种可能性。

（论题 33）

因此，《33 个论题》从当代具有革命性的《理性和革命》的视角与《社会变迁理论》的规划出发做了详细阐释，但却陷入了后来《单向度的人》也有体现的悲观的情绪之中。他的主要论点是，"在这样的境况下，革命理论就只剩下一条路可走了：无情地、公开地批判这两个系统，并且毫不[34]妥协地拥护这种反对两者的正统的马克思主义理论"（论题 3）。后来，就马尔库塞本人是否支持"正统的马克思主义理论"发生过激烈的争论。但不管怎么说，在 20 世纪 40 年代，他一直都把艺术与激进理论看成反抗既定社会现实的两种力量——他终生都持这样的立场。不像阿多诺和霍克海默那样，他们逐步放弃了经典马克思主义，马尔库塞却始终坚信原初的马克思主义理论——与该理论后来发生的变形相反——的革命潜能。

魏格豪斯（Wiggershaus）断言，霍克海默从未对马尔库塞的论题做过回应，① 由此我们可以猜测，他们在理论与政治上的分歧现在已无法弥

---

① Wiggershaus, *The Frankfurt School*: 436ff. 该断言并不完全准确，因为霍克海默在几封信中都提到过这些论题，并且在 1948 年 12 月 29 日的信中还说到，他与阿多诺正在写"一个以您的论题的形式的大纲"。然而，阿多诺和霍克海默根本没有完成这样一份手稿，他们极可能是因为对强有力的马克思主义革命形式和马尔库塞"论题"的基调不满，所以搁置了。

合。更何况，事实上，《社会研究杂志》再也没有被重新发行，霍克海默与阿多诺不久也回到了德国，恢复了社会研究所，而马尔库塞却留在了美国。

马尔库塞在20世纪40年代末仅发表过一篇文章，该文章研究的是"萨特的存在主义"，对存在主义的个人主义、本体论做了批判，文章认为，"仅就存在主义是一种哲学学说而论，它仍旧是一种理想主义的学说：它使特定的人类生存的历史条件实体化了，具有了本体的、形而上的特征。因此，存在主义成了它所抨击的观念论的组成部分，因而它的激进主义也只能是一种幻觉。"① 本着批判理论的精神，马尔库塞指出，社会理论而非哲学才能使人类生存的具体历史条件概念化：

> 活动、态度与努力划定了他具体生存的界限，但说到底，它们并不是他的，而是他的阶级、职业、地位和社会的。从这个意义上来讲，个体的生活确实可以说就是普遍的生活，但这种普遍的生活是一种特定历史力量的结构，它是由形成社会现实的各种团体、利益、制度等构成的。因此，真正触及具体生存的概念必定源自一种社会理论②。

马尔库塞认为，黑格尔"极为接近人的生存结构"，因为"他是按照历史普遍性对它进行解释的"，但却是从精神的角度进行解释的，因此仍然停留在"哲学抽象"的领地里。为把握具体的生存的个人，克尔凯郭尔 [35]

---

① Herbert Marcuse, "Existentialism: Remarks on Jean-Paul Sartre's *L'Etre et le néant*," *Philosophy and Phenomenological Research*, VIII, 3（March 1948）：309–336.

② Ibid., p.335.

转向了神学，与此同时，马克思使用的是政治经济学和社会理论，他们都宣称，"从根本上讲，哲学不足以面对具体的人的生存"。然而，为把握具体的个人的处境，海德格尔与萨特却试图发展一种存在哲学。但是，马尔库塞认为：

> 任何哲学都不可能理解现行的具体性。海德格尔的生存论存在论依然持有"超越"的意向：对一切具体化来说，他的"**此在**"（Dasein）范畴是中立的。他没有试图去阐发一种**世界观**（Weltanschauung）和伦理学。与此不同，萨特试图以哲学方法、哲学概念来把握这种具体化——而具体的生存却仍然"外在于"哲学概念，仅仅是一个例子或幻觉。他的政治激进主义外在于他的哲学，与它的本质和内容毫无关系。①

第二次世界大战以后，存在主义成为一种主要的思潮，受到媒体和知识界的广泛关注。考虑到他这一生与海德格尔哲学的关系，毫无疑问，马尔库塞也受到了萨特存在主义的吸引。20 世纪 20 年代，马尔库塞曾在弗莱堡大学做过海德格尔的学生，他一直以来都很尊敬海德格尔，而且深受其思想的影响，尽管他们的政治和哲学分歧已变得越来越明显。确实，马尔库塞经常说，海德格尔是这个历史时期他所遇到的最伟大的哲学家，最深刻的哲学文本诠释者，最优秀的老师，最具原创性的思想家。在马尔

---

① 1972 年《批判理论研究》（*Studies in Critical Philosophy*, Boston and London: Beacon Press and New Left Books, 1972, p.335）转载的这篇研究萨特的文章删掉了这段话，但却增补了一个"后记"，而鉴于在马尔库塞的文章首次发表后的这段时期，萨特在整合自身哲学与政治上所做的尝试，该后记对萨特做了更为积极的评价。

库塞早期的著作中，他曾试图整合马克思主义与海德格尔，而他后来也一直受到海德格尔思想的影响。① 然而，海德格尔支持民族社会主义，包括在 1933 年成为弗莱堡大学的校长，这让马尔库塞大吃一惊，而他无法理解的是，海德格尔怎敢如此明目张胆地背叛西方哲学。

不过，战争结束后，马尔库塞与海德格尔有过几次书信往复，而我们把这些信件也收入了本卷（参见 347—353 页）。马尔库塞在 1946 年国务院考察期间，拜访了海德格尔，此次考察，他要调查德国的形势，以及充满危险的反民主趋势与团体。见面之后，马尔库塞明显感到不安，他写　[36]
信给海德格尔，希望他能澄清他对民族社会主义的态度以及他在法西斯主义政权期间的活动。海德格尔以典型的回避的方式做了回答，为此，马尔库塞给他写了最后一封信，并与他以前的老师决裂了，从此再也没有联系。

结束语

20 世纪 40 年代这段时期，马尔库塞一直专注于大量的实证与历史研究，获得了很多资料，因而相比霍克海默与阿多诺两位研究所同事能够更多地从事哲学创作，这使他最终形成了一种更有实质意义的当代理论。与他的研究所同事相比，马尔库塞在他与纽曼合作阐释当代社会变迁理论的过程中所做的理论联系实践的尝试有助于形成一种更为激进的倾向。因此，我竭力主张，马尔库塞后期的理论观点，以及 20 世纪六七十年代他在新左派、民族解放运动以及所谓的新社会运动等方面所做的理论联系实

---

① Kellner, *Herbert Marcuse*: 38ff.

践的尝试，都建立在他 20 世纪 40 年代试图将理论工作与政治实践联系起来的工作的基础上。

马尔库塞认为，他及其同事第二次世界大战后极力创造一个更民主的社会主义社会的努力在冷战压抑的气氛中失败了，但即使如此，他在 20 世纪 40 年代的著作还是应该被解读为一次使批判理论政治化的尝试，一次理论联系实践的尝试，并因之也是使理论成为一种实践与社会变迁的工具的尝试。马尔库塞从未真正抛弃他青年时期的革命观点，甚至在 20 世纪 40 年代他供职于美国政府期间，他也总是竭力推行他的政治立场。在极端困难的历史时期，他还是力图保留激进的愿景和想象，而此时许多人却都深受形而上学悲观主义和（或）对"失职的上帝"彻底幻灭的危害，陆续抛弃了政治或逐渐滑向了更为保守的立场。

相形之下，马尔库塞却紧紧抓住他激进的愿景，竭力把他的理论观点与现实政治联系起来。尽管政府工作很急迫，但马尔库塞在 20 世纪 40 年代却从未中断他的理论研究，他还拟定了在未来 30 年里他要丰富

[37]　和发展的观点。因此，在马尔库塞的理论历程中，20 世纪 40 年代可以说是一段关键的、迄今为止在很大程度上还不为人知的经历。我认为，他的政府工作不仅使他获取了大量的在未来的几年里滋养其理论的关于法西斯主义、共产主义和资本主义社会的经验知识，还使他比大多数社会理论家对具体历史有了更好的理解。因此，马尔库塞相比他的大多数的研究所同事更能够使他的理论劳动奠基于真实的历史与现有的社会斗争之上。

因此，20 世纪 40 年代对马尔库塞以及他那一代人来说是至为重要的十年。40 年代见证了在全球日渐崛起的德国法西斯主义，也见证了它在第二次世界大战中惨败。它还是冷战形成的历史时期，也是世界分裂为以

美国和苏联这两个相对抗的超级大国为首的两大阵营的历史时期。在分析这些事件、阅读和撰写秘密的政府报告、制定政策建议、参与政府以及大学与公共领域的辩论等方面，他具有特殊的优势。在未来的几年里，这份工作给马尔库塞的理论与政治劳动带来了很大帮助，更使他形成了自己独特的观点。

最后，我认为，马尔库塞 20 世纪 40 年代的工作为我们现今从事的我们自己的理论和政治事业提供了资源。马尔库塞的工作要求我们利用现在最发达的科学与知识，把理论劳动植根于具体的历史研究之中。20 世纪 40 年代他在政府工作期间，马尔库塞从未放弃他与社会研究所成员开启的这种跨学科的工作，而这些跨学科的课题和视角也使他的思想得到了丰富。此外，他还对技术在现代社会中的作用做了实质性的探讨，对社会与技术做了批判性的分析，而这要求我们对解放和压抑的力量及趋势做出区分，不能简单地认为技术和社会都只是巨大的支配机构，或认为科学、技术与工业本质上都是进步的。

他对法西斯主义的分析阐明了政治的与经济的精英可以操纵私人团体以使其屈从于一种对其自身利益不利的社会秩序的方法。伴随着当今世界各地右翼势力的持续肆虐，马尔库塞对法西斯主义的研究仍可以为当代的政治动力学提供一些思路。同样，他关于解放的观点，即假定艺术、技术与批判理论为潜在的解放力量的观点，仍然发挥着效力。马尔库塞的观点，即他对与大多数令人激动的解放的可能性形成对照的大多数压抑性的支配力量所做的理论探讨，在当前全球资本主义重建的历史时期具有特别重大的意义，因为，在新技术的推动下，全球资本主义制度的重组及不可预知的政治骚动不停地带来戏剧性的变革和动荡。确切说来，对于分析我们目前正在经历的重大变革来说，马尔库塞毕生都在运用的这种宽泛的理

[38]

论与政治学说非常必要。就此来说，马尔库塞提供的是辩证的社会理论模型，而在追踪社会历史发展与勾勒当今时代的进步政治这种艰巨的任务中，该模型会激励我们去做类似的努力。

一

马尔库塞，摄于 1935 年前后

[40]　　　在本卷中，马尔库塞的《现代技术的一些社会含义》是他唯一一份生前发表的文章。该文章最早刊登在研究所的期刊上，参见 *Studies in Philosophy and Social Science*, Vol. 9, Nr. 3（1941）: 414—439。在 1940—1941 年间，也就是，马尔库塞正在准备结束他的第一本英文著作《理性和革命》（*Reason and Revolution*, New York: Oxford University Press, 1941）并积极参与社会研究所课题期间，他在纽约和加利福尼亚撰写了这篇文章。

[41]
现代技术的一些社会含义

　　在本文中，技术被认为是一个社会过程，其中，特定的技艺（即工业、运输、通信的技术装置）只是一个组成要素。我们不去追问技术对个人的影响或效应。因为，那些发明或维护机械设备的人，甚至那些指导其运用和使用的社会团体，他们本身都是技术的不可分割的部分和要素。技术，是一种生产方式，是代表机器时代的工具、设备与发明物的总体，因此，它同时也是一种组织和维持（或改变）社会关系的方式，一种流行的思维和行为模式的表现形式，一种控制与支配的工具。①

---

① 芒福德曾经说过，藏在"机械准则与许多重要发明"背后的动机"不是技术效率而是商业或控制他人的权力。在机器的发展过程中，它们拓宽了这些目标的范围，并且为目标的实现提供了手段"。参见 Lewis Mumford, *Technics and Civilization*, New York 1936, p.364。

技艺本身既能够助长专制主义，也可以促进自由；既能够招致匮乏，也可以带来富足；既能够延长劳作时间，也可以废除劳作。具备最大生产效率的高度理性化、机械化的经济按照一定的方式也可以服务于极权主义的压迫与持续的匮乏，而民族社会主义就是该方式的一个很有说服力的例子。第三帝国实际上就是一种"技术统治"的形式：帝国主义的效率与理性这些技术性的考虑取代了利润率与公共福利这些传统的标准。在民族社会主义的德国，恐怖统治不仅要通过与技术无关的暴力来维持，还需要通过内在于技术的精巧的操纵力量——劳动的强化，宣传，对年轻人和工人的培训，政府、工业与政党官僚机构组织，它们都是恐怖的日常工具，都遵循的是技术效率最大化的标准——来维持。这种恐怖主义的技术统治不能归咎于"战时经济"的特殊要求；毋宁说，战时经济是民族社会主义整顿社会经济过程的正常状态，而技术是促成该整顿的主要要素之一。① [42]

在工艺流程中，新的理性与新的个性标准在整个社会推广开来，它们与那些早期引起技术进步的理性与个性不同，甚至对立。这些变化并不是机械设备带给使用者或批量生产带给消费者的（直接或间接）效应；毋宁说，它们本身就是机械设备的发展和批量生产的决定性要素。为了充分理解它们的重要性，我们有必要简要地回顾一下正在被现阶段的机器时代蚕食的传统理性与个性标准。

个人——中产阶级革命的倡导者已经把他们变成了最基本的单元和社会的目的——支持那些与主导当今社会的价值相抵触的价值。如果我们非要以一个指导性的概念来统摄16、17世纪塑造个人这一理念的各种宗教的、政治的与经济的倾向的话，我们可以把个人定义为具有某些基本标

---

① 参见 A.R.L.Gurland, "Technological Trends and Economic Structure under National Socialism," in this journal [*Studies in Philosophy and Social Science*], IX（1941），No. 2, pp.226ff.。

准与价值——任何外在的权威都不能侵犯他们——的主体。此类标准与
价值与那些能够最大限度地满足人的才能与能力全面发展的社会的和个
人的生活方式相匹配。同样，它们也是他的个体存在与社会存在的"真
理"。个人，作为理性存在者，被认为通过他自身的思考有能力发现这
些方式，而他的思想一旦获得自由，他就会展开实现此类方式的行动。
社会的任务就是要赋予他这种自由，消除一切对其理性的行动过程的
限制。

　　追求个人利益的个人主义原则建立在这样的观点基础上，即个人利
益是理性的，也就是说，个人利益源于自主思考，并且持续受到它的引导
与控制。理性的个人利益不同于直接的个人利益，因为后者依赖于通过外
在权威而非自主思考来安排的现存社会秩序的标准与要求。因此，在激进
的清教主义的情境中，个人主义的原则就会要求个人反对他的社会。人们
必须冲破强加给他们的整个观念与价值体系，发现并且抓住那些与他们的
理性利益相符的观念与价值。他们因此也就必须始终处在警惕、忧虑和批
评的状态下，必须拒斥一切不真实的、得不到自由理性辩护的东西。而在
一个缺乏理性的社会中，它却成了不断引起动荡和对抗的原则。因为，虚
假的标准仍然统治着人的生活，所以批判该标准的自由的个人就会极力寻
求真实的标准，并且努力促成它们的实现。该主题在弥尔顿（Milton）的
生动描述中得到了最适切的体现，他写道："一个恶毒的欺骗民族……他
们把圣洁的真理拿来，把她可爱的形体砍成千万个碎片四散抛开。从那
以后，可悲的真理的友人，凡是敢于挺身而出的，都像伊希斯（Isis）寻
找奥西里斯（Osiris）的零碎尸体一样，四处奔跑，一块一块地拼凑起来，
就像能全部找到似的……我们还没有全部找到，在圣主再次降临以前，也
不可能全都找到……根据我们已知的东西来寻求未知的东西，将我们找到

[43]

的真理结合到真理身上去(因为真理的身体是本质相同而且比例相称的)"，
而它就是个人主义理性的原则。①

实现这种理性的条件是必须具备适宜的、对个人——他的社会表现
至少在很大程度上都是他们自己的工作——有吸引力的社会经济环境。自
由主义的社会被认为是适宜个人主义理性的环境。在自由竞争的领域中，
个人的实际成果，即那些将个人的产品和表现变为社会需求的组成部分的
成果，是其个性的标志。然而，商品生产过程却随时间的推移不断破坏个
人主义理性赖以建立的经济基础。机械化与理性化迫使软弱无力的竞争者
屈从于机器工业巨头公司的统治，而正是这种统治在确立社会对自然的统
治的过程中消灭了自由的经济主体。

竞争效率的原则有利于那些具有最高程度机械化与理性化工业设备
的企业。技术力量容易造成经济力量的集中，容易造成"大型的生产单位，
生产大量的、差异明显的商品的大型公司制企业，拥有并操控材料、设备
与生产流程——从原材料的提取到制成品的分配——的工业帝国，少数几
个巨头康采恩（concerns）对整个工业的统治……"而技术"在巨头康采 [44]
恩的支配下通过创造新的工具、工序和产品不断地提升自身的力量"②。在
此，效率要求整体的一体化、简单化，摒除一切"浪费"，避免一切弯路，
它要求全面地协调一致。但是，保持机构（apparatus）运转的利润激励与
这一机构带来的生活标准的提升之间却存在着矛盾。"由于生产控制掌握
在追逐利润的企业家手中，因此，只要在付完地租、利息、劳动及其他成
本之后还有剩余，他们就会动用生产控制来满足他们的要求。而这些成本

---

① Areopagitia, in *Works*, New York 1931, 4, pp.338–339.

② *Temporary National Committee*, Monograph No. 22, "Technology in Our Economy," Washington 1941, p.195.

通常也会保持在尽可能低的水平上。"① 在这种情况下，对机构有利可图的使用在很大程度上决定了要生产的商品的数量、形式和种类，通过这种生产、分配方式，机构的技术力量影响到了整个的它所服务的对象的理性。

在该机构的影响下②，个人主义理性已变成了技术理性。它绝不局限于大型企业的主体和客体，而是成了普遍的思维方式甚至各种抗议与造反形式的主要特征。这种理性确立了判断的标准，培育了让人乐于接受，甚至从内心接受机器装置指令的态度。

刘易斯·芒福德认为，机器时代的人具有了"客观的人格"，他已经学会把所有的主观自发性都转让给他所服务的机械设备，让他的生活屈从于"讲求实际"的世界——在这个世界里，机器是要素（factor），人是事实（factum）。③ 个人在资质、洞察力和知识上的区别变成了不同量级的技巧和训练，任何时候在普通的标准化执行框架中都被整合起来。

[45]　　但是，个性并没有消失。毋宁说，自由的经济主体已经变成了大规模组织和协调的对象，个人成就也变成了标准化的效率。后者的特点是，个人的表现要受到与预先决定的任务与功能相符的外在标准的激励、引导和估量。有效率的个人表现是否有用取决于它是否对机构的客观要求做了适当反应，而他的自由也仅限于挑选最适当的达成并非由他设定的目标的方式。个人成就与认同无关，是在工作中实现的，而效率是一种有偿的表现，只有在它对机构有价值的时候才能得到实现。

对于大部分人来说，经济主体先前的自由逐渐被效率淹没了，因为

---

① *Temporary National Economic Committee*, *Final Report of the Executive Secretary*, Washington 1941, p.140.

② "机构"这个术语指的是当时社会环境中的制度、设备与行业组织。

③ L.Mumford, *Technics and Civilization*, pp.361ff.

他要有效率地完成分派给他的服侍性工作。世界的理性化已经达到相当高的程度，可以说，这种理性已变成了一种个人只能毫无保留地改变自身来适应它的社会力量。凡勃伦（Veblen）是最早从机器程序中获悉这一新的讲求实际的态度的思想家之一，他已经看到讲求实际的态度已经从机器程序蔓延至整个社会："机器工业中的那部分体力劳动者只是（通常是）服务人员、助手，他们的职责就是跟上机器程序的节奏，借助熟练的操作解决他们接触到的机器运行中存在的问题。他的工作只是弥补机器程序的不足，而不是利用机器程序，相反，是机器程序利用工人。在这种技术系统中，理想的机械发明就是自动化的机器。"① 机器程序需要一种以"对模糊事实的即时理解——具有大体精确的量化形式——为导向的知识。这类知识认为，那部分工人应该持有特定的理智态度或精神态度，而这种态度既可以帮助即时理解和领会事实，也可以避免这样一种隐含着公认的万物有灵论或神人同形同性论诡计的知识——即它对观察到的现象以及现象之间的关系做了准人格的解释——的蔓延"②。

  作为一种态度，讲求实际并不仅限于机器程序。不管按照何种社会生产方式，人们都得从构成他们自身现实的事实来获取和调整他们的动机与目标，而如此一来，他们就会得出种种观点相悖的哲学。讲求实际曾经 [46] 使古代的唯物主义与享乐主义恢复了生机，它曾在现代自然科学反对精神压迫的斗争中、在启蒙运动的革命性的理性主义中起到过重要作用。而这种新的态度与一切具有极其典型的理性顺从（rational compliance）特征的态度不同。因为，这些引导人的思想与行动的事实不是那些为了征服它们

---

① Veblen, *The Instinct of Workmanship*, New York 1922, p.306f.

② 同上书，第 310 页。对"讲求实际"的培养不仅适用于工厂工人，也适用于那些指挥而非看护机器的人。

而必须接受的自然事实，也不是那些因为它们不再符合人的需求与潜能而必须改变的社会事实。毋宁说，它们是本身就体现理性与权宜的机器程序的事实。

让我们举个简单的例子。开车到远方旅行的人依照公路地图挑选自己的路线。城镇、湖泊和山脉成了要绕开的障碍。公路决定着乡村的形状和组织：人们在途中看到的都只是公路的产物或附属物。大量的指示牌和海报会告诉游客该做什么该想什么；它们甚至还会要求游客留意自然风光或历史遗迹。其他人已帮他做了考虑，并且可能比他考虑得更好。便捷的停车场早已在视野最开阔、最不可思议的地方建了起来。巨幅公告牌告诉他何时停下来找补充给养的地方。确实，这一切对他来说很有好处，很安全，也很舒适；他得到了他想得到的东西。商业、技术、人的需求与自然被焊接成了一种理性的、权宜的机制。遵循它的指导，让自身的自发性屈从于那些为他安排好一切的无名的智慧，他会生活得特别舒适。

关键是，这种态度——它把一切行动都分解成了一连串的对指定的机械规范的半自发的反应——不仅是完全理性的（rational），而且是完全合理的（reasonable）。任何抗议都没有意义，而那些坚持自身行动自由的个人会变成怪人。任何人都无力脱离这种使世界机械化、标准化的机构。它是一个理性的机构，极其权宜、方便，省时节能，它可以消除浪费，可以适应各种手段，而且能够预测后果，还能够长期保持可计算性和安全性。

在操作机器的过程中，人们认识到，遵循指导是获得理想效果的唯一方式。与机构和睦相处就是适应机构。自律根本没有任何空间。个人主义理性已变成了对先行给定的手段与目的之连续统一体的有效服从。后者吞噬了思想解放的努力，而理智（reason）的各种功能也都忙着无条件地维护机构。人们经常强调，只要科学发现和发明看起来妨害有利可图的市场需求，它们就会被搁置起来。① 需要是发明之母，它在很大程度上指的是维持和扩张机构的需要。发明的"主要用途是……服务商业，而不是工业，而它们更为深远的用途是促进必不可少的社会基础设施的发展，更确切地说是加速它的发展"。它们大部分都具有竞争性，但"某个竞争者取得的技术优势很快就会变成其他竞争者的需要，因为如果不这样，它们就会必然失败"，所以我们也可以这样说，即在垄断性的制度下，"发明是需要之母"。② [47]

　　各个方面相互配合，把人的本能、欲望与思想变成了满足机构需要的渠道。占统治地位的经济社会组织"没有靠暴力来维护它们的权力……它们靠的是把自身融入到人民的信任和忠诚之中"③，而人民经过训练也把自身的信任和忠诚融入到了它们之中。通过机器程序调解人与人之间的关系变得越来越突出。但是，各种促进人与人交往的机械发明同样妨害和削减了他们的力比多，也因之把它从一切太过危险的、个人在其中却拥有社会自由的领域转移了出来。常人几乎不会像对待他的汽车那样强烈而持久地关切有生命的存在物。受崇拜的机器已不再是毫无生命的东西，而是变成了类似于人类的东西。同时，它把自身所拥有的东西赋予了人类：社会机构本身的生命。人的行为与机器程序的理性结合在了一起，而该理性却具有特定的社会内容。机器程序按照自然科学的规律运行，不过它也按照批量生产的规律运行。从技术理性来讲是权宜的同时也就是从有利可图的

---

① 参见 Florian Znaniecki, *The Social Role of the Man of Knowledge*, New York 1940, p.54f.; 参见 Bernard J.Stern, *Society and Medical Progress*, Princeton 1941, Chapter IX；还参见 Bernard J.Stern, *Technological Trends and National Policy*, U.S. National Resources Committee, Washington 1937。

② Veblen, *The Instinct of Workmanship*, p.315f.

③ Thurman Arnold, *The Folklore of Capitalism*, New York 1941, p.193f.

效率来讲是权宜的，也就是说，理性化同时也就是垄断意义上的标准化和集中化。个人的行为越理性，他就会越充满爱地致力于其理性的工作，他也就越无力抵抗这种理性所具有的令人沮丧的方面。他将失去摒弃特定形式——理性化就是通过此形式实现的——的能力，也将对它未实现的潜能丧失信心。他讲求实际的态度，他对一切超越了可观察的事实的价值的不信任，他对一切准人格的、形而上的解释的不满，他对一切把可察觉的事物秩序、机构的理性与自由的理性联系起来的标准的怀疑——这整个的态度都较好地服务于那些对保持事实的现行形式感兴趣的人。机器程序需要"前后一致地培养这种对事物的机械理解"，而这种培养反过来会促使"对生活安排的顺从"，会带来"一定程度上训练有素的洞察力和简便的应对各种定量调整与适应的策略……"① 这种"顺从机制"从技术秩序蔓延到了社会秩序；它们不仅支配着人们在工厂和商店中的表现，支配着人们在办公室、学校、集会中的表现，甚至最终还支配着人们在休闲和娱乐领域中的表现。

[48]

　　人类的个性并非通过外界的强迫而是通过他们得以生存的理性而被剥夺的。工业心理学正确地指出："人的性格就是不易改变的情绪习惯，因此它们都是十分可靠的反应模式。"② 确实，外在的力量把人的表现变成了一系列可靠的反应：机器程序把机械的行为模式强加到了人身上，于是，外在的竞争性的效率标准执行得越严格，个别竞争者就会变得越缺乏自主性。但是，人类并没有把他的丧失自由体验为某些敌对的、外来的势力的运作；他把自己的自由转让给了理性本身的宣言。但问题是，现如今需要个人做出调整和适应的机构如此理性，致使个人的抗议与自

---

① Thorstein Veblen, p.314.

② Albert Walton, *Fundamentals of Industrial Psychology*, New York 1941, p.24.

由不仅看起来毫无希望，而且还极其非理性。由现代工业创设的生活系统是最权宜、最便利和最高效的系统之一。理性一旦按照这些术语来界定，那它就变成了使这个世界得以延续的行动的等价物。理性行为也就成了讲求实际的态度，而后者能够培养理性顺从，并因此能够确保人们在现行秩序中和睦相处。

初看上去，技术性的态度似乎暗含着顺从的对立面。目的论的、神学的教条不再干预人与物质的斗争，因此，他可以毫无顾忌地发挥实验的能量。任何物质集合，他都想按照自身的意愿和利益将其敲碎、控制和改变。然而，这种实验主义往往会被用来试图发展一种对人的高效的分层控制。技术理性可以很容易地以"科学管理"的形式——已经成为最有用的实现流线型独裁政治的手段之一——用于这种控制。泰勒（Taylor）对科学管理的阐释展现了存在于其中的精密科学、讲求实际的态度与大工业的联合："科学管理试图在雇主和工人的关系中以讲求实际与法律的治理取代讲求暴力与意见的统治。它要以精确的知识取代猜想，旨在建立一种对雇主与工人同样有约束力的自然法则。因此，科学管理试图在车间的行动准则中以自然法则取代建立在人们反复无常、随心所欲的权力基础上的纪律准则。这样的民主制度在以前的工业中从未出现过。每个工人的每一次抗议都必须由那些管理者来处理，控诉得正确与错误绝对不能交由管理者或工人的意见来解决，而是必须交由已经确立起来的、必须满足双方的主要的法律条文来解决。"[1] 这种科学上的努力目的是消除浪费、加强生产和规范产品。因此，整个的提高盈利效率的计划显得就像是以"发展工人的个性"[2] 为终极要求的个人主义的最终完成。

[49]

[1] Robert F.Hoxie, *Scientific Management and Labor*, New York 1916, p.140f.
[2] Ibid., p.149.

顺从的效率这个观念极好地展示了技术理性的结构。理性正在从一种批判的力量转变成一种调解、顺从的力量。由于人们的思想、感受、行动越来越受到由他们所创造的机构的技术要求的影响，所以理智的自律也在同等程度上失去了它的意义。理智在标准化的控制、生产和消费系统中找到了自己的栖息地。在这里，它通过确保着该系统的效率、权宜与连贯的规律和机制实现了统治。

在技术理性的规律和机制蔓延至整个社会的同时，它们形成了一套自己的真理价值，而这些价值适用于机构的运作——并且仅适用于机构的运作。有关竞争行为或串通行为的主张、商业手段、有效的组织与控制原则、公平竞争、科学技术的应用都要靠这个价值体系来判断正当与否，也就是说，都要靠决定它们自身目的的手段来判断正当与否。这都是些通过经验测试并被保留下来的真理价值，它们必须引导所有想存活下来的人的思想和行动。理性在此要求无条件地服从和配合，因此，密切关联该理性 [50] 的真理价值隐含着思想对既定的外在标准的从属关系。我们可以称这一系列的真理价值为技术真理。它有两层含义，一方面，它是权宜的手段，不是目的本身；另一方面，它遵循的是技术性的行为模式。

由于技术真理从属于外在标准，所以它与个人主义社会已确立的最高价值的形式之间的冲突特别明显。追求个人利益现在好像要以他律为条件，自律好像不再是激励因素，而是成了理性行动的阻碍因素。原初同一的、"同质"的真理好像分成了两种不同的真理价值和行为模式：一种已被机构同化，另一种与机构对立；一种构成了现行的技术理性而且还控制着它所需要的行为，另一种属于批判理性——它的价值只有在该理性能够决定一切人际关系和社会关系的时候才能得以实现。批判理性来源于自律原则，后者曾被个人主义社会宣称为自明的真理。批判理性以不同于个人主义社会实现这些原则的形式来评估这些原则，因此可以凭借个人主义社会特有的意识形态来控诉社会的不公。[①] 技术真理与批判真理之间的关系很复杂，在此就不详细介绍了，但有两点必须要讲。（1）这两种真理价值既不完全对立，也不相辅相成；许多技术理性的真理在批判理性中保留了下来，或者说，变成了批判理性。(2) 两种真理价值之间的区分并不明显；每一种价值的内容在社会进程中都会发生改变，因此曾经的批判的真理价值后来变成了技术价值。譬如，每个人都拥有不可剥夺的权利，这是一个批判性的命题，但它通常会做有利于提高效率和权力集中的理解。[②]

受技术理性支配的思想的标准化也影响到了批判的真理价值。后者与它们原本从属的情境发生了撕裂，并且按照它们的新形式得到了广泛的甚至官方的宣传。比如，过去欧洲劳工运动专有的主张现如今却得到了曾被这些主张所谴责的强大势力的采纳。在法西斯主义国家，它们成　[51]
了抨击"犹太资本主义"和"西方财阀统治"的意识形态工具，也因此掩盖了实际的战线。当前经济的唯物主义分析被用到了为法西斯主义的德国企业家的辩护上，为企业家的利益服务，如同最新的政权就是为了帝国主义的扩张一样。[③] 在其他国家，政治经济学批判在相冲突的商业集团之间的斗争中发挥着重要作用，它成了揭露垄断行为的政治武器；通过大媒体集团专栏作家，它得到了宣传，此外，它还找到了进入时尚杂志的办法，找到了对制造业协会发表演讲的办法。然而，当这些主张变成了既定文化的重要组成部分时，它们似乎失去了威力，与过去熟悉

---

① 参见 Max Horkheimer, Herbert Marcuse, "Traditionelle und kritische Theorie," in *Zeitschrift für Sozialfor-schung*, VI (1937)，pp.245ff.。

② 关于法律的讨论，参见 Le Chapelier in the National Assembly of the French Revolution。

③ Hitler's speech before the Industry Club in Düsseldorf, January 27, 1932, in *My New Order*, New York 1941, pp.93ff.

的主张融合了。这种对真理的熟悉阐明了社会对批判思想的影响到底有多么冷漠和不为所动。因为，只有在这类批判思想引导着充分实现它们所设想的社会潜能的时候，该思想才会保持它们的真理价值，如果它们确立的是宿命论的顺从态度或者接受竞争的态度，它们就会丧失自身的效力。

众多影响因素共同造成了批判思想的社会无能。其中最重要的影响因素是工业机构的不断发展及工业机构对所有生活领域的全面控制的不断加强。向那些参与到机构中的人们灌输的技术理性已经把难以数计的外部强制与权威模式变成了各种自我约束与自我控制模式。为适应其他同伴的行为，人们已经学会从最微小的细节上调整自身的行为，而这在很大程度上确保了安全与有序。所有人都可以同样理性地行动，也即是说，都可以按照标准——它确保了机构的正常运行，由此也使他们的生活得到了维系——行动。而这种强制与权威的"内向性"强化了而不是削弱了社会的控制机制。人们在遵循自身理性的时候遵循的是那些将自身理智用于盈利的人。在欧洲，这些机制有助于防止个人依照显而易见的真理来行动，并且通过机构的身体控制机制，它们还得到了有效的补充。在此，不同的利益及其主体以这样一种方式——他们有效地消除了任何危及他们统治的严重威胁——做出了调整，实现了同步化。

[52]　但是，机构不断增强的力量并不是唯一的影响因素。由于主要的反对阶层早早地就已经融入了机构——还没有失去反对派这个头衔，批判思想的社会无能进一步加剧了。这个过程的历史众所周知，在劳工运动的发展中得到了反映。第一次世界大战之后不久，凡勃伦就宣称："美国劳工联合会（the A.F. of L.）本身就是既得利益者，同其他既得利益者一样，早已做好了为它自身的特权和利润做斗争的准备……美国劳工联合会本身

是一个既得利益的商业组织，因为在保持价格居高不下和降低供应上，它完全模仿的是其他既得利益者的管理方式。"①欧洲主要国家的劳工官僚机构也是如此。这个问题与政治的权宜无关，与这样一种发展的结果无关，而是与劳工曾经代表和传承的真理价值的转变的功能有关。

这些真理价值在很大程度上属于以其受到抑制的潜能来解释社会过程的批判理性。只有当社会团体的组织不再效仿机构的现行形式及其部门和制度的时候，批判理性才能在社会团体中得到充分发展。因为机构的现行形式及其部门和制度到处充满着决定那些依赖它们的人的态度和兴趣的技术理性，因此，一切超越的目标和价值都将被抛弃。"精神"与它的物质体现的关系十分融洽，因此如果不摧毁整个社会的运转，精神是无法被取代的。一旦反抗的社会运动与机构融合起来，该运动承载的批判的真理价值的意义就会发生改变。那时，自由、工业部门、计划经济以及满足需要等观念就会与操纵者和竞争者的利益焊接起来。而如此一来，有形的组织的成功就会变得比迫切需要的批判理性更重要。

它这种使自身与机构的组织模式和心理模式同化的趋势引起了欧洲社会反对派的结构的变革。批判理性的目标被纳入了组织的技术理性，因此那些超越既定思想与行动模式的要素已被清除。显然，这个过程是大工业及由其扈从组成的军队不断激增的必然结果。后者唯有将自身利益与大型组织有效地结合起来，才能够切实地维护自身的利益。反抗团体转变成　[53]
了大众型政党，他们的领导也变成了大众的官僚。但是，这种转变并没有把个人主义社会的结构变成新的系统，它不仅维持着它的基本趋势，还强化了该趋势。

---

①　Veblen, *The Engineers and The Price System*, New York 1940, pp.88ff.

　　大众与个人是矛盾的概念以及不相容的事实，这一点似乎不言自明。群众"固然是由个人构成的——但却是由不再孤立的、不再思考的个人构成的。孤立的个人总是情不自禁地思考、批评各种情绪。另一方面，其余的人却放弃了思考：他们感动，他们激动，他们兴高采烈；他们认为，他们与其他群众联合了起来，从种种压抑中解脱了出来；他们发生了变化，感到自己与以前的心理状态已经毫无瓜葛"①。尽管，这个分析不无正确地刻画了大众的某些特征，但也包含着一个错误的假设，即处身大众的个人"不再孤立"，发生了变化，"感到自己与以前的心理状态已经毫无瓜葛"。在专制主义的统治下，大众的功能更确切地说就在于使个人的孤立达到极致，在于实现个人"以前的心理状态"。群众是个人的联合，但个人全部"自然的"和"个体的"区别都被剥除了，个人仅仅被当成了抽象个性的标准化表达，也即是说，仅仅被当成了追求个人利益的抽象个体。作为群众的一员，人已经成了标准化的野蛮的自我持存的主体。处身群众之中，由社会强加给竞逐个人利益的限制倾向于变为极容易被释放出来的、无效的、有侵略性的冲动。这些冲动是在匮乏和挫败这种危机状态下形成的，而它们的释放可以说使"以前的心理状态"变得更突出了。确实，群众把主体"联合了起来"，但联合的却是原子化的自我持存的主体，即与一切超越他们私利与冲动的方面相分离的主体。因此，群众是"共同体"的对立面，即个性的扭曲的实现。

　　大众的重要性和意义随着理性化的发展也不断提升，但同时，他们却变成了一股维持机构实存的保守势力。随着拥有个人表现自由的人的数量的减少，个性经由标准化而沦落为自我持存的人的数量得到了提升。他

---

① E.Lederer, *State of the Masses*, New York 1940, p.32f.

们只有通过养成"可靠的反应模式"和执行预先安排的功能，才可以追求
自身的利益。甚至现代工业高度分化的专业需求也在推进标准化。职业培
训主要培养的是各种技能，在心理和生理上适应要完成的"工作"。而这
份工作，是一种既定的"工作类型……它需要特定的能力组合方式"①，所
以那些创造该工作机会的人也塑造着满足该工作需要的人力资源。借由这
种培训形成的能力把"人格"变成了实现目的的手段，使人作为工具——
可以迅速被其他同类的工具取代——而存在得到了延续。职业培训对心理
和"人格"方面的强调越多，这些方面就会越受到严格的控制，也就越难
以获得自由和全面的发展。为了实现批量生产和大众文化，雇员"人性的
一面"与对他个人资质和习惯的关注在对私人领域进行总动员的过程中起
到了重要作用。心理学与个体化有助于巩固千篇一律的可靠性，因为它们
让人产生了这样的感觉，即他要通过执行这些把他自身融入到一系列必需
的行动与反应中的任务来展现自己。在该范围内，个体不仅被保存了下
来，而且还得到了培养和补偿，但这种个体却只是个人阻挠和履行某些以
惯用的模式分派给他的职责所具有的特定形式。专业化使现行的标准化安
排固定了下来。几乎所有人都成了群众的潜在成员，而群众又是社会过程
的日常工具。就这一点而论，他们很容易就会被操纵，因为其成员的思
想、情感与兴趣都被这种机构模式同化了。诚然，他们爆发起来十分恐
怖、充满暴力，但却很容易就会把目标对准软弱的竞争者和引人注目的
"局外人"（犹太人、外国人、少数民族）。协调一致的大众并不渴望新秩
序，而是渴望在现行的秩序中获得更大的份额。他们通过自身的行动试图
以一种无政府主义的方式来纠正不公平的竞争。他们的均质性就在于他们

---

① Albert Walton, *Fundamentals of Industrial Psychology*, p.27.

纷纷呈现出来的激烈竞争的利己性，就在于对自我持存的均一化表达。大众的组成成员都是个人。

[55]

群众中的个人显然不是个人主义原则谆谆告诫他要发展自我的个人，他的自身利益与该原则竭力主张的理性利益也不尽相同。在个人的日常社会表现与他的"真正利益"相对立的地方，个人主义原则的意义也发生了改变。个人主义的倡导者意识到，"个人只有通过委身于某些他们目前无法做好的事情，才能得到发展"①；但现如今，个人却恰好要通过委身于他目前能够做好的事情，才能得到发展。个人主义哲学曾经这样理解自我的"实质自由"，"即它代表着所有相关事物之外的一个决定性时刻，它自己决定最关心的是实际的世俗利益还是理想的、潜在的'天国'。"②这个理想的、潜在的天国有各种不同的定义，但始终不变的是，它们都反对现行的王国，都超越于后者之上。如今，现行的个人类型再也没有能力抓住这个构成其自由的决定命运的时刻。他已经改变了自身的功能；他已经从一个抵抗和自律的个体变成了一个顺服和适应的个体。正是这个功能把个人与大众联系了起来。

现代大众的出现非但没有危及机构的效率与连贯性，而且还促进了社会的协调和专制官僚主义的发展，因此在决定性关头驳斥了个人主义的社会理论。技术过程似乎有征服匮乏的趋势，因此也有减缓从竞争向合作缓慢转变的趋势。个人主义哲学把这看成是人的潜能逐渐分化和解放的过程，看成是废除"群众"的过程。即使按照马克思主义的说法，大众也不是自由的先锋部队。马克思主义的无产阶级不是群众而是由其在生产过程中一定的地位决定的阶级，具有成熟的"意识"和理性的共同利益。具有严格形式的批判理性是无产阶级解放功能的先决条件。至少从这方面来

---

① W.E.Hocking, *The Lasting Elements of Individualism*, New Haven 1937, p.5.

② Ibid., p.23.

讲，马克思主义的说法是符合个人主义哲学的：它认为人类联合的理性形式需要借助于自由人的自主决策与自主行动来实现和维持。

技术理性与批判理性似乎汇聚到了一起，因为，技术过程暗含着功能的民主化。生产与分配系统已经被理性化到这样一种程度，即管理者与下属在工作上的等级差异很少再以才能与洞察力等方面的本质差异为前提，而是大多以继承权与每个人可能都要受到的职业培训为前提。即使专家和"工程师"也概莫能外。可以肯定的是，底层群体与那些为实现理性化设计蓝图、安排生产、有所发明和发现——加快技术进步——的群体之间的鸿沟正在变得越来越明显，特别是在战时经济时期。而同时，该鸿沟的维系也越来越依靠权力的分配，而不是分工。专家与工程师的等级地位根源于他们的能力与知识都用在了实现独裁上。"技术领导者"也就是"社会领导者"；他的"社会领导能力遮蔽了、也决定着他作为科学家的功能，因为，这使他拥有了团体内部的制度权力……"而"产业寡头"则"完全按照对专家功能的传统依赖"[1] 行事。倘若不是这样的话，专家与工程师们的工作任务就不会成为功能普遍民主化的障碍。技术理性化为各种专业和职业创造了一个共同的经验框架。这种经验排斥或者限制这样的要素——它超越了对事实的技术控制——因此它把理性化的范围从客观世界延伸到了主观世界。处在复杂的分层控制网络之下的是大量的标准化的技术，它们趋向于一种能够确保社会的物质再生产的一般模式。这些"参加实际工作的人"似乎认为，"在履行自身职责期间出现的任何状况都可以与某种一般模式——他们中间的大部分佼佼者都熟悉——协调起来"[2]。此

[56]

---

[1] Znaniecki, *The Social Role of the Man of Knowledge*, pp.40, 55.

[2] 同上书，第 31 页，兹纳涅茨基（Znaniecki）描述的是一个历史状况，在该状况下，"对科学家的需求可能会消失"，但目前看来，这似乎只是现行状况的一个基本趋势。

外，工具性的技术理性概念几乎覆盖了整个思想领域，并且为各种智力活动提供了一个共同的标准。因此，它们也就变成了一种技术，[1] 一个培训问题，不再是个性的问题，它们需要的也不再是完整的人格，而是专家。

　　生产和消费的标准化，劳动的机械化，运输与通信设施的改善，培训的推广，知识的广泛传播——所有这些因素似乎促进了功能的可替换性。似乎那些使"专业（技术）"知识与"普通"知识[2] 之间广泛存在的差异得以形成的基础渐渐地萎缩了，似乎对功能的专制控制也变得与技术过程越来越无关了。然而，技术过程的特定组织形式却阻碍了该趋势。同样的发展，不但创造了作为大工业标准化的侍从和扈从的现代大众，还创造了等级制的私人官僚组织。马克斯·韦伯曾对大众民主与官僚制的关系这样强调过："不同于小规模同质群体（homogeneous units）的民主的自我管理"，官僚制是"现代大众民主的普遍伴随物"。[3]

　　官僚制变成了现代大众的伴随物，是因为标准化走上了专业化的道路。假如后者不停留在干预既定的控制领域这一方面，它本身与功能的民主化是完全协调一致的。但是，固定下来的专业化总是倾向于分裂大众，倾向于将管理者与下属的功能隔离开来。我们曾提到，专门的职业培训就意味着要让一个人适合一份特定的工作，或者一种特定的工作流水线，因此也引导着他的"人格"，即自发性和对他在完成工作的过程中可能会碰到的特定处境的体验。以这种方式，尽管各种专业和职业进入了某种一般模式，但它们却渐渐地变成了需要进行自上而下协调管理的原子单元。这种功能的技术民主化被它们的原子化抵消了，而官僚机构似乎就成了确保

[57]

---

①　参见 Max Horkheimer, "The End of Reason," *Studies in Philosophy and Social Science*, IX, p.380。

②　Znaniecki, p.25.

③　Max Weber, *Wirtschaft und Gesellschaft*, Tübingen 1922, p.666.

它们理性的过程和秩序正常运行的机构。

因此，官僚制从理性的功能专业化所提供的表面上客观的、非人格的领域涌现了出来，而这种合理性反过来又会增强顺从的合理性。因为，个人的功能越是按照客观的、非人格的模式来划分、固定和协调，对于要退出或要反抗的个人来说就会变得越不合理。"大众的物质命运变得越来越依赖私人资本主义组织日益官僚化的秩序的连续而又准确的运转。"① 技术理性（technological rationality）的客观的、非人格的特征把理智（reason）普世的尊严都赋予了官僚集团。从体现在大型企业中的理性来看，人们服从大企业似乎就是服从客观理性的权威意见。私人的官僚机构使特殊利益与共同利益达成了虚假的和谐。私人的权力关系不仅看起来像是客观事物之间的关系，还像是理性（rationality）本身的统治。 [58]

在法西斯主义国家，这种机制促进了私人的、半私人（政党）的和公共的（政府）官僚机构的合并。大企业利益的有效实现是把经济纳入极权主义政治控制的最强烈的动机之一，而效率是实现法西斯主义政权对其多数人口的控制的主要原因之一。但同时，它也是可以打破这种控制的力量。法西斯主义只有通过加重不得不强加于社会的管制措施才能维持它的统治。它将越来越明显地表现出它在发展生产力上的无能，它将在那种被证明比法西斯主义效率更高的政权面前威严扫地。

在民主国家，私人官僚机构的发展可以通过增强公共官僚机构来平衡。这种内在于功能专业化的理性总是趋向于扩大官僚化的范围和权重。但是，在私人官僚机构中，这样的扩张会增加而不是减少社会过程的非理性因素，因为它会加剧功能划分的技术特征与对它们实施控制的专制

---

① Weber, p.669.

特征之间的矛盾。与此不同，公共官僚机构，如果得到了民主地组织和控制，就会在一定程度上克服这种矛盾，即它会对"技术与公司往往滥用和浪费的那些人力和物力进行保护"[①]。在大众社会时代，公共官僚机构的权力可以成为防止特殊利益侵蚀人民公共福利的武器。只要人民的意志能有效地肯定自身，公共官僚机构就能成为民主化的杠杆。大工业倾向于在全国范围内进行组织，而法西斯主义早已把经济扩张变成了对整个大陆的军事征服。在这个形势下，恢复社会自身的权利，保持个人的自由已直接变成了政治问题，而对这些问题的解决则取决于国际斗争的最终结果。

官僚化的社会属性很大程度上取决于它允许那些倾向于缩小官僚统治机构与被统治人口之间差距的功能民主化的程度。如果所有人都变成了公共官僚机构的潜在成员（就像他们变成了大众的潜在成员一样），社会将从等级制的官僚化阶段过渡到技术自治的阶段。由于技术统治意味着专业知识与常识之间、进行调控专家与受调控的平民之间的差距的进一步加大。因此，技术官僚对"价格体系"的废除将巩固而不是破坏妨碍进步的力量。所谓的经理革命也是如此。按照经理革命理论的说法，[②] 机构的发展必然引起新的社会阶层的崛起，即要求"经理"进行社会统治和建立新的经济、政治秩序。毫无疑问，管理人员的重要性与日俱增，同时，控制功能也发生了变化。但是，这些事实并没有使经理成为新的社会阶层或革命的先锋队。他们的"收入来源"与原有阶级的收入来源别无二致：他们要么是拿薪水的，要么因为占有资本份额而本身就是资本家。此外，他们在现行劳动分工中的特殊功能不应该使我们有这样的期望，即他们注定要

[59]

---

①   Henry A.Wallace, *Technology, Corporations, and the General Welfare*, Chapel Hill 1937, p.56.

②   J. Burnham, *The Managerial Revolution*, New York 1941, pp.78ff.

引进一种新的、更理性的劳动分工。这种功能可能取决于有利可图的投资要求，而在这种情况下，经理简直就是资本家或资本家的代言人（包括"总经理"和公司经理）；① 也可能取决于物质生产过程（工程师、技术人员、生产线经理、车间主任）。在后一种情况下，如果他们不是资产阶级的代言人，因此也没有在资本与劳动之间形成一个隔离开来的、享有特权的团体，那么即使拥有经理这种职务，他们也只是"直接生产者"大军的成员，享有自身的"阶级利益"。他们的权力，以及由此而令人产生的敬畏，都不来源于他们实际的"技术"水平，而是来源于他们的社会地位，而这些，他们都应该感谢现行的生产组织。"商业密室中的主要管理指挥者……都来自或都已经融入了财富和收入的上层人士，而他们有职责保护他们的利益。"② 要言之，作为一个独立的社会团体，经理彻底被束缚在了既得利益上，因为作为必要生产功能的执行者，他们根本就没有形成一个独立的"阶级"。

　　大企业等级制度的蔓延和个人向大众的坠落决定了现如今技术理性 [60] 的走向。其结果就是个人主义理性——是工业革命自由经济主体的典型特征——的成熟形式。个人主义理性天生就是一种批判的、对抗的态度，它从不受拘束的思想与信仰自由中获得了行动自由，并且借由个人理性的自利对一切社会标准和关系做了权衡。它渐渐地变成了竞争理性，理性的利益被市场的利益取代了，而个人成就也被效率吞没了。最后，它以对它自身创造的包罗万有的机构的标准化的服从宣告结束。该机构是个人主义理性的具体体现和归宿，但后者现在却要求必须除掉个性。他

① J. Burnham, *The Managerial Revolution*, New York 1941, p.83f.

② Robert A.Brady, "Policies of National Manufacturing Spitzenverbände," in *Political Science Quarterly*, LVI, p.537.

是理性的，他必须有效地承担和执行分配给他的任务，他把自身的命运托付给了管理机构的大型企业组织。这就是以竞争效率权衡个人成就这个社会过程的逻辑结果。个人主义的哲学家早已对该结果有所了解，他们曾以各种不同的方式——休谟采取了怀疑论的因循守旧态度，观念论对个人自由做了反省，先验论者经常对金钱与权力统治进行抨击——表达过他们的忧虑。但是，社会力量要比哲学抗议强大得多，并且哲学对个人主义的辩护暗含着太多顺从的意味。到 19 世纪末，个人这个理念已经变得越来越模糊：它把对自由的社会表现和竞争性效率的强调与无足轻重的赞扬、隐私和自我节制结合了起来。个人在社会中的权利和自由被解释成了隐私的权利和自由，被解释成了脱离社会。威廉·詹姆斯，作为个人主义原则的忠实信徒，他宣称，在"现实的有组织的商品竞争"中，如果胜利者会"以某种方式代表失败者"，那么"世界审判要比秘密的解决方案要好得多"①。然而，他的疑虑，即该审判是否真的公平，似乎激起了他对"一切形式的庞然大物和伟大之物"②的仇恨，他宣称："越小、越私密也就越真实，——人比家更真实，家比国家或教会更真实。"③ 个人与社

[61] 会的相反立场，起初为社会按照个人利益进行激进改革提供了基础，现在却在为个人脱离社会做准备和提供辩护。自由、自立的"灵魂"，起初支持个人对外在权威的批判，现在却变成了逃离外在权威的避难所。托克维尔曾经就从默许与和平的顺从的角度把个人主义定义为："一种成熟的、平静的情绪，它使社会的所有成员都倾向于切断自身与其大多数同胞的关系，使他们与其家人和朋友越来越疏远，所以在他形成自己的小圈

---

① *The Thought and Character of William James*, ed. R.B.Perry, Boston 1935, II, p.265.

② *The Thought and Character of William James*, ed. R.B.Perry, Boston 1935, II, p.315.

③ Ibid., p.383.

子之后，他都愿意完全脱离社会。"① 个人的自律被当成了私人事务而不是公共事务，被当成了撤退而不是侵略的决定因素。按照本杰明·康斯坦特（Benjamin Constant）的说法，所有的这些顺从的因素都要这样来理解，即"我们的自由应包括和平享有私人的独立"②。

19 世纪的个人主义哲学中变得越来越强大的制约和顺从元素可阐明个人主义与匮乏之间的联系。个人主义是自由在财富的获得与使用依赖于竞争性的苦力的社会中呈现出来的形式。个性是"开拓者"的独特财富；它预设了开放的、虚空的空间，"开辟家园"的自由以及这样做的必要性。个人世界是一个"劳动和进军的世界"，正如沃尔特·惠特曼（Walt Whitman）所说，它是一个这样的世界，在这里，可用的智力和物质资源注定要通过与人和自然的不断斗争来征服和占有，人类的力量被释放了出来，用到了管理和治理匮乏上。

然而，在大工业时代，有利于个性的环境让位于使个性不再必要的环境。在清理场地来征服匮乏的过程中，技术过程不仅拉平了个性，而且在个性与匮乏同时发生的地方还总是超出个性的限度。机械化的批量生产填充了个性可以肯定自身的剩余空间。而非常荒谬的是，文化的标准化既指向现实的贫困，又指向潜在的富足。这种标准化或许可以表明个人创造力和独创性已变得不再必要的程度。随着自由主义时代的衰落，这些品质在物质生产领域消失了，渐渐变成了最高智力活动的专有财富。现在，它们似乎在这个领域也消失了：大众文化逐渐瓦解了艺术、文学和哲学的传统形式，同时也瓦解了在创作和消费它们的过程中展现出来的"人格"。这种罕见的用以指认此类形式的瓦解的贫瘠可能包含着一个新的带来富裕 [62]

---

① *Democracy in America,* transl. H.Reeve, New York 1904, II, p.584.

② 引自 E.Mims, *The Majority of the People*, New York 1941, p.152。

的源泉。它们的真实性就在于它们代表着在现实中被排斥和扭曲的人与自然的潜能。这些潜能在社会意识中远没有现实化，因此必定迫切需要独特的表达。但现如今，**人性**（humanitas）、智慧、美丽、自由和幸福已不能被看作是"和谐人格"的领地，也不能被看作是遥远的艺术天国和形而上学体系。"理想"已经变得非常具体、非常普遍，它强烈地影响着每个人的生活，而整个人类都在为实现它而斗争。在当前危及世界的恐怖活动下，理想只有一个，同时也是共同的一个。面对法西斯主义的野蛮行径，每个人都认识到了自由的意义，每个人都意识到了现行理性中的非理性。

现代大众社会把个体劳动力的定性特征量化了，同时也把思想文化活动中的个人主义元素标准化了。该过程可能会使这种把个性变为一种被进一步的社会发展所超越的人类存在的历史形式的趋势发挥重要影响。但这并不意味着社会一定要进入"集体主义"阶段。这种用以指认现今发展的集体主义特征可能仍然隶属于个人主义阶段。大众和大众文化是匮乏和挫败的表现形式，而专制地维护共同的利益也只是特殊利益统治整体利益的另一种形式。集体主义的错误在于它要让整体（社会）具备个人的传统特质。集体主义废止了对竞争性的个人利益的自由追逐，但却保留了这种观点，即共同利益是一个独立的实体。然而，历史地来看，后者只是前者的对应物。只要个人利益为了分享社会财富而彼此对抗和竞争，人们就会把他们的社会看成是集体的客观表现形式。对这些个人而言，社会就是一个由各种各样的事物、机构和部门——工厂和商店、企业、政策和法规、政府、学校和教堂、监狱和医院、剧场和组织机构等等——构成的客观实体。社会几乎是所有一切，而个人却不是，但这一切却决定着个人的习惯、思想和行为模式，从"外部"影响着个人。因此，社会主要是作为一种限制和控制力量引起了人们注意，它提供了用以整合人们的目标、能力和渴望的框架。正是这种力量在集体主义的社会场景中得到了保存并因此使物对人的统治、人对人的统治得到了延续。

技术过程本身并没有为这样一种集体主义提供辩护。技艺只有在束　[63]
缚于维持匮乏的社会机构时才会妨害个人的发展，因为同样是这种机构，它还能够释放出可粉碎利用技艺的特定历史形式的力量。因此，一切具有反技术特征的计划，一切反工业革命的宣传，① 都只服务于那些把人类需要视为技艺应用的附带产物的人。那些技艺的敌人极容易与恐怖主义的技术统治结合起来。② 简单的生活哲学针对大城市及其文化所做的斗争经常用来教导人们不要相信那些潜在的可以解放他们的工具。我们已经指出，技艺可以促进潜在的功能民主化，而功能的民主化又可以帮助人们在所有工作与管理的领域中得到全面发展。此外，机械化和标准化或许有一天会促使重心从必要的物质生产转移到构建使自由人实现的舞台上来。个性在标准化的社会表现中越不要求坚持自身，它就越有可能撤退到自由的"自然"领域。而这些趋势，不但不会引起集体主义，反而会带来新的个体化形式。机器按照个人生理上的行动步骤将人个体化了：它把工作分配给了手指、手、胳膊和脚，按照这些器官的灵巧程度对人进行了分类和占用。③ 在这里，那些支配标准化的外在机制碰到了"自然的"个人；它们把至今都被抑制的个体化得以形成的基础揭示了出来。在此基础上，凭

---

① 参见，比如 Oswald Spengler, *Man and Technics*, New York 1932, p.96f.；Roy Helton, "The Anti-Industrial Revolution," in *Harpers*, December 1941, pp.65ff.。

② 在民族社会主义德国，鲜血与祖国（德国纳粹分子的口号）以及美化农民的意识形态是帝国主义动员工业与劳动的重要组成部分。

③ 关于这种生理个体化得到应用的程度，可参见 *Changes in Machinery and Job Requirements in Minnesota Manufacturing 1931–36*, Works Projects Administration, National Research Project, Report No. 1–6, Philadelphia, p.19。

借着人身体的独特性及其在时空统一体中的特殊位置，人是一个独立的个人。而人之所以是一个独立的个人，是因为这种自然的独特性塑造了人的思想、本能、感情、激情和欲望。这就是"自然的"个体化原则（principium individuationis）。在匮乏的制度下，人们把自己的感官和器官大都培养成了以竞争为导向的劳动资料：技能、品位、娴熟、机智、优雅和耐劳都是些通过艰苦的生活、商业和权力斗争的塑造而保留下来的品质。因此，人的思想、欲望及其实现的方式都不是"他的"，它们把这一斗争所强加于他的压迫性特征和抑制性特征都呈现了出来。他的感官、器官和欲望变贪婪了，变势利了，变得充满了敌意。技术过程使个人的各种品质降到了个体化的自然基础层面上，不过，同样的基础也可能变成新的人类发展形式的根基。

[64]

个人主义哲学在个性与财产之间建立了一种内在的联系。[①] 按照该哲学的观点，如果不能完全按照自己的自由意志和理性去征服并培养一个属于自己的领域，人就不能成长为一个自我。因此，这个被征服和培养的领域已经成了他自身"自然"的不可或缺的一部分。在这个领域里，人们消除了对象刚被发现时所具有的状态，把它们变成了他个人劳动与个人利益的有形的表现形式。它们是他的财产，因为它们与他最本质的人格融合了起来。这种建构并不符合事实，而且还失去了它在机械化商品生产时代的意义，但它也包含了真相，即个人的发展不仅仅是一种内在的价值，它还要求一个外在的表现领域，以及一种自发地对人和物的关切。生产过程早就解除了个人劳动与财产的联系，现在又开始渐渐地解除财产的传统形式与社会控制的联系，但社会控制的收紧却阻碍了这种可能赋予个人主义理

---

① 参见 Max Horkheimer, "The End of Reason," p.377。

论以新内容的趋势。技术过程有可能减少消耗在生产生活必需品上的时间和精力，同时匮乏的逐渐消除和竞争性职业的废除可以使自我从它的自然根源处生长起来。人们必须花费在维持生活上的必要时间和精力越少，就越可能使自我实现的领域"个体化"。跨过必然王国，人与人之间的本质区别就会把他们自身展现出来：每个人都可以通过自己来思考、行动，讲他自己的语言，有他自己的情感，追随他自己的激情。不再束缚于竞争性的效率，自我就能够在满意的环境中生长。人们就能够在自身的激情中成为自身。他的欲求对象越缺乏可交换性，它们就越容易被他自由的自我所占有和塑造。

它们就会比以往任何时候都更"从属于"他自己，而这种所有关系　　[65]
没有什么危害，因为它无须保护自己以避免充满敌意的社会的攻击。

这样的乌托邦不可能是一种永久的幸福状态。"自然的"人类个性也是人类天生（natural）痛苦的根源。如果人与人的关系还是人的，没有任何的外在标准，那么人们就会为其独一无二的内容感到悲伤。他们是暂时的、不可替代的，而当对人的关心不再与对其物质存在的恐惧搅和在一起，并且不再被贫穷、饥饿和社会排斥的威胁所遮蔽的时候，他们的暂时性就会变得明显起来。

然而，这种可能由自然的人类个性引起的冲突也许不具有经常被视为"自然状态"的暴力与侵略的特征。这些特征可能是高压统治与贫困的外在表现。"欲望从来都不过分，从来都不猛烈，除非快要饿死了。我们经常看到的以各种犯罪形式呈现出来的发狂似的饥饿仅仅是社会所遭受的可怕的饥荒的一个外在表现。这不是正常的欲望，而是病态的欲望，它仅产生于通过我们不成熟的社会的紧急状况而强加给欲望的违背人性的压抑。人类本性中的所有欲望和热情都是好的，都是美的，绝对值得尽情享受⋯⋯因此，消除人性现有的束缚，消除那些无休止地警惕着欲望和激情的逃逸的人为限制，它们的力量就会像高压锅炉中冒出的蒸汽那样立刻变得保守起来，不再有破坏性。"①

[66]

_____

① Henry James, "Democracy and Its Issues," in *Lectures and Miscellanies*, New York 1852, p.47f.

二

- 1 -

STATE AND INDIVIDUAL UNDER NATIONALSOCIALISM

Herbert Marcuse
210 - 18 St.
SANTA MONICA, CALIF.

Today, we no longer need refute the opinion that National-
socialism signifies a revolution. This movement, we now see, has
not changed the basic relationships of the productive process that
is still administered by special social groups which control the
instruments of labor regardless of the needs and interests of
society as a whole. [1] The economic organisation of the Third Reich

[1] The material for the verification of this interpretation is
found in F. Neumann, Behemoth. The Origin and Structure of
Nationalsocialism. New York 1942.

is built around the great industrial combines which, to a large
extent with governmental help, had steadily increased their hold
before Hitler's ascent to power. They maintained their key position
in the production for war and expansion. Since 1933, they have been
amalgamated with a new "elite", recruited from the top ranks of the
Nationalsocialist party, but they have not lost their decisive so-
cial and economic functions. [2]

[2] For the "division of power" between the political machine and
big business see Gurland, "Technological Trends under National-
socialism", in Studies in Philosophy and Social Science, 1941,
no. 2, p.245 ff., and Kirchheimer, "Changes in the Structure
of Political Compromise", op. cit., p.275 ff. - G. below p.11 f.

On the other hand, Nationalsocialism is not a social and
political restoration, although the Nationalsocialist regime to

《民族社会主义下的国家与个人》书稿——编者注

　　在马尔库塞档案馆中，有一篇关于民族社会主义但却没有标题的演讲稿（编号118.01），还有一篇已写好的文章，标题是《民族社会主义下的国家与个人》（#118）。这两份手稿都没有日期，但在第二篇文章中，马尔库塞名字下方的地址（加利福尼亚，圣莫尼卡，18街218号）却表明，马尔库塞在纽约演讲不久之后就准备好了这篇文章，当时也就是在1942年年底，他还没有搬到华盛顿，还在加利福尼亚。在《法兰克福学派》（*The Frankfurt School*）中，魏格豪斯指出，马尔库塞的文稿是要以书的形式出版的，这本书还包括哥尔兰特（Gurland）的《民族社会主义下的私有财产》，纽曼的《德国的新统治者》，基希海默的《民族社会主义下的法律与正义》，以及波洛克的《民族社会主义是一种新的社会经济制度吗?》。这本被提议的书却从未出版，我们把这份准备出版的手稿发表了出来，而作为增补，我们放在了演讲稿后面的几页，它涉及民族社会主义与艺术这个在准备出版的手稿中未得到阐发的主题。

民族社会主义下的国家与个人

　　现如今，我们已无须再反驳这样的观点，即民族社会主义意味着一场革命。我们现在看到，这场运动从未改变生产过程的基本关系，生产过程仍然由控制着劳动工具却无视整个社会需要与利益的特殊社会集团来管理。[①] 第三帝国的经济组织是围绕大型的工业联合企业构建起来的，而在希特勒登上权力顶峰前，大型的工业联合企业的势力在很大程度上借助于政府的帮助一直都在稳步增强。它们在为战争与扩张进行生产的过程中保持着自己的核心位置。自 1933 年以来，它们与那些来自国家社会党顶层的新的"精英"融合在了一起，但却并没有丧失决定性的社会经济功能。[②]

另一方面，民族社会主义也不是一次社会政治复辟，尽管民族社会主义的政权在很大程度上恢复了那些曾经被魏玛共和国威胁甚至挫败的势力和利益的权力：军队再次成了国中之国，在企业中企业家的权威也从诸多限制当中解脱了出来，而工人阶级却受到了极权主义控制的镇压。但是，该过程并没有带来旧的支配形式与分层形式。现实中的民族社会主义国家与旧帝国的政治结构几乎没有任何共同之处。军队，曾经是孕育普鲁士训练法和封建主义的温床，现已按照更民主的遴选原则被重组了，而在军队之外，虚假的民主举措之网已蔓延至各种社会关系。企业家和工人通过德国劳工阵线确立了联盟，肩并肩共同参与到了同样的示威游行中，并且遵守着同样的行为准则。许多特权和级别这些封建秩序的残余都被彻底废除了。此外，也是最重要的，旧的国家官僚机构与工业和财政中的高层官员也都认可了政府的新主人和新方法。 [70]

如果民族社会主义既不是一场革命，也不是一次复辟，那它是什么呢？

---

① 关于验证这种解释的材料，可见于 F.Neumann, Behemoth. *The Origin and Structure of National Socialism*. New York 1942。

② 关于政治机器与大财团之间的"权力分配"，可参见 Gurland,"Technological Trends under National Socialism", in *Studies in Philosophy and Social Science*, 1941, no.2, p.245ff. ；还可参见 Kirchheimer, "Changes in the Structure of Political Compromise", p.275ff. Cf. below p.74f.。

通常的民族社会主义理论深受两个最引人注意的事实的影响：（1）**国家**的极权主义特征，和（2）**社会**的专制主义特征。这些现象使我们看到，在民族社会主义中国家对一切私人关系及社会关系的绝对统治，以及国家对个人一切权利与能力的绝对压制。我们想要表达的是，这个解释高度可疑。

我们要阐发的议题是，民族社会主义已经抛弃了人们所描述的现代国家的本质特征。通过把政治职能转移到实际掌权的社会集团手上，它趋向于消除国家与社会之间的一切分别。换句话说，借助于现有的凌驾于其他人群之上的社会集团，民族社会主义走上了直接而即时的自治道路。它通过释放个人最野蛮、最自私的本能来操纵大众。

现代国家——我们只讨论这种国家形式——在人际关系领域之外被创设和组织了起来，而后者被认为是**非**政治的，受制于它自身的法规和标准。个人的私生活、家庭、教会、大型经济部门和文化生活都隶属于这个领域。这并不意味着，国家就会免除对社会关系的干涉；不只是专制政体的国家，甚至是民主国家，也要求行使干涉的权利。可是，在这样做的时候，国家也认识到了，某些固有的社会权利高于它自身的权力，因此，只有在它保护、提升或恢复这些权利的时候，它的干涉才是正当的，才会被接受。作为社会存在和社会成员的人的权利，一直都是按照不同的方式——自由买卖、自由签订契约、自由选择自己的住所和职业、自由谋生——进行界定，但无论以何种方式，国家都会在其中发现其支配的限度和尽头。国家构建了一个可计算的、完全区别于社会领域的管理领域。这对专制政体的国家甚至是具有《利维坦》（*Leviathan*）中所讨论的形式的专制政体国家来说是成立的，是为了促进和维持竞争性社会的基本自由。专制国家的进步功能，即令竞争性的社会活动达到平衡进而保持一种稳定的、可计算的秩序的功能，在自由主义形式的国家成了现实。法治、垄断[71]的强制权以及国家主权是现代国家的三大特征，它们最为清晰地体现了国家与社会理性的职责划分。而民族社会主义已经彻底废除了这种划分。

在现代，**法治**（rule of law）在越来越大的程度上变成了国家借此以一种理性的管理系统的方式运转的中介。法律对待人们，即便有欠平等，但至少不会考虑最为明显的社会偶然性；可以说，它就是上诉法院，它能够使人们在他们的社会关系中遭受的危害与不公得到缓和。法律的普遍性特征能够为全体公民提供普遍的保护，不仅能提防相互冲突的私利的灾难性竞争，也能提防政府的反复无常。

民族社会主义政制废除了这些使法律免受社会斗争的危害的属性。这种作为普遍有效、公平适用的法律概念已被多元化的特殊权利——一是党的权利，二是军队的权利，三是普通民族同志（Volksgenossen）的权利——所抛弃和取代。① 仍旧留存在这些团体的权利中的普遍性的残余物受到了增强法官权威并使其免受成文法束缚这一实践的进一步限制。法律被迫服从这种作为正义感（the feeling of the racial community, Rechtsempfinden）② 的标准，事实上，就是被迫服从政治权宜，用以加强现有的社会特权与政治特权。溯及既往型法律（retroactive laws）的颁布破坏了司法行政的可计算性与合理性。法律不再是一种平衡社会利益与政治利益的既定的、众所周知的现实，而变成了不断随着社会需要与政治需要的变化而变化的利益本身的直接表达。

---

① 卡尔·施米特（Carl Schmitt）为废除法律的普遍性提供了意识形态辩护："在一个等级上有所区分的民族里，总是由许多秩序进行统治，而每个秩序的等级审判权（Standesgerichtsbarkeit）——'有多少等级，就有多少审判席'——都必须由自身形成"（*Über die drei Arten des rechtswissenschaftlichen Denkens*, Hamburg 1934, p.63ff.）。

② Hermann Göring, *Die Rechtssicherheit als Grundlage der Volksgemeinschaft*, Hamburg 1935, p.13.

[72]　　　　确实，法治仅仅是国家在自由主义时代的主要特征。在专制政体的国家，法律已沦落为君主的命令。然而，即便如此，这样的国家也仍是一个独立于社会的公共机构。它之所以采取这种独立的、自治的形式，原因是没有任何一个社会集团强大到足以对整个社会发号施令的程度；国家因此能够获得并确立一个既抵御神职人员与中产阶级又抵御贵族自身运转的领地。与此相反，民族社会主义国家已完全丢弃了从主要社会集团——它已逐渐成了帝国主义经济利益的执行机构——手中取得的最后残存的独立性。

　　如果在民族社会主义有什么说得上是极权主义的，那肯定不是国家。"抽象的国家"是"自由主义时代的一个理念"。国家，作为"权力的技术工具，不同于经济、文化"。第三帝国并没有带来"所谓的总体性的国家，但却带来了总体性的民族社会主义运动"①。希特勒本人就反对极权主义国家，他宣称，民族社会主义具有否定国家独立性与优越性的特点："对国家的基本认识是，国家不是目的而是手段。这实际上只是有关更高级的人类文化形成的假设，而不是它的原因。恰恰相反，后者完全取决于有文化的种族的存在。"②希特勒及其官方发言人经常表达这样的观点，即他们认为，国家仅仅是更为全面的计划的一部分。但是，无论在什么情况下，他们都避免在意识形态上对其进行美化，而是一直声称，该计划取决于德国资本主义不断扩张的需要。

　　在欧洲，只要工业产能还能够为仍旧开放的国内外市场从事生产活动，那么自治、权力垄断与法治就仍旧是国家的主要特征。对德国来说，这个时代早已随第一次世界大战的爆发而走到了尽头。德国以难以置信的

---

① Alfred Rosenberg, *Gestaltung der Idee*, München 1936, p.20f.

② *Mein Kampf*, Reynal and Hitchcock, New York 1939, p.592.

速度实现了工业设备的重组与现代化，但是国内市场萎缩，对外输出亏损，以及最重要的，魏玛共和国的社会立法妨害了对该设备的有效利用。在这种情况下，向一种直接的帝国主义政策的回归成了最合理的解决方案。但它却遭到了大多数曾参与组建民主国家的社会团体的强烈反对。因此，只有通过民主国家向专制政治制度的转变，工业扩张以及随之而来的建立在该扩张基础上的社会秩序才能维持下去。

这种解释听起来似乎极其片面，但却是希特勒本人给出的对民族社 [73] 会主义的解释。他曾在一次演讲中阐述了该观点，它没有披着通常的那种意识形态的外衣，因此也没有给予特别的说明。他在登上权力顶峰的前一年，即 1932 年 1 月，在杜塞尔多夫面向工业俱乐部发布了该演讲。希特勒先讲了这样一个事实，即在现代世界，私生活和社会政治生活都建立在"效率原则"的基础上。按照该原则，个人和社会团体、国家一样，根据他们在竞争性斗争中的业绩——只要他们不越出已确立的社会模式，就可以不用顾及取得这一业绩的手段，也不用顾及它的目的——获得社会生产的份额。对希特勒来说，现代社会只有通过不平等的团体、个人的残酷竞争才能得到维持：只有最残酷、最有效的竞争者才能在这个世界上存活。因此，德国社会主义最首要的任务就是恢复在国际市场上德国作为一个强大竞争者的地位。他说道：

> 现如今，世界的形势可以被简述如下：德国、英国、法国，甚至——但不是被迫——还有美国，以及一系列的小国家，都是依赖进口的工业国家。战争结束后，所有这些国家的人民面对的都是一个商品相对缺乏的世界市场。由于战争，工业和工厂使用的方法得到了改善……充满了巨大的创造力，掌握了此类新方法的人们争先

恐后地冲进了这个巨大的虚空，开始改造他们的工作，开始扩大投资，并且在这种扩大投资的驱动下，设法把生产提升到了可能达到的最高水平。这个过程可能会成功地持续两年、三年、四年或五年。如果所创造出来的新的出口的可能性能够与生产和方法的快速提高、改进相对应的话，那么该过程持续成功的时间可能会更长。这对商业的理性化来说是头等重要的大事……这会带来从业人员数量的减少，而只有在被解雇者可以很容易地依次转入经济活动的新分支的时候，这一减少才是有益的……但是我们看到，自世界大战以后，出口市场并没有得到进一步的扩张；相反，我们却看到，这些出口市场在相对收缩，而出口国的数量在持续增加，致使先前大量的出口市场自身被工业化了……

[74]
　　最重要的是要意识到，在当前阶段，我们发现自己处在这样一种在以前世界史上几次出现过的状况中：世界上某些商品的总量曾多次超过需求的总量……现在的产能也出现了这样一种增长，即现如今潜在的消费市场处于与这种增长的产能无关的状态。但是，如果布尔什维克主义……把亚洲大陆从人类经济共同体之中撕下来的话，那么这些工业最起码的就业条件甚至都不会得到满足……

　　在这种形势下，经济机构的功能不能再依靠"随意的经济决议，而是必须得依靠政治决断……在我看来，如果今天人们还相信他们可以通过商业方法……恢复德国的权力地位而没有意识到权力地位也是改善经济形势的条件，那就是本末倒置"①。

---

① Hitler, *My New Order*, ed. by R.De Roussy de Sales, Reynal and Hitchcock, New York 1941, pp.105–106, 110–111.

希特勒从这幅图景中得出了什么结论？在现行的国内外形势下，德国经济不能再借助于它自身固有的力量和机制来发挥作用。因此，**经济关系必须转变为政治关系**，经济扩张与经济支配不只需要补充，更需要被政治扩张与政治支配取代。希特勒承诺，新的国家会变成经济的执行者，即它会将整个国家不受妨碍的经济扩张组织协调起来，它会使德国工业成为国际竞争的胜利者。他还进一步承诺，他还会提供武器，即世界上最强大的军队，单单是为了使德国工业有能力削弱它的竞争者，以及打开它所需要的市场。在希特勒做出承诺后的第八年，罗伯特·莱伊（Robert Ley）这位德国工人阵线的领袖就高兴地宣称希特勒已经实现了他的承诺："资本主义经济已到了不能以其自身的方式来克服的极限。征服新经济领地的危险非常巨大，因此不能由私人资本来承担；资本已仓皇撤退，能保卫它先前的地位就不错了。因此，才会出现这样的情况，即一方面，巨大的产能，甚至更为巨大的商品供应一直得不到利用；而另一方面，成千上万的人却几乎无法躲避饥荒。因此，民族社会主义为开辟新的经济发展道路做了大胆而成功的尝试。"① 民族社会主义国家本身承担了私人企业家不再敢于承担的风险，或者按照莱伊的说法，国家承诺为企业家的首创精神提供新的空间。

然而，这不能在现有的国家框架中完成。在我们引用的演讲中，希特勒对实业家恐吓道，德国 50% 的人口已经成了布尔什维克主义者。他想说的是，德国 50% 的人口不愿为帝国主义的扩张牺牲他们的欲求，乃至他们的生命，他还想说的是，民主国家赋予了他们的有效表达他们自身不满的途径。要保护工业产能，实现对它的充分利用，政治与经济之间、

[75]

---

① *Neue Internationale Rundschau der Arbeit*, April 1941, p.137.

国家与社会之间的一切障碍就得全部扫除，那些有助于缓和压抑的社会经济力量的中介机构就得被抛弃，国家就得直接与占支配地位的经济利益统一起来，并根据需要安排所有的社会关系。

然而，经济力量变成了直接的政治力量，随之而来的是，他们同样丧失了自身的独立性。他们唯有放弃自由才能消除他们固有的局限性和忧虑。充分恢复他们的效率的条件是强力调控市场，协调生产，控制投资和消费，以及最重要的，抑制与补偿所有那些必须为理性化的需要做出牺牲的团体。效率原则有利于大型的垄断部门、联合企业以及装有最强大的技术设备的工厂，要求在生产过程中把那些不能与巨头企业保持同步的企业排除掉。在帝国主义的范围内，工业产能的增长意味着一切低效的企业都得被排除在生产过程之外，留存下来的独立的中产阶级都得变成垄断企业的附庸，原子化的工人阶级都得遭受奴役。那些占支配地位的社会集团的利益与大多数人——这些人刚刚经历了 14 年的自由民主——的利益以前从未有过如此巨大的差异。魏玛共和国惨不忍睹的失败致使大众都被驱赶到了新统治者的营地，但他们的社会意识与政治意识却使他们甚至在新的简化高效的形式与背景下仍然强烈地认同于他们的旧主人。德国社会不能直接由帝国主义的力量来重组和调整。后者是从其他社会团体分离出来的，也是他们的组成部分。他们只有接受一种新的**权力分配**才能维持和扩大他们的支配权。为把对抗性的整体焊接起来，国家社会党及其领袖提供了绝对必要的恐怖主义机构。它监督青少年的教育和培训，垄断了秘密的、公开的警察力量，只要有利可图就会修改法律程序，并且还创立、传播官方的意识形态。其庞大的官僚机构提供了大量的新的就业机会，并且还造就了一批新的走进了最高统治阶层并且与过去的工业和金融首脑联合了起来的精英。

[76]   除了党的支配之外，还有常常与党的支配相重叠的**军队**的强力支配。

它成功地保留了一定程度的独立性，党也默许它的许多做法，而我们要认识到，这不是一种真正的社会冲突或政治冲突，而是一种有助于增强军队效率及其行动自由的分工。在允许军队保持独立性的时候，民族社会主义并不是接受了一个与自身力量相当的对手，而是接受了一个最重要、最强大的、本身拥有帝国主义利益的参与者。因此，民族社会主义国家以工业、党与军队三重国家主权的形式呈现了出来，它们瓜分了国家垄断的强制权。

整个系统决不是铁板一块。三个统治阶层相互之间经常发生冲突，并且每一统治阶层内部也发生了分裂。恐怖活动可以充分解释大众的沉默。但是，不存在任何为实现一个预先确定的目标而把各种资源、工具以及利益统一组织起来的理性的计划。尽管主张和倾向有所分歧，但是冲突不会公开化，因为工业、党与军队之间的利益原本在更深的层次上就是协调一致的。

这种协调一致的标志是**领袖**。在意识形态中，他是德意志种族的化身，是德意志种族绝对可靠的意志与知识的化身，是至高无上的统治地位的化身。然而，在现实中，他是主体，正是通过他的协调和维护，三个统治阶层之间有分歧的利益才变成了国家利益。他是协调各种相互竞争的力量的中介；他是最终妥协的落脚点，而不是主权的落脚点。他的决断或许具有自主性，尤其是在小问题上；但他的决断却仍然不是自由的，决断不是他自己的，而是其他人的。因为，他的决断必定来源于他从最开始就效力的正在执政的帝国主义集团的哲学与政策，并且与后者捆绑在了一起。当他们承认他是他们共同的主人并且忍受该政权所强加给他们的自由的所有限制的时候，那是因为他们知道，他会反过来控制民众，但这些限制最终却会让他们受益。

只要该系统持续扩张，这样的协调一致就会占据上风；而只有成功，该系统才会被焊接在一起。一旦失败的话，恐惧本身就会不断地使各方产生离心力。因为，大众的恐惧与各方的恐惧是协调一致的决定性因素。此外，统治集团清楚地看到，只有通过最大限度地展示自身的效率，他们才能存活下来。而他们也知道，只有通过侵略性的扩张，他们才能保持自身的效率，因此他们必须不计成本地发动战争、赢得战争。为达到该目标，他们会竭尽全力，但他们不需要一个将他们团结起来的计划。这种投资是有风险的，但却是唯一可能的投资，而最后的利益也是值得冒这个风险的。希特勒曾向他们承诺要使各大洲成为他们的专属市场，使占领地的整个人口成为义务性的消费者和供应商。德国的军队在行军中要实现这些承诺。目前德国的统治者根本不相信意识形态，也不相信神秘的种族力量，但是，只要他们的领袖仍旧是效率最鲜活的象征，他们就会追随他。

[77]

　　无疑，这种可怕的效率丧失了效率在推进自由的社会中的进步特征。在该社会中，效率可以与理智的和物质的真正生产力的发展相一致，可以成为扩大和丰富人类满足范围的杠杆。民族社会主义的效率是一种与众不同的。它在总体上服务于帝国主义的扩张。所以，它与效率最原初的意义完全相反，因为它只能在帝国主义的范围内通过贫穷和压抑来运作。新秩序（The New Order）趋向于把国内的社会对抗转移到国际层面。作为秩序的核心，德意志帝国被那些供养并效力于"优等种族"的附属国的同心圆包围了起来。

　　然而，通过工业、党与军队这三重主权，以及领袖这个最终妥协的落脚点，民族社会主义国家的结构并没有得到充分的描述。相互竞争的力量是通过官僚机构来执行它们的决断的，而该机构是现代最理性、最有效的管理部门之一。然而，它却是第三帝国最缺少新鲜感的要素，即它与既定的魏玛共和国的官僚机构在相当大的程度上是一致的，只是清洗了其

"不可靠的"成员。将民族社会主义社会结合在一起的不只是集中营、监狱与大屠杀的恐怖活动；不只是无法无天的恐怖活动，还有不太显眼的通过同样高效的官僚化而合法化的恐怖活动。

在国家的管理中，民族社会主义培养了一种特殊类型的理性，并把它变成了支配大众的工具。我们可以称其为技术理性，因为它源于技术过程，并借由技术过程被用到了所有的人类关系安排之中。技术理性以效率与精确度为标准发挥着自身的效力。然而，它却同时切断了把它与个人的人性化需求和欲望联系起来的一切关系；它完全适应了包罗万象的支配机构的要求。人类主体以及他们官僚主义地组织起来的工作变成了仅仅完成客观目标的手段，而该目标也只不过是维护机构的高效运转。民族社会主义已把所有的人际关系和社会关系都变成了该机构精密的监视和控制功能。民族社会主义哲学的非理性的标语隐藏着一种最残酷的理性，按照该理性，一切东西都得屈从于速度、精确度及效率的价值。曾担任波兰总督和德国法律学院校长的汉斯·法郎克（Hans Frank）透露称，第三帝国的力量在很大程度上依靠的是官僚制度，而它能像机器一样精确地、稳定地发挥效用。"国家机器，包括各种经由命令和服从被连接安排起来从事行政活动的组织机构"，它为民族社会主义的"国家意志"提供了"结构清晰、组织简洁与运转精确"的基础。① [78]

国家—机器：这一唯物主义概念比起种族社会理论与领袖型国家理论更能反映民族社会主义的现实。这个无论在何处都会把人的生活卷裹进来的机器更令人害怕，因为它在总体上不可计算、不可预知，尽管它有效率，也有精确度。也许除了少数的几个"局内人"，再没有人知道它何时

---

① "Technik des Staates", in *Zeitschrift der Akademie für Deutsches Recht*, 1941, no.1, p.2.

何地会突然袭来。它的运动似乎出于自身的必然性，实际上仍然具有灵活性，并且服从于统治集团计划的极其微小的变化。一切人类关系都被这种客观的控制与扩张的齿轮卷了进来。民族社会主义把自己的国家说成是某些强势人物的个人独裁；而事实上，那些强势人物却要屈从于官僚机构的运行机制。发动攻击和下达命令的并不是希姆莱、戈林（Göring）和莱伊（Ley），而是盖世太保（Gestapo）、"空军"和劳工阵线。在将工业、军队与党的利益有效结合起来的官僚机构中，不同的管理机器协调得很好。在此又一次看到，最高权力并不从属于个别的工业巨头、统帅或老板，而是从属于大型的联合企业、部队机关和政治地位。民族社会主义国家是经济、社会以及政治力量实体化的政府。

这些相互竞争的要素集中在了一个明确的目标上：帝国主义在世界范围内的扩张。为了达到这个目的，该政权要求最大限度地运用劳动力，要求大量地储备人力，而且为了开采所有被征服的自然资源和人力资源，[79] 还要求进行智力与体能的培训。在这里，在这一机构的运行基本上依靠主观因素的地方，它也意识到了恐怖主义压迫的界限。一个建立在满负荷的技术和工业效率基础上的不断扩张的系统，不能不释放有可能提供该效率的那些人的能力与冲动。最有价值的能量与动力的资源是人类个体，正是具有这种功用，民族社会主义政权把他当成了宠儿。它的社会政策竭力"开发人的一切处于蛰伏状态的能力，以此来提升他的能力，丰富他的基本人格"[1]。民族社会主义把人的"去人格化"归咎于资本主义经济。"在这里，每个人都是从资本、生产要素、利息与利润率的角度来思考问题，活生生的人很容易就会退化为无生命的要素。"[2]难怪工人们会

---

[1]　*Neue Internationale, Rundschau der Arbeit*, p.156f.

[2]　*Soziale Praxis*, 1939, no. 10, p.589.

起来反抗这样的经济。与此相反，民族社会主义的经济想让人得到恢复，让个人能力完全得到解放。企业乃至整个国家必须是一个"共同体，在这里，个人的成就仅归他个人所有，并且不管怎样，每次投入（Einsatz）都要确保得到完全等价的回报。在这样的共同体中，每个人不管地位或出身如何，必须得有通过他自身的能力得到提高的机会"①。

这一切听起来就像是自由主义全盛时期的个人主义哲学。确实，从民族社会主义把注意力集中在作为劳动力主要来源的个人来看，它确实使个人主义社会的某些基本趋势发挥到了极致。个人主义社会的原则是，每个人按照他在社会劳动分工中的自由表现获得回报，而追求个人利益应该是一切表现的指导性动机，但是，由该过程造成的不断加剧的财富不均会引起政府对经济力量自由运转的管制。但必须要注意的是，民族社会主义对社会经济生活的管制在本质上不同于民主国家所倡导和实践的管制。民主国家的政府管制可以缓和这种由经济力量的集中所造成的不利影响，相反，民族社会主义的控制却倾向于废除或改动各种可能妨碍此类集中的机制。②民族社会主义的管制很大程度上限制了过去自由 [80] 主义所遗留下来的东西，而后者本身会对残酷地运用经济力量做出限制。它们以制度为中心，通过该制度，整个社会盲目无序地坚持自身的主张，反对**特殊的**利益；其实，它们就是以市场制度为中心。它们剔除了经由未受控制的竞争造就的废物和落后者，以及无法适应技术最高标准的、效能低下的工厂与商家。它们迫使个体企业的盈利能力从属于对全体工业设备的充分利用，而这必然会将较大的利润让与控制该设备的那些人。

---

① *Deutsche Sozialpolitik*. Bericht der Deutschen Arbeitsfront, Zentralbureau, Sozialamt. Berlin 1937, p.20.

② 参见 Gurland, "Technological Trends under National Socialism", p.247f.。

由于各种利益在帝国主义扩张这个问题上达成了一致，所以这种从属关系看起来像是公共福利高于个人利益，但这个社会却是建立在持续不断的匮乏和压迫的基础上，因此它的福利岌岌可危。我们可以拿它与在控制内部竞争和压制工人群众上已取得成效并且开始着手征服世界市场的大型垄断联合企业做比较。第三帝国就是最有效的、最残酷的竞争者。

民族社会主义国家并不是竞争性个人主义的反转而是完成。该政权把冷酷的私人利益的力量全部释放了出来，而民主国家却一直试图抑制该力量，并试图将其与自由的利益结合起来。

像任何其他形式的个人主义社会一样，民族社会主义也是在生产资料私有制的基础上运作的。因此，它由截然对立的两个阶层构成，即控制生产过程的少数人与直接或间接依靠前者的多数人。在民族社会主义之下，后一个阶层中的个人地位发生了极其巨大的变化。不过，这些变化并没有否定个人主义社会的某些趋势，而是最终实现了这些趋势。

在社会金字塔宽阔的底部，最显著的变化是，个人已经堕落为众多"群众"（crowd）中的一员。第三帝国确实是一个"大众的国家"（state of the masses），在这个国家中，一切个人利益及个人力量都会在受到该政权熟练操纵的、情绪化的大众当中被淹没。① 然而，这些大众并不是出于共同的利益和共同的"意识"才联合了起来。毋宁说，他们由个人组成，而每个人唯一追求的就是他最原始的个人利益，他们的联合起因于这样一个事实，即个人利益被简化成了对他们而言完全相同的赤裸裸的自我保存的本能。个人在群众中的沟通协调使他们的原子化及彼此的孤立状态得到了强化而不是削弱，而他们的平等化也只遵循这种先前就已使他们的个性定型的模式。

[81]

---

① 　E.Lederer, *State of the Masses*, New York 1940, particularly p.30f.

在资本主义社会，多数人的自由的个人表现已变成了劳动力的消耗。工业化进程已经使一切个人的质的劳动形式变得可通约了；工作已变成了一种量化单位。劳动的社会分工与技术过程使个人赢得了平等，而他们的解放似乎倡导一种按照团结共同利益——取代了个人自我保存的利益——的要求行事的人的联合体。而这样一种联合体完全不同于民族社会主义的大众。

从一开始，第三帝国的社会政策的任务就是提防共同利益的形成及其表达。对个人的强调，贯穿民族社会主义的整个意识形态宣传，在以原子化与孤立的原则为指导的民族社会主义的大众组织中发现了对应物。在劳动组织中，各个工厂与其他工厂被隔离开来，工厂内部的各种分工同样彼此隔离。工资与工作环境都是军事机密；即便把它们透漏给另一家工厂或部门的工友，也算是背叛行为。个人之间彼此知之甚少；他们满腹狐疑、精于盘算，并且学会了沉默。他们极容易受到上层社会的操控，也很容易被上层社会统一起来，因为他们可用以超越自身私利并建立一个真正的共同体的所有方面都被剥夺了。他们被引导着滑向了娱乐，滑向了各种各样的休闲和节假日。"力量来自欢乐"（Strength Through Joy）①的大量参

---

① "力量来自欢乐"（德语：Kraft durch Freude，缩写：KdF）是纳粹德国一个具有国家背景的大型休假组织，为德国当时的劳工组织——德意志劳工阵线（Deutsche Arbeitsfront，DAF）的一部分。该组织成为向德国人民宣扬民族社会主义优越性的一个工具。它也很快在20世纪30年代成为了世界上最大的旅游运营商。该组织通过为普通大众提供原属中产阶级的度假活动，而成为缓和阶级分化、促进社会阶层沟通的桥梁。例如，不同阶层的乘客乘坐同一艘游轮，船舱依靠抽签分配，而不是因社会地位决定。另一个不太具备意识形态色彩的目标是，依靠这一组织刺激自20世纪20年代便低迷不振的旅游业摆脱困境，从而推动德国经济。这一目标实现得相当成功。1934年时，有超过200万德国人参加过"力量来自欢乐"组织的旅行。1939年的统计约为2500万人。该组织于1939年第二次世界大战爆发后解散，诸如普洛拉度假村等一些大规模的在建项目也未能完成。——译者注

与者加剧了他们彼此间的隔离状态：身份不明的邻居可能"不可靠"，他也许是盖世太保的爪牙。一经陷入这种对他们所有人来说都平等的野蛮并且抽象的自我保存的本能，他们很容易会沦为大众，而仅从他们本身来看，大众妨害了共同利益的任一表达。

这种原子化与隔离状态为个人力量与能力可用于服务该政权提供了牢固的基础。劳工阵线"必须在国家的经济生活中督促每个人在确保他能够达到最高的效率并因之保证种族社会具有最大的优势这样的身心状况下坚守自己的岗位"①。在商业组织中促使工业管制形成——有利于最强大的联合企业——的效率原则在劳动组织中引起了劳动力的总动员。因为消耗劳动力是留给社会金字塔底层人自由表现的唯一机会。人们最宝贵的财产是"劳动力，它是国家荣耀与权力的基础。维持并增加劳动力是民族社会主义运动义不容辞的职责，也是德国企业最迫切的任务，因为企业的生存和效率取决于劳动力的总量和劳动能力的发挥程度"②。民族社会主义引入了一套复杂的体、德、智的教育制度，目的是借助高度精致的科学方法与技术提高劳动效率。工资的高低取决于工人各自的效率。③ 他们成立了心理与技术研究所，用来研究适合于个体劳动的方法和消解机械化的有害影响。事实上，工厂、学校、集训营、运动场、文化机构以及休闲组织都是对劳动实施"科学管理"的实验室。

对个体劳动力的整体动员拆毁了使他免受社会与国家侵害的最后一道防护墙，这使他在休闲的时候也毫无隐私可言。在自由主义时代，借由

[82]

---

① Edict of October 24, 1934, in *Deutsche Sozialpolitik*, p.4.

② R.Ley,"Anordnung über den Leistungskampf der deutschen Betriebe", in *Deutsche Sozialpolitik*, p.14.

③ Ibid.,p.21.

工作与休闲之间普遍认同的差异，个人与社会被区别开来。在民族社会主义之下，就像社会与国家之间的差异一样，该差异也被彻底取消了。

德国劳工阵线在这个过程中发挥了领导作用，他们把工作与休闲二元论当成是自由资本主义旧秩序的标志，展开了一场反对二元论的暴力战争。相比之下，它依据的原则是，工作与休闲之间的鸿沟必须被填平，休闲组织必须变成劳动组织。①

民族社会主义政权已经意识到，尽管旧制度下的休闲主要是为了重新创造（re-creation）在工作中消耗的精力，但传统的消遣（recreation）方式有耗尽一切有用的精力的危险，也即是说，人只是劳动力的载体。生理与心理测试表明，如果休闲时间得到延长并且有吸引力的话，个人的表现就会更有效率，② 由于民族社会主义要求一切纯粹的经济效益都得服从政治扩张，因此为实现该目标，它不惜一切代价。 [83]

延长休闲时间（毫无疑问，它已经被战争废止了）是健康的必要条件，它有助于补充民族社会主义的培养政策，帮助建立巨大的、适当的人力储备，以服务于德国优等种族的支配。因此，"力量来自欢乐"的一个特点就是强制享受户外运动。我们无须对"力量来自欢乐"的诸多活动做深入思考，因为它们经常被提到。但是，我们必须讨论休闲组织是如何对待传统隐私禁忌的，因为这能够解释民族社会主义的基本矛盾。

在动员休闲的过程中，民族社会主义碰到了最后的壁垒，而在该壁垒背后，个人主义的进步力量仍旧很鲜活。事实上，在前法西斯主义时期，个人（在他休闲的时候）可以自己"独处"，因此可以避免一切竞争

---

① H.Dressler-Andress,"Die kulturelle Mission der Freizeitgestaltung", in *Weltkongress für Freizeit und Erholung*, Hamburg 1937, p.69f.

② *Deutsche Sozialpolitik*, p.208.

性的表现，而这至少为他逃离职业生活这种压抑的结构保留了可能。特别是当社会根本不关心那些不符合效率框架的欲求与能力的时候，个人都可以不时地从社会完全"脱离出来"。正是因为个人的私生活可以远离他的社会生活，所以，他仍然能够对是否真正满足做出判定。

然而，这种强制实施的隐私与禁忌倾向于加重个人满足与社会不满之间的对立；前者从社会割裂了出来，也正是由于这一事实，前者保留了与社会格格不入的自由和幸福的元素。而民族社会主义最大胆的冒险行动之一就是反对这些禁忌与隐私。

如果不对个人独立性的丧失给予补偿，劳动力的整体动员很难实施。民族社会主义提供了两种补偿方式：新的经济**保障**（security）与新的**纵欲**（license）。事实上，第三帝国的帝国主义经济已经实现了充分就业，因此，提供使其公民安心的基本经济保障至关重要。在前法西斯主义时期，人们享有的自由对大多数德国人来说就好比是永无休止的不安全感。早在1923年，激进分子试图建立一个真正的民主社会的工作就已终止，代之而来的是，弥漫开来的无奈和绝望。这样看来，用一种可以为每个德国家庭的每个成员提供充分保障的制度来交换自由并不需要付出多高的代价。民族社会主义把自由的经济主体变成了安全的经济主体；它以保护现实的经济保障遮蔽了自由这个危险的理念。

[84]　　然而，此种保障将个人与现代社会最具压抑性的机构捆绑在了一起。可以肯定的是，公开的恐怖仅仅打击"敌人"、外国人以及那些不合作与不能合作的人。但隐藏的恐怖，即躲在整个监督与管控、战争与匮乏背后的恐怖，把手伸向了每一个人。该政权不会把经济保障提高到可以使其成为自由的基础的程度；也就是说，它不会把生活标准改善到可以使个人有可能为其能力找到合适用途、使其欲求得到满足的程度。这

样一种自由与以帝国主义经济为基础的社会支配是不相容的。比起意识形态的意义，民族社会主义更强调奉献；这不仅仅是一种宣传，还是一种经济原则。从本质上讲，民族社会主义的保障与匮乏和压抑紧密相关。经济保障，即使算得上是一种补救的办法，也必须辅之以某种形式的自由，而民族社会主义已经通过革除某些基本的社会禁忌使人们获得了这种自由。

废除高度认同的禁忌是民族社会主义在大众控制领域最大胆的冒险行动之一。因为隐含在该废除中的自由或纵欲起到了强化个人与民族社会主义制度"一体化"（Gleichschaltung）的作用，但这似乎有些令人难以置信。

事实众所周知，[1] 因此只需稍加提示。第三帝国已经消除了对未婚妈妈及其私生子的歧视，它鼓励婚外的男女关系，在艺术与娱乐中推行一种新的裸体崇拜，从而消解了家庭的保护功能和教育功能。这些变化经常被解释为有助于摧毁西方文明的社会心理基础。确实，该文明在很大程度上建立在贞操、一夫一妻制和家庭的神圣性等基督教的禁忌基础上。废除此类禁忌可以说是文明史的一个转折点，但问题是，该转折是走向更多的个体自由还是更强硬的压制自由呢？换句话说，问题是个人的欲望和欲求现在得到释放的方式并未得到深化，毋宁说，该释放方式只是削弱了他对一种以束缚其实际潜能为基础的制度的忠诚。

三个要素有效地抵消了这种通过民族社会主义废除禁忌而获得的　　[85]
自由。

---

[1]　Cf. C.Kirkpatrick, *Nazi Germany: Its Women and Family Life*. New York 1938, and G.Ziemer, *Education for Death*, New York 1941.

（一）毫无疑问，性生活的解放与第三帝国的人口政策紧密相关。[①]性关系扭曲成了有偿的表现：受控制的交配和繁衍。它们是实现政府所设定与宣传的政治目的的手段。因此，被释放的欲望与冲动被固定在了一个外在目的上，如此一来，它们受到了钳制，而它们的危险力量也就被剥除了。它们对社会的危害来源于它们提供了社会机构与社会标准根本无法干预的满足和幸福，因此它们构建了一个与社会整合和社会不满相互隔绝、互不相容的个人自由的领域。此种满足和自由的条件是，这些基本的"私人"关系不以"社会需求"为旨归，而是以自身为旨归。传统禁忌通过把性满足与（夫妻间的）爱情联系起来完全可以替代其他目的。民族社会主义政权消除了这种联系，取而代之的是，以一根或许更牢固的绳索把它绑在了政治目的上。

（二）两性关系属于受保护的私密领域，而该领域能够赋予个人以相当程度的自由，使其免除无力实现其最内在的潜能与欲求的社会与国家的干扰。这种私密自然就成了抗议、反对和潜在的幸福形象的避风港。民族社会主义政权打算为国家征服该避风港。它不仅从婴儿着手，而且还从"年轻的母亲"[②]着手，连同整个体育和智育领域，把性生活变成了一个政治培训与政治操纵的问题。因此，即便是人与人之间最独立的前社会的关系也逐渐变成了竞争性的公共事业。奖励既包括精神方面也包括物质方面，既包括授给未婚妈妈的荣誉和特权，也包括结婚贷款与生育保健费等经济利益。官方的鼓励表现在劳改营及其附近被蓄意集中起来的男孩子们和女孩子们身上，表现在起刺激作用的区分上——而民族社会主义的艺

[①] 格拉斯已经对大部分材料做了整理，并做了讨论，参见 D.V.Glass, *Population*. Oxford 1940, p.282。

[②] Hitler, *Mein Kampf*, p.615.

术家正是利用该区分使人体的性感带显露了出来。希特勒把"权宜与美"（expediency and beauty）的结合确定为艺术的最高原则，并以"在表现女性与男性身体的时候保持绝对的准确"① 这个要求作为补充。这种新的民族社会主义的现实主义实现了它作为性教育与性诱惑工具的政治职能。性在政治上的利用已使其从一个可以使顽强反抗的自由持续下去的、受保护的私密的领域变成了一个默默顺从的领域。当个人最为私密的快乐得到国家的鼓励与支持时，他们很容易成为国家顺从的追随者。

[86]

（三）在转移新的纵欲至该政权要求的通道上贡献最大的要素就是该政权与欲望和冲动的联系，它针对的是第三帝国挑选出来的敌人。从本质上讲，这种新的个人自由只是排外的自由，健全的、标准的德意志种族成员的特权。满足被赋予给了不同于引人注目的外族人和局外人群体——犹太人、外国人、身体虚弱与智力低下者、"叛徒"以及疯子——的受操纵的大众。"优等种族"的成员充满了优越感，他把局外人视为被蔑视、被压迫的自然对象——依照希特勒的命令，"他的整个教育与发展必须以使其确信他绝对优越于其他人为指向"②。这不是狂妄自大，而是一种精明的、大众支配的操纵方式。事实上，民族社会主义废除禁忌的条件就是同时创造新的羞辱与奴役的对象。个人只有在同时高于比个人有着更难以数计的束缚、无助与不幸的社会团体的时候，他们才能得到释放。他们解放者靠的却是把得到释放的个体与社会不满以及服从捆绑在一起的冲动：他们靠的是对软弱同胞的愤恨、妒忌、残酷、憎恶。这些冲动只有在对抗性的社会制度中才会繁荣昌盛，通过培养此类冲动，该政权使现有的体制在

---

① Speech of September 5, 1934, in *Der Kongress zu Nürnberg vom 5. bis 10. September 1934*, München 1934, p.99.

② Hitler, *Mein Kampf*, p.618.

个人的性格结构中得到了延续，从而把刽子手的主张与抗议变成了受害者的主张和抗议。

[87] 这些社会心理机制的运作无法得到官方或半官方文件的证实，它必须通过对某些特殊情况下民族社会主义集团的行为与话语的详细解释得以阐明。在此，我们只能冒险从两个小方面来推动这样一种解释。

值得信赖的中立目击者对民族社会主义的青年人明显沉醉在痛苦与牺牲中深感震惊。实际上，在这些女孩子自豪地宣誓她们乐意生养子女的原因是她们这样做可以享受痛苦的时候，或在这些男孩子宣誓他们愿意为了领袖挨打乃至被杀的时候，真相被隐藏了起来。[1] 青年人似乎很容易就会对希特勒的格言——"必须默默地承受痛苦和灾难"[2]——表现出顺从。问题是，所要求的痛苦与牺牲显然是非理性的，也是不必要的，但它们具有煽动性。在面对这种痛苦与牺牲的时候，青年人的天性应该是抗议和反抗。民族社会主义的教育已经通过运用认同机制摧毁了这种抗议与反抗。通过把德意志"优等种族"拔高到受迫害的异族人与局外人之上，民族社会主义的青年人最终认同了那些带来痛苦与牺牲的人。集中营可以对这种为痛苦感到高兴——赋予第三帝国强健的青年以生命——的现象做出解释。

民族社会主义政权已使它的追随者对他们的不满感到心安理得。他们的欲求与能力都受到了虐待，都被束缚和扭曲了，但现在他们成了主人，并且他们可以干他们旧主人从来都不敢干的事。波普（Pope）从著名的狂欢节亚马孙之夜（Night of the Amazons）这项官方计划引用了一段很有启发性的话："以前在高墙之内被谨慎看守并且仅向少数人提供的

---

[1] 转引自格奥尔格·齐默（Georg Ziemer），在他的书中，这样的报告随处可见。

[2] Hitler, *Mein Kampf*, p.623.

东西，现如今走进了我们所有人的生活——在宁芬堡公园的夜晚表演的魔术中……在缪斯暴露的服饰中，在曼妙身材的裸露奔放中……那些疯狂尖叫、对欢快的活动充满狂热但却目光呆滞者就是 1939 年的德国青年人……"[1] 这就是那些被允许在他们的囚笼中狂欢、在他们历代国王的公园中释放自己、在先前禁止进入的奇景中表演和"凝视"的人们的娱乐。民族社会主义富有魅力、优美动人、放纵淫乱的盛会保留了服从与支配的特征。在民族社会主义艺术家的绘画中，美丽的裸体少女和色彩斑斓的美景与古典的议会大厅、被美化的工厂、机器以及制服都完美地融合了起来。他们把促使抗议和反抗的因素变成了促进协调的因素。他们逐渐融入进了一个成功地整合了个人主义社会隐藏最深的危险区域的秩序图像，不仅如此，他们还诱使个人去喜欢和保持这样一个仅仅把个人当成受压迫的工具的世界。

[88]

---

[1]　*Munich Playground*, New York 1941, p.40.

增　补①

　　延长休闲时间（毫无疑问，它已经被战争废止了）是健康的必要条件，它有助于补充民族社会主义的培养政策，帮助建立巨大的、适当的人力储备，以服务于德国优等种族的统治。因此，"力量来自欢乐"的一个特点就是强制享受户外运动。我们无须对"力量来自欢乐"的诸多活动做深入思考，因为它们经常被提到。但是，我们必须讨论休闲组织是如何对待思想文化的，因为这能够解释民族社会主义的基本矛盾。

　　在动员休闲的过程中，民族社会主义碰到了最后的壁垒，而在该壁垒背后，个人主义的进步力量仍旧很鲜活。我们已对这种使空闲时间适应于工作时间并且使休闲的个人标准化的发展做了概括。不管怎么说，事实上，在前法西斯主义时期，个人在休闲的时候可以自己"独处"，因此可以避免一切竞争性的表现，而这至少为他逃离职业生活这种压抑的结构保留了可能。当社会根本不关心那些不符合效率框架的欲求与能力的时候，

---

① 马尔库塞那份《民族社会主义下的国家与个人》的演讲稿（#118.01）的最后几页还有一部分关于民族社会主义下的性与艺术的评论，但在上文即马尔库塞这份准备出版的文章中（#118）却没有出现。

个人都可以不时地从社会完全"脱离出来"。正是因为个人的私生活可以远离他的社会生活，所以，他仍然能够对是否真正满足做出判定。在安静地享受孤寂的时候，个人可能会**觉得**，他的冲动、情感和思想应该驶入与现行秩序相异、相抵触的宗教。在此，我们只谈论促进该趋势的两个因素：**性与艺术**。

个人主义社会通过严格的禁忌对这些领域做了防卫和限制，使它们　[90]
变成了个人满足和实现的领域。然而，这种遭到打扰的隐私与禁忌倾向于加重个人满足与社会不满之间的对立；前者从社会割裂了出来，也正是由于这一事实，前者保留了与社会格格不入的自由和幸福的元素。而民族社会主义最大胆的冒险行动之一就是反对这些禁忌与隐私。关于性禁忌，我们只需要把目光转向在劳改营被蓄意集中起来的男孩子们和女孩子们，种族精英的纵欲，结婚与离婚的简单化，对私生子的认同，反犹太人的色情书刊。毫无疑问，这一切都符合第三帝国的人口政策，它要求提供更多的劳动力。但是，该政策还涉及另一个方面，它藏得更为隐蔽，并且触及了民族社会主义社会的根源。

废除性禁忌会使这个私人满足的领域变成官方的政治领域。因此，就像民族社会主义否定了国家与社会之间的区别那样，它否定了社会与个人之间的区别。个人是从扭曲的意义上被"社会化的"，也即是说，社会本身接管了个人受到压制因而退化的本能与兴趣，却要求它们在世界范围内维护自身的权利。民族社会主义把它们变成了**民族**的利益，并且通过征服与战争使它们得到了贯彻。废除文化禁忌是该大厦的最后一块拱顶石。个人把他私人的满足当成了服务该政权的爱国行动，而他也因此得到了奖励。正因为如此，个人满足丧失了它的本质特征。为了使神圣的个人满足的私密"国家化"，民族社会主义征服了个人仍然持有的、反抗压抑的公共秩序的最后阵地，即个人能实现自身各种潜能与欲求的领域。有一个由来已久的关于男孩子和女孩子的话题，就是当他们被强迫喜欢对方的时候，他们可以反抗。这个话题并不老套。它表明个人的幸福和个人的实现可能与超出社会现状有关，甚至从本质上讲，可能与无关乎社会现状的因素有关。相比之下，民族社会主义对个人与社会之间区别的废除，这种区别本身更靠近人的实现这个目标。无疑，民族社会主义的废除禁忌明显具有压抑性的功能。

[91] 在民族社会主义对**艺术**的态度上，这一点表现得特别明显。在自由主义时期，美术在很大程度上起到了陶冶与教化独立个人的功能。它们远离日常的社会政治生活领域，阐发了自身特有的标准与理想——超越了那些在社会现实中普遍存在的标准与理想。美、真理、和谐以及理性的标准，就像保留在美术中的那样，它们在自身最深层次的意义上曾经与现有的社会标准是不相容的，是对立的。它们设想的是这样一个世界，人类真正的潜能在此处于生死存亡的紧要关头，因此要让现实未能实现的承诺继续存活下去。通过将艺术融入并使其适应日常生活，民族社会主义废除了艺术的该功能。来自党内高层的指令宣称，文化再也不能是少数享有特权者的财富，而应是日常生活的组成因素。但是，在文化大众化的过程中，民族社会主义却小心翼翼地肃清了文化本身任何能够摧毁那种以为人类真正的潜能都被保存在现有的生活形式中的幻想的要素。民族社会主义的艺术倾向于排除一切令人厌恶的和触目惊心的东西，即通过展现一个扭曲的、堕落的世界来对人类的处境做出反应的一切东西。希特勒已经宣告，艺术家必须以崇高和美的理想为导向，① 而遵照他的指令，民族社会主义

---

① Speech of September 11, 1935: *Die Reden Hitlers am Parteitag der Freiheit*, München 1935, p.36.

的艺术家把崇高和美融入到了一种现实的美的狂欢之中。

起初，这看上去像是传统审美标准的一次复苏。然而，民族社会主义艺术的美是一种特殊的样式，它与流线型的控制与压迫机构完全相符。这种流畅的、充满魅力的美把一切不一致、不和谐都吸收了进来，而它自身的显著特征却激发了该政权一直都想激发的那些本能。裸体在民族社会主义的绘画中赫然耸立，但却与色情图画明显不同。根据司汤达（Stendhal）的说法，美包含着"对幸福的承诺"。但是，民族社会主义的美承诺的幸福只有纳粹冲锋队（S.A.，又称褐衫军）和纳粹党卫军（S.S.，又称黑衫军）容许享用；它诉诸以另外的形式在无助与软弱的折磨中得到了满足的相同的本能。这种艺术激发并满足了个人——已经完全学会抑制一切可能超越现行的暴力、苦役与效率体制的欲求。

希特勒把艺术的本质明确地规定为"权宜"。民族社会主义艺术的权宜就是要使人与现实世界达成和解。艺术已经弃绝了一切抗议与不和的要素，变成了受操控的大众的日常生活的主要组成部分：它使工人在其中为提供战略物资工作 10 个小时以上的工厂，领袖在其中规划恐怖战略的议会大厅，以及在其中安排征服与毁灭计划的政府大楼光鲜照人。民族社会主义的艺术将庄严的自然和谐赋予了这个世界。 [92]

艺术的驯化与性的驯化遵循着同样的模式。在适应了一个对其最初承诺充满敌意的世界后，艺术改变了自身的内容与功能：它本身成了一个操纵杆，可以使人适应各种支配其社会、政治生活的社会力量。在民族社会主义艺术家的绘画中，美丽的裸体少女和色彩斑斓的美景与古典的议会大厅、被美化的工厂、机器以及制服完美地融合了起来。他们把促使抗议和反抗的因素变成了促进协调的因素。他们逐渐融入到了一个成功地整合了个人主义社会隐藏最深的危险区域的秩序图像之中，不仅如此，他们还诱使个人去喜欢和保持这样一个仅仅把个人当成受压迫的工具的世界。

我们的概述就到这里。我们试图表明，民族社会主义社会趋向于直接成为最有权势的社会集团的政府，它已经破除或废除了一切处在他们的特殊利益与国家之间的中介性的法律制度和政治制度。他们的政权，不但没有压制个人，反倒在其最危险的本能和方面解放了个人。民族社会主义既不是专制主义的革命，也不是社会主义的革命，更不是虚无主义的革命。新秩序具有非常肯定的内容：它要把现时代所见到的最具侵略性的、毁灭性的帝国主义形式组织起来。

三

赫伯特·马尔库塞、彼得·马尔库塞、弗兰茨·纽曼、苏菲·马尔库塞、英格·纽曼（摄于 1937 年）

A HISTORY OF THE DOCTRINE OF SOCIAL CHANGE

by

Herbert Marcuse and Franz Neumann

International Institute of Social Research

(Columbia University)

429 West 117th Street.

    Since sociology as an independent science was not established before
the 19th century, the theory of society up to that time was an integral part
of philosophy or of those sciences (such as the economic or juristic), the
conceptual structure of which was to a large extent based upon specific phi-
losophical doctrines. This intrinsic connection between philosophy and the
theory of society (a connection which will be explained in the text) formulates
the pattern of all particular theories of social change occuring in the ancient
world, in the middle ages, and on the commencement of modern times. One de-
cisive result is the emphasis on the fact that social change cannot be inter-
preted within a particular social science, but must be understood within the
social and natural totality of human life. This conception uses, to a large
extent, psychological factors in the theories of social change. However, the
derivation of social and political concepts from the "psyche" of man is not
a psychological method in the modern sense but rather involves the negation
of psychology as a special science. For the Greeks, psychological concepts
were essentially ethical, social and political ones, to be integrated into
the ultimate science of philosophy.

I

    In ancient philosophy the theories of social change were
basically determined by a search for the most fruitful existence, for ade-
quate intercourse between individuals, for the fulfillment of the highest

《社会变迁学说简史》书稿——编者注

　　马尔库塞档案馆中有一份 17 页的手稿，它的标题为"社会变迁学说简史"，作者马尔库塞与纽曼，后面还写着研究所（哥伦比亚大学）的地址（#118.00）；与此同时，还有一份更长的、带有"目录"页的、47 页的手稿，但没有标题，它对该计划做了实质性概述（#118.04），我们在第 140 页把这份手稿重新刊发了出来。还有一份关于"社会变迁理论"的简短纲要（#118.01），它像是讲座提案，上面还留有马尔库塞的手迹（#118.01）。由于手稿上没有日期，其他文件中也没有对该计划的任何引用，所以我们不清楚该文本完成于何时，尽管其中一份文本上的研究所地址表明它完成于二战前，也就是在马尔库塞、纽曼及其他研究所成员——他们实际上于 1942 年就终止了与研究所的隶属关系——移居华盛顿的时候。因此，该计划可能开始于 20 世纪 30 年代末或 40 年代初，也就是，马尔库塞与纽曼在研究所最积极活跃的时候和他们在纽约紧密合作的时候。这份被提议的关于"社会变迁诸理论"的讲座的存在表明，该计划开始于 1941—1942 年，即研究所打算在哥伦比亚大学开展讲座这段时间。

[94]

社会变迁学说简史

马尔库塞与纽曼

　　在 19 世纪以前，由于社会学还未作为一个独立学科出现，社会理论当时还只是哲学或一些学科(诸如经济学与法学）相融不分的一部分而已，其概念结构在很大程度上都建立在特定的哲学学说基础上。哲学与社会理论之间的内在关联（这种关联将在本文得到解说）系统阐述了出现在古代世界、中世纪以及现时代开端时的有关社会变迁的所有个别理论。一个决定性的成果就是，人们开始强调，社会变迁不能在个别的社会学科内获得解释，而是必须在人类生活的社会与自然的总体性内进行理解。这一观念很大程度上运用了社会变迁理论的心理学因素。然而，将社会与政治的概念追溯到人的"心灵"（psyche），这并非现代意义上的心理学（psychological）方法，毋宁说是对作为个别学科的心理学的否定。对希腊人而言，心理学的概念根本上是伦理的、社会的和政治的概念，与终极的哲学学科融合到了一起。

（一）

　　在古代哲学中，社会变迁的理论基本上被这样的考察所决定，这种
考察探索的是最富于成果的存在，探索的是个人之间的恰当交往，探索的
是人的最高潜能的实现，探索的是引起安乐与幸福的条件。古代哲人把　　
社会变迁理解成是一个过程，它很大程度上可以等同于人类的生活过程，
而人们可以根据它给予人类生活的可能性的多少来衡量这一过程的优劣
得失。

　　社会理论的这种人化（humanization）特征首先以激进的形式在智者派
（Sophists）的学说中呈现了出来。社会制度服从于个人的需求，因为社会
制度是这些个体建立的。如果存在普遍的社会责任和普遍的社会秩序的话，
这些责任和秩序就必须被解释为起源于个人之间的契约。由于智者派反对
与进步的物质力量和理智力量不相一致的、传统的城邦形式，所以他们反
对将城邦的、制度化的标准视为自然法则（a law of nature）。不管怎样，后
者只是包含了对人的自然不平等的认知，以及不平等的个人对实现他们的
自然力量的不受限制的权利的要求。因此与前述的自然法则理论相反，智
者派的理论暗含着通过人的有意识的行动实现社会变迁的可能性。但是这
个理论并不包括任何有关社会变迁所遵从的法则的陈述。智者派的学说是
古代哲学所有理论中，以个人利益的名义反对将现存的社会制度与社会习
俗神化（hypostization）①的典范。这些对抗的理论的发展将被一一探讨，
因为这些理论含有社会变迁理论的要素，而这些要素也是现代社会变迁

_____

①　关于 hypostization 一词，译者认为拼写有误，正确拼写应该是 hypostatization。该词在哲学上是"实
　　体化"的意思，在宗教那里可译为"神化"或"上帝化"。——译者注

学说的基本因素。〔智者：普罗泰戈拉（Protagoras）、高尔吉亚（Gorgias）、色拉叙马霍斯（Thrasymachus）、卡里克勒（Callicles）；昔勒尼派：安提西尼（Antisthenes）、阿瑞斯提普斯（Aristippus）。〕

至于柏拉图的社会变迁理论，本文并不想在乌托邦的唯心主义和反动的极权主义等传统术语范围内讨论它。柏拉图的理想国家既不是乌托邦，也不是以暴力的方式对现有城邦的维持。他只是详尽阐述了在当时一般的条件下最能保证人的潜能发展的社会秩序的形式。柏拉图明确地将社会变迁与人的心灵结构联系了起来，并且将人的心灵结构与经济结构联系了起来。私有财产的秩序摧毁了人的心灵，以至于人不能独立地发现社会与政治关系的正确形式。因此个人再也不能对国家与社会的秩序做出自己的判断。国家与社会秩序的建构成了借助其知识而拥有真理——只有以此为根据，生活秩序才能建立起来——的哲人的使命。从传统城邦到柏拉图式的等级制国家的彻底转变，意味着他以这样的方式对经济做了重建，即经济不再决定人的能力和力量，而是相反，人的能力和力量决定着经济。工作的多样性以及劳动分工的安排要符合人的能力的多样性的最充分的发展。整饬国家和社会是心灵重建的首要工作。因为无论如何，心灵的重建都依赖于社会现存物质秩序的整体变迁，而真正的国家首先是政治重建的产物。政治理论对心灵理论的从属关系与心理学含义的彻底改变紧密相关。伴随着柏拉图，心理学变成了一种一般性的科学，并且与哲学相当一致。不仅社会的，而且自然的客观秩序也都毫无例外地从人类心灵的真理与正当性的意义上做了考量。

[97]

亚里士多德是第一个试图阐述社会与政治发展的一般理论的哲人。他的理论基础是，最初在其形而上学中对运动（movement）所做的哲学分析。亚里士多德以运动来理解存在（Being），而把运动当成是存在的诸多潜能的实现。在他对运动的多种形式的描述中，亚里士多德确立了在人类世界与自然世界中的运动类型的基本差异。历史运动是一种有意识的发展过程，在该过程中，一些全新的东西被生产了出来，与此不同的是，自然世界的变化仅仅意味着循环，即同一事物持续不断地重现。在社会关系由家庭到国家的发展过程中，存在一个有确定目的的方向。只有国家能够实现作为理性存在的人所拥有的所有潜能。像柏拉图一样，亚里士多德也根据实现这些潜能的能力来衡量国家秩序的优劣。他的《政治学》是其《尼各马可伦理学》的直接延续。在阐述其政治理论的过程中，亚里士多德系统考察了各种存在形式的国家的衰败和退化的具体原因。该理论不仅仅是一种政治理论，而且还是一种社会发展理论，因为国家与社会的分离与整个希腊哲学背道而驰。与此同时，他的社会与政治变迁理论是对所有形式的政治生活都不可避免地退化的这种柏拉图学说的批判。据他所说，只有维护国家与社会中的比例正义（proportionate justice）的原则，退化才能够避免。由于亚里士多德的伦理学与政治学获得了巨大的政治与社会意义，特别是 13 世纪以来，所以他关于希腊社会分层和社会制度的比例正义的概念，将在下文中得到深入的讨论。

伴随着希腊城邦的消亡，政治理论将人性的平等性与普遍性的概念合并在了一起，并把它当成了社会与政治组织的最高标准。社会变迁理论是在人与外部自然都平等地遵循的普遍法则的外观下被考察的。这可以解释，何以当时占优势地位的历史性条件会导致关于历史发展的宿命观。以下这个问题也会相应地得到解决，即斯多葛学派（The Stoic）是 [98] 如何将生死轮回和世界重生这种学说与特定的社会理论联系起来的。斯多葛学派对社会理论的贡献就是他们的自然法（natural Law）理论，并且这一贡献要比这种哲学在其他方面的贡献的生命力要长远得多。它对教父们的教义、罗马法思想以及与中世纪晚期和现时代相左的诸多看法产生了深远影响。他们的学说都建立在赫拉克利特的本体论以及智者派的政治学说的基础上。鉴于人与外部自然的同一性，人也应受高于政治制度并且使人类在平等的社会中统一起来的永恒不变的法则的支配。〔希腊斯多葛学派：芝诺、克律西波斯（Chrysippus）、克里安西斯（Cleanthes）；罗马斯多葛学派：西塞罗、塞涅卡、马尔库斯·奥勒留。〕

对希腊传统生活方式瓦解做出个人主义式反应的是伊壁鸠鲁学派的学说。由于希腊主导的社会形式不再保证个人幸福的实现，所以伊壁鸠鲁放弃了任何有关政治与社会发展的理论。只要保留个人追求自身幸福的自由的国家存在，他就心满意足了。（希腊：伊壁鸠鲁；罗马：卢克莱修。）

稍微回顾一下，早期的和经典的希腊哲学中的社会变迁理论，并不以现代意义上的社会学、政治学或心理学的形式出现。这些理论并不认为人、社会与自然是彼此分开的。人的生活的真正秩序包含着所有这三个现实的领域，并且支配这一秩序的法则同时是心理学的、社会学的和自然的法则。我们将试图表明，这种理论融合在现代思想发展的最后阶段会重新出现。

（二）

至于早期基督教，我们建议把重点放在教父神学内在固有的激进的社会抗议上。此外，我们还建议对异教学说展开深入广泛的研究，因为随着中世纪社会的发展，这些学说的重要性也在不断加强。

中世纪的理论总是把社会变迁问题放在被造的尘世与**上帝之城**（Civitas Dei）之间的静态等级秩序的总体性视域内来看待。因此，任何一种社会变迁说到底都是处于被造尘世（Mundus Creatus）所遵循的永恒法则的支配下的本体论意义上的变化。变迁的方向及其价值都是命中注定的。

在接受亚里士多德哲学之前的文献中，最重要的是索尔兹伯里的约翰的《论政府原理》（*Polycraticus*）①，该书并没有什么令人吃惊的创新之处，但却对中世纪的社会与政治哲学做了总结。他是在对人的身体模式做出研究之后，最早阐述社会有机理论的理论家之一，如此一来，他就把社会变迁限定在了国家与社会的有机结构所给定的狭隘范围内。 [99]

在论述中世纪巅峰时期和衰落时期的部分，本文将提出这样一个论点，即现代社会恰恰是从中世纪理论的结构中诞生的，但这一诞生过程不能仅仅追溯到托马斯主义（Thomism）的正统教义上来，还应该追溯到拉丁阿威罗伊主义（Latin Averroism）的批判性的、异教的教义上来。这种异教哲学在三个方面获得了实践的、政治的和社会的重要意义，即（1）在教会与世俗权力的斗争中，（2）在教会内部的争论中，（3）最后，在世俗社会内，由现世的、世俗的权力领域内的争论所引起的讨论中。通过比较它与正统的托马斯主义教义，这种异教的社会哲学的极端重要性很容易就会得到理解。

托马斯主义的社会哲学试图调和斯多葛学派的自然法学说与现存封建的、按等级秩序建立的阶层之间的关系。斯多葛学派的自然法确实会带来革命性的影响。在托马斯主义哲学中，自然法变成了对等级制社会——建立在三个等级的明确区分基础上——的辩护。除《神学大全》（*Summa*

---

① 索尔兹伯里的约翰（John of Salisbury，1115—1180），英国基督教士、哲学家、拉丁语学者，其代表除了关于逻辑和亚里士多德的哲学的书《元逻辑》（*Metalogicon*）之外，就是他的《论政府原理》（*Polycraticus*），赵敦华翻译为"政治学指南"，译者认为，马尔库塞和纽曼对该书书名的拼写有误。——译者注

Theologia）外，还有无数的小册子，它们唯一的目的就是使现存社会拥有道德法则的尊严。在托马斯主义哲学中，这种调和之所以成为可能，是因为它接受了亚里士多德的哲学。托马斯主义哲学也因此反对一切影响到天定的社会划分的社会变迁。

相比较这种在既定社会永恒固定的秩序内平稳的社会变迁，拉丁阿威罗伊主义的主要概念设想的是一个最终将带来全新的生活秩序的动态过程。统一与平等的理性观念，以及作为该理性的承担者的人自身应负起组织自我生活之责任的要求，与早期资本主义社会的需求密切地联系在一起。由此看来，社会变迁早就被纳入到了对封建主义的唯物主义批判的视域。这些理论是在逐渐兴起的现世国家与早已建立的教会的斗争中被提出的。人们可能会在独立的世俗国家的拥护者与至高无上的教会的捍卫者的讨论中发现无数的、关于社会变迁的新唯物主义的设想的论述〔尤其是在美男子腓力（Philipp the Fair）① 与卜尼法斯八世（Boniface VIII）斗争期间和巴伐利亚的路易（Lewis of Bavaria）与教皇约翰二十二世（John XXII）②、巴黎的约翰（John of Paris）、皮埃尔·迪布瓦〔Pierre Dubois〕斗争期间；帕多瓦的马西利乌斯（Marsilius of Padua）、扬登的约翰（John of Jandum）③ 以及奥卡姆的威廉（William of Occam）〕。即使较为保守地

[100]　说，相似的观念还是可以在以教会的民主化为目标的会议至上运动（the

---

① 法国国王腓力四世（1268—1314），后世称之为"美男子腓力"（Philippe le Bel）。1296—1303 年间，腓力四世与主张教权高于王权的教皇卜尼法斯八世发生严重冲突并取得胜利，胜利的结果就是，教权长期掌握在国王手中。——译者注

② 约翰二十二世（1249—1334），法国人，1316—1334 年任教皇，他与神圣罗马帝国的路易四世发生冲突并取得胜利。——译者注

③ 扬登的约翰（John of Jandun，1285—1323），法国哲学家、神学家和政治作家，译者认为，马尔库塞与纽曼在此将扬登的约翰的名字拼写错了。——译者注

conciliar movement）中发现的，或至少可以在由教会的显贵所组建的贵族制取代教皇主权的过程中发现。在哲学领域，13、14 世纪的拉丁阿威罗伊主义形成了一整套的唯物主义的社会心理学和伦理学，其目的是批判传统的生活模式，使社会生产力从封建的和牧师的统治枷锁中解放出来。

（三）

世俗社会从教会中实现意识形态上分离的关键步骤是在**马基雅维利**的作品中完成的。在他的作品中，社会变迁的问题公然地、不带任何哲学或神学荣耀地被当成了新兴民族国家的稳定性和完整性的问题。社会变迁成了一个实用的技术性难题，即如何支配大众以保证绝对主权利益的问题。可是，马基雅维利的社会变迁理论是更具综合性的心理学和社会学的理论的相融不分的一部分。马基雅维利的社会心理学的显著特征是，心理完全从属于现代政府的需求。如果说他假定所有人都拥有相同的本性，并且社会变迁和进步的基本法则都是从这一相同本性推衍出来的，那么他运用这一假定的目的就是为君主提供清楚明确的国家统治规则。永恒固定的政治生活形式将不复存在；这些形式中的任何一种都会退化，被另一种形式替代。马基雅维利不仅仅将国家和市民社会世俗化了，而且还含蓄地拒绝了这样一个观点，即人性的发展遵循的是可以使某种进步的理念得以实现的预定和谐的模式。随着现代社会的建立，理论的整个概念结构都发生了变化。理性主义取得了主导地位。科学技术的进步、世界市场的开放、所有国家对包罗万有的统一的生产体系的进一步屈服，以及建立在自由劳动原则基础上的社会，这一切都在声称以理性的、统一的概念来理解整个宇宙的理论中得到了反映。也就是说，自然与社会、地上与天上都受

到相同的、不可避免的客观法则的支配，并且这些法则能够被人类理性的

[101] 力量发现，还可以被用来对世界进行理性的统治。社会变迁也因此仅仅是宇宙变迁的特殊现象而已。根据理性主义理论的不同模式，问题既可以从机械主义的（霍布斯）、数学的（斯宾诺莎）方面做出讨论，也可以按照动态的（莱布尼茨）的哲学做出讨论。这整个趋势所包含的恰恰是为现行的社会结构提供了分析社会变迁的最终框架**实证主义的要素**。这种实证主义的方面在**经验主义的学说**中取得了主导地位，在该学说中，不变的客观法则以及天赋观念是不存在的；并且对人类社会的发展和自然的理解都被还原成了感性知觉及其推论（孔狄亚克、洛克、休谟、约翰·斯图亚特·密尔）。

我们将根据这些理性主义和经验主义理论的不同的心理学和社会学基础对其做出评价。从中我们可以辨认出三种趋向。前两种趋向的理论，它们以某种人的性格结构的假设以及由此派生而来的可预测的不同态度为起点。**乐观主义哲学**认为，人在根本上是善的。因此，它们明示或暗示的是这样一种社会进化理论，即它体现了进步的理念，并且还声称，只要人处于有序进步的、没有革命和衰退的社会中，人的潜能就能够得到充分的发展〔格劳秀斯、洛克、克里斯蒂安·沃尔夫（Christian Wolff）、托马修斯（Thomasius）、沙夫茨伯里（Shaftesbury）、哈奇森（Hutcheson）、本杰明·富兰克林和托马斯·杰斐逊〕。**悲观主义理论**拒斥这种和平地、持续地进步的可能性。该理论在路德主义、加尔文主义那里得到了有力的表达，它们的最终结论是，根本就不存在任何足以威胁现存社会秩序的社会变迁〔还有后来的反革命理论：德·迈斯特（de Maistre）、博纳尔（Bonald），以及曼德维尔（Mandeville）和伯克（Burke）〕。

现代社会自发端起就一直存在着一股不承认公认习俗的、批判性的

唯物主义趋向，这种趋向的主要对手就是以上所说的理性主义与经验主义学说。这种唯物主义趋向的学说将其社会批判理论建立在人的物质需要的基础上。对该学说而言，社会变迁意味着社会的彻底转变，尤其是私有财产体系的彻底改变。这种唯物主义批判理论是使法国启蒙运动的哲学连成一体的重要纽带〔霍尔巴赫、爱尔维修、摩莱里（Morelly）、马布利（Mably）、梅利耶（Meslier）、兰盖（Linguet）〕，并且在卢梭对传统社会的批判中依然发挥效力。

在社会衰变时期，这种批判呈现出了公开革命的特点，它要求重构新的自由和理性的社会秩序〔托马斯·闵采尔、再洗礼派运动（the Anabaptist movement）、塔博尔派（the Taborties）、清教革命中的千禧年主义趋向，如掘地派（the Diggers）、第五王国派（the Fifth Monarchy Men）和罗德岛的罗杰·威廉斯（Roger Williams）〕。① [102]

在中产阶级获得政治和社会认同这段历史时期，**重农学派**和**古典经济学家们**试图将乐观主义和悲观主义趋向汇入到一个由预定和谐所支配的社会理论中。他们也承认存在着失调的可能性以及不平等状态的发展，但是，这些缺陷都可以通过经济力量的自由发展得到解决。这些理论带来的是一种完全乐观主义的进化和进步学说。对这些理论来说，社会变迁只是对可避免的失调的调整而已。

---

① 再洗礼派，16 世纪欧洲宗教改革时期新教中的一些否定婴儿洗礼的效力，主张成人再洗礼的激进派别的总称。塔博尔派，15 世纪上半叶胡斯宗教改革时期的激进派，与之相对的温和派是圣杯派。掘地派，17 世纪英国资产阶级革命期间代表无地或少地农民的空想社会主义派别，主张土地公有，自称真正的平等派。第五王国派，基督教清教徒中最激进的一派，该派宣称第一王国是亚述-巴比伦，第二王国是波斯，第三王国是希腊，第四王国是罗马；前三者因偶像崇拜而灭亡，第四王国的继承者神圣罗马帝国也接近末日；第五王国是以基督为王的千禧年王国。罗杰·威廉斯（1604—1683），美国殖民地时期的基督教新教教士，主张宗教自由，并创建罗得岛州。——译者注

　　现代理性主义中各种趋势的相互对抗，在**德国观念论**的理论中达到了顶峰。一方面，个人自由的原则和批判理性（critical reason）的至高无上性原则作为衡量社会组织和政治组织的标准被保留了下来。社会变迁被当成了理性的实现。另一方面，自由和理性变得与特定社会的物质结构一致起来，它们也因此成了个人必须在各自孤立的人格内独立去实现的理念（康德、费希特）。**黑格尔**的哲学标志着以哲学的方式来处理社会理论的顶峰。从整体上看，社会要服从理性和自由的标准。与此同时，理性的实现被视为一个在不同的阶段创造了不同形式的国家与社会的历史过程。近代欧洲市民社会及其适当的政治组织即君主立宪制被看成是历史过程中现代社会自由的个人和理性的整体这两个反题达成和解的阶段。然而，黑格尔处理现代社会各种基本观念的方式带来的必然结果是，黑格尔完全把他的社会政治理论变成了一种批判学说。他详细解释了这样一个信念，即市民社会建立在难免发生对抗的私有财产的基础上，市民社会也因此失去了将个人利益与整体利益统一起来的普遍形式。这种认识导致了对国家与社会这两个以不同的实存原则为基础的领域所做的基本划分，而这种划分也正式开启了现代社会学。社会变迁的问题在黑格尔辩证法的一般结构中获得了全新的形式。辩证法将作为一种有能力处理现代社会动态特征的适当理论结构来加以讨论。社会变迁已不再是相当静态的现实中的个别事件，它成了首要的现实本身，而所有的静态［条件］都必须通过这一现实才能够得到解释。这种对社会变迁的解释与社会理论完全一致。

[103]　　　　（四）

　　这种观念的转变是与历史发展的该阶段相一致的，在该阶段，内在于现代社会的对抗势力都获得了充足的力量。面对这些对抗势力，问题已不再是调整永恒不变的社会结构以适应社会变迁，而是要澄清这样一个认识，即不论社会如何变迁，在固定的再生产过程中，始终存在一个永恒不变的社会。这个新问题使批判现存社会本身成为必要。最早致力于该批判的是法国的**西斯蒙第**（Sismondi）和**圣西门**（Saint-Simon），德国的**洛伦茨·冯·施泰因**（Lorenz von Stein），他们要么就是将批判限定在一些重要的现象上，要么就是以一种相当乌托邦的方式来攻击现存社会。

与这些学说相比，**马克思**（Marx）保留了黑格尔的诉求，即社会理论的每一个概念都必须以理解理性社会的总体性为目标。辩证法使劳动过程被理解成了决定人类所有生活形式和领域的过程。按照资本主义的生产形式，社会劳动得以组织起来的诸种方式（经济关系、法律制度、政治制度和社会制度）即马克思所谓的"生产关系"必定与生产力以这样的方式发生冲突，即如果要维护这组织方式，生产力的发展就会受到束缚和限制。因此，社会变迁问题已不再是当前社会形式的问题，而是成了以社会主义的形式来取代这一社会形式的问题。该理论还声称，它提供了一种用以对现存社会的各种变迁做出一致解释的方法。

19 世纪后半叶对社会变迁问题的探讨很大程度受到了马克思理论的影响。只有从这个角度出发才能充分理解**蒲鲁东 – 索雷尔**（Proudhon-Sorel）的工团主义理论和**巴枯宁**（Bakunin）的无政府主义理论。

现代社会学已经切断了社会理论与哲学之间的内在关联——在马克思主义那里仍然发挥效力——并且将社会变迁问题当成了一个特殊的社会学问题。这种分裂的结果是，在分析社会变迁的过程中一些或多或少具有独立性的个别学科正变得越来越重要。人类学、生物学、物理学和心理学可以为这一问题的分析提供概念基础。研究社会变迁的各种社会学理论应该接受进一步的审查；但是，我们认为没有必要在这份纲要性的文章中涉及这些理论。需要特别注意的应该是，实证主义在社会理论中的优势地位正在逐渐增强。实证主义的趋势产生了一种新的、社会理论调节当前社会秩序的类型。实证主义社会变迁学说的动态特征只是一层稍微将其处于根本地位的静态概念掩盖起来的外壳。该模式将在对**帕累托**（Pareto）的社会学的讨论中被揭示出来。对帕累托而言，社会变迁根本上就是特殊的社会团体试图根据其特殊利益来组织社会的运动。然而，这些社会团体的结构必须借助于运用个体的冲动和本能等抽象概念的个体心理学来理解。在最后的分析中，帕累托的精英观念牵涉到对特定社会中掌握现实权力的统治集团的**先天的**（a priori）承认。但他的概念却没有为精英提供任何自我衡量的标准。

[104]

我们的结论将讨论在法西斯主义和民族社会主义哲学筹备期间的社会变迁问题的新背景〔德国：缪勒·凡·登·布鲁克（Moeller van den Broek），施潘（O.Spann），云格尔（E.Juenger）；意大利：景体勒（G.Gentile），科拉迪尼（Corradini），罗科（Rocco）〕。

——完——

四

Contents

I.   Introduction

II. The Pragmatistic Pattern
(XVI. and XVII. century)

III. The Cultural Integration
(Vico - Montesquieu)

IV. The Rationalistic Pattern
(Helvetius, French and British
Enlightenment)
The Idea of Progress: Condorcet
Rousseau

V.   Counter - Revolution
Burke - Bonald - De Maistre

VI. The Idealistic Pattern
Kant - Hegel

VII. The Administrative Pattern
Saint-Simon, Comte
Spencer
The Socialist Critique

VIII.The Dialectical Conception
Hegel, Marx, L.v.Stein
Reformist and Radical Marxism

IX. The End of the Philosophical Integration
Lester Ward

《社会变迁诸理论》书稿——编者注

该手稿没有标题，没有作者、日期，讨论的是社会变迁诸理论。该文本在内容上与之前有标题的手稿很相近，因此认定其作者是马尔库塞与纽曼（#118.04），该文本对计划和"目录"页——似乎是为出版社准备的样张——做了更为详细的阐明。

社会变迁诸理论

马尔库塞与纽曼

如果试图对社会变迁理论中的某些主要问题做一个历史性的回顾的话，那么我们就会发现自己陷入了十分尴尬的境地。社会变迁的科学概念是当今社会学的成就之一，严格说来，这个概念的出现不早于我们这个世纪，因此根本没有什么历史传统可言。社会学的早期形态和社会哲学主要从事的是对社会普遍法则的观念的研究，对社会进步和进化概念的研究，但它们并没有得出一个在哲学上和伦理学上都客观中立的社会变迁概念。另一方面，我们不能指望脱离先前的理论概念来理解社会变迁概念及其深远内涵，因为它正是从先前的理论概念中引申出来的，并且这些理论概念还在替代它们的学说中继续发挥效力。因此我们的历史性考察必须在完全不同于现代社会学的概念结构的理论中追溯社会变迁的问题，并且我们只能缓慢地、逐步地获得合适的社会构想。

第一个需要考虑的事实是，直到 18 世纪，社会变迁理论在本质上还是一种哲学理论。人们还没有把社会看作一个独立的实体或过程，还没有从这种使自然与社会融为有机整体的复杂情境中区分出社会事实与社会关系。对理论反思形成刺激的显著的变迁(城市的兴毁、家族和帝国的统治、政府倒台、民众运动、战争后果、瘟疫和贫穷）都与更为普遍的变迁有关，并且这些变迁都根源于支配自然和历史的、确定的普遍法则。诚然，那时也存在着对社会现象的整体分析，特别是对不安和革命的原因，财富 [108]
和权力的状况，各种政府形式的稳定性和完备性，以及社会控制和公共意见的机制等诸多方面的整体分析。然而，对所有这些现象的研究都是在实用目标的指引下进行的，与确定的社会和政治利益有关，凡是超出该框架的研究则都由哲学的甚至是神学的观念来指导。

在现代，社会变迁理论的哲学背景主要由一个基本问题决定：如何建立和维持稳定的社会秩序？直到德国的宗教改革、宗教战争以及新兴的中产阶级与世俗的、教会的贵族之间持续激烈的斗争，这个问题才获得了新的极其显著的重要性。新的生产方式和劳动分工摧毁了封建制度的所有枝权，打破了阶层等级制度的固定区分。扩张性的商品生产废除了一直以来确保社会运行的主流的"自然"秩序和人身依附关系。这个秩序逐渐地被一个充满暴力的动态体系所取代，相应地人们彼此而言都成了自由和平等的经济主体。这种社会形式完全根源于得到解放的个体利益和不断发生变化的经济力量群集（constellation）。

必须注意的是，正是由于新秩序的动态特征才诱使其理论家把社会变迁问题变成了从属于社会稳定的问题。几乎从未间断的系列性的发明和发现，新的自然资源的开发，以及社会关系的持续变革，这些都是公认的事实；生产力被相互冲突的自我利益这种危险的驱动力所利用，这似乎可以在人性中找到根据。社会本身仅仅是变迁，除此之外别无其他，唯一的问题是，能否控制变迁或如何控制变迁以确保一个至少是临时性的总体秩序的存在。这个问题的不同答案都采取了这样的思路：只有通过建立一个强有力的、拒绝争论的政府，个体将融合他们之间不同利益的使命以及维护他们里里外外各个权益的使命转交给政府的权威，才能确保社会的运行。政府的建构形式是民主的还是专制的，这是一个次要的问题，它取决于国家的特殊情形以及各竞争团体之间的关系；唯一重要的事情是，政府控制社会变迁以及保卫财产和秩序的能力。

[109]　　　　自马基雅维利起，社会变迁就以有序和无序这样的术语来阐释。维护秩序是社会理论和实践的重要目标，而其他问题都必须从属于这一目标。这可以对这种用以辨别 16、17 世纪的政治学说的引人注目的犬儒特征做出说明。如今，我们主要从调整物质文化以适应人不断发展的能力和需要的方面来看待社会变迁的问题。我们并没有把控制和指导社会动态的努力与维护和扩展人的权利、自由以及满足的努力区分开来。我们对宣传我们文化永续和变革的趋势和观念加以分析，并按照自由和理性的标准衡量它们。在路德和加尔文、马基雅维利、布丹和霍布斯，甚至斯宾诺莎的社会学说中，这样的考虑还不能把该问题及其解决方案确定下来。似乎只有在自由的个人被有序的政治制度牢牢控制的情况下，他们的权利及其宪法保障才会形成，因为这些权利和保障在任何情况下都屈从于既定秩序的要求。或者，如果这些权利和保障是由既定秩序的反对党提出来的，那么它们就是败坏该党所反对的秩序的名声的实用手段，而一旦该党达到目的，它们就会从该党的利益面前退去。

　　实际上，16、17 世纪对变迁的普遍法则的探索——从亚里士多德开始就为社会哲学注入了活力——都是为了从实用的角度维护"秩序的原因"。古代关于政体和文化兴衰的循环论学说的复兴保留了其决定论的痕迹，但是在其具体情况下，如在马基雅维利的著作中，听起来却是不同的调子：循环从根本上来说就是一次有序和无序，繁荣和贫穷，而其可怕的必然性是为了劝告人民，希望他们忘记自己的微小利益，为了整体的力量统一合作。

　　我们可以精确地确定这个拐点，即新的历史问题打破了以上的概念框架并将社会变迁学说变为社会学学说的转折点。这个转折发生在法国中产阶级抛弃封建的专制政体并使社会政治制度与实际的物质文化的发展阶段相适应的时期。在英国，16、17 世纪以来封建贵族就与中间阶级融合在了一起，因而没有为了顺应趋势而产生新的政治革命的必要性。在中欧，专制政体仍未遭到挑战；只有在法国，相互冲突的社会势力才被驱使着走向了革命。相同的运动，使美国获得了独立，却使适应文化的变革变成了法国革命爆发的原因。在此，进步的物质文化与老旧的社会政治制度之间的张力是如此的强大，以至于它把变迁的问题放在了社会政治思想的核心。问题不再是维持秩序而是摧毁秩序。社会，作为物质文化与非物质文化的有机统一体，是必须被创造出来的东西，而这项任务已不再仅仅是一项重要的政治任务，而是成了影响人的全部关系与制度——既包括公共的，也包括私人的——的任务。社会成了决定人的生活内容和方向，尤其决定人的自由的范围的关系与制度的总体。因为创造恰当的社会秩序，就等于废除压制性（oppressive）的统治制度，为实现人的更大满足提供手段。

[110]

　　在此形势下，思想承载着批判的功能。新的冲动、观念和价值与总体上失调的主流的生活样式发生了冲突。一切对人与自然的既定潜能的研究都表明，人与自然受到了既有社会和政治关系的束缚，并且这种敌对关系激起了人们对支配着社会进程，支配着人的理性与自由的作用，支配着社会分工中的各种社会团体的地位，支配着财富的分配和利用的内在规律的分析。社会变迁学说受到了新议题的启发，而它们与我们今天再次面临的议题完全相同。

在简要考察这些议题之前，我们必须考虑到在社会变迁问题史上的一个独特现象，即詹巴蒂斯塔·维柯（Giambattista Vico）的著作。他是首位将变迁当成社会学问题的人；他的概念使得对社会进程的分析从不相容的形而上学、神学框架以及狭隘的实用方面中解放了出来。他的著作《新科学》①首版于1725年，但是，它几乎没有对18世纪的法国思想发展造成什么影响，尽管孟德斯鸠或许在其《论法的精神》中吸收了维柯的观点。

[111]

维柯著作的主题是在其历史发展和交互关系中的物质文化与非物质文化的总体。他把这个总体——这是他的主要成就——看成是"人的作品"②，因此终结了对普遍宇宙法则——在普遍法则下，社会进程多多少少是超社会的力量的结果——的徒劳无益的研究。社会世界成了人的需要、欲望和利益的王国，成了人与自然、历史持续不断的较量，而当维柯着手证实这一较量的一般趋势时，他试图把该工作建立在一定的经验基础上。诚然，他不断强调天神意旨的安排（the course of Providence），但这也只是挡在本质上世俗化了的历史概念面前的一层微薄的面纱。另一方面，维柯并没有把他的著作限制在特定国家或权力的实际的利益上。他把个人、团体、民族和时代仅仅看成是整个进程——在该进程中，文化也把

---

① 引自 Michelet's edition of Vico's works, 2 vols., Paris 1855。

② I, pp.396, 412.

自身展现了出来——的特定阶段。

　　维柯在"常识"——人们把它当成了生活的"必需品和工具"——中发现了他的新学说的经验基础。① 常识是联合起来的个人在一切"反思"与抽象之前就在生活的日常维持中形成的观念、价值和标准的环境。在维柯看来，常识是共同的、普遍的拥有物，而非仅仅由特殊的集体或民族享有，说到底，它属于全人类。② 一定数量的观念、价值和标准以各种历史形式构成了文化或时代的有机统一体，它是使支配历史进程的一般规律得以确立的唯一基础。维柯认为，这些规律处在一个循环之中，从前文明的英雄时代开始，经过逐步精致的文明的各个阶段，直到另一个"复归的野蛮"③ 的状态，而整个循环将从这里再一次开启。重要的是，维柯将传统的政治秩序的循环转换成了社会秩序的循环：标志着一个阶段过渡到另一个阶段的关系就是人们一直以来组织物质文化的社会关系。各种形式的社会的发展都从对纯粹的必需品的组织开始，然后由效用和商品来决定，最后以对快乐、奢华与财富的统治结束。④ 社会关系塑造了标志着独特历史性文化的道德、政治、艺术和宗教形式。

　　这种对维柯思想的概述足以阐明其著作中的社会变迁的模式。在维柯看来，任何孤立的因素都不能被挑选出来为社会变迁的发生负责。在特定的文化中，所有因素和领域都相互关联，以至于发生变迁的往往是整体本身；借助于使物质文化向前推进的措施，人类发现了新的解决与合作方式，发明了新的工具，提供了新的资源，"常识"本身发生了变 [112]

---

① I, pp.342, 410.

② I, p.342.

③ II, p.379.

④ I, p.366.

化，并且非物质文化中获得了新的形式。然而，物质文化并非单方面地决定着其他领域，物质文化自身也受到人的想象力和思辨力的影响，维柯也确实强调了在人类进化中想象力和思辨力的作用。不过，当他描画罗马人的具体历史（对维柯而言，罗马历史是其他所有民族历史的典型）的时候，他却把分析定位在了贵族与平民之间持续不断的斗争上，因此，整体的结构化似乎发生在基本的社会关系确立之后。

维柯把文化当成是有机的总体，在该文化观念中，社会变迁的方向的问题遮蔽了促进社会变迁的因素的问题。在这一点上，他的哲学与后来法国启蒙者的理论最明显地联系在了一起。对维柯而言，从一个历史阶段过渡到另一个历史阶段的过程就是理性从低级形式上升到高级形式的过程；随着文明的发展，人类将从曾经统治其原初生命的黑暗和无意识的力量中解放出来，并使其有意识的、理性的行动领域得以扩张。这是对他自身及其世界的训练有素的反思，本身受物质文化的进步刺激的意识的进步使人类成了控制自然和社会的主人，生产出越来越多的财富与奢侈品，但与此同时却又促进了整个文化在新的野蛮时代的衰落。

理性促成进步，这对启蒙者而言是多么亲切的观念，因此在维柯的著作中被另一个观念抵消了，即文化的进步必然展示出固有的矛盾，正是由于这些矛盾人类再次陷入野蛮之中。积累而成的文化的进化并不意味着人类的能力和满足就会有直线的提高；理性的进步并非是幸福的进步，况且人类对自然、社会逐渐增强的理性控制并不能使支配各民族兴衰的永恒法则失效。这是维柯历史哲学中的保守因素，该因素在孟德斯鸠的"民族精神"（esprit d'un peuple）这个概念中进一步得到了加强。维柯与孟德斯鸠最先把文化当成了历史与自然关系的结构化的总体，但通过这样做，他们又把这个整体构想成一个有机整体，它在人不危害自身全部生命就无法篡改的自然法则下进化着。维柯与孟德斯鸠用以反对抽象法权学说以及对国家与社会的形而上学建构的历史方法含有使现在和未来屈从于过去的倾向，并且几乎是一种对所有在历史进程中自我生成和保存的事物的辩护。① 已经得到重视的是，孟德斯鸠通过《联邦党人文集》的保守作者而非杰斐逊式民主的激进代表对美国政治思想产生了影响，而维柯的观点却是在伯克与德·迈斯特的以及保守的德国浪漫派与历史学派的反革命的学说中结出了累累硕果。

[113]

　　尽管孟德斯鸠的著作为实现自由以及反抗专制统治的斗争做出了巨大贡献，但法国启蒙者完全意识到了它所蕴含的保守性，并毫不犹豫地拒绝了它。他们的批判与指引他们解决社会变迁问题并且在革命的框架中展开他们的分析这种新的冲动是一致的。由于篇幅所限，我们无法对启蒙运动的各种社会学说一一做出说明；我们仅就某位哲人著作中的新问题做些阐释，尽管他并不全然支持启蒙运动，但他显然代表了启蒙运动的基本趋势，他就是爱尔维修。

　　爱尔维修借由回到孟德斯鸠《论法的精神》的手稿所做的评论阐明了他的整个立场。他说："我一直以来都未能理解各种政体之间被一再重复的细微差别。我只知道两种政体：好的与坏的；前者仍需要改造，而后者，它全部的艺术就在于无所不用其极地把被统治者的钱财转移到统治者的腰包中。"② 不同于孟德斯鸠的历史方法（从起源和特殊的自然、文化气候来推究各种政体），爱尔维修所持的是一种批判的方法，即根据一定的普遍标准来评价这些政体。乍看起来，这些标准似乎是武断地以经济地位

---

① 例如参见 Vaughan, *Studies in the History of Political Philosophy Before and After Rousseau*, Manchester 1939, vol. I, p.291f.。

② *Correspondance de Montesquieu*, Paris 1914, vol. II, p.21.

为取向的完全任意的道德规范。然而在爱尔维修哲学的语境中，他的标准揭示了其具体的经验基础。

爱尔维修从显而易见的事实开始了他的讨论，即在他所处的历史时期，由于压迫的政治和精神统治形式，人们的体能和智力受到了严格的限制，因此都是扭曲的。对他而言，废除专制政体以及对抗教会，不仅是特殊团体或民族利益所需要的权宜之计，而且是关乎人类自身命运的大事。他提出了这样一个问题，政府与社会的现存诸形式是不是不符合这些

[114]

并不源于其特殊的历史结构与功能而必定是通过拿这些形式与作为社会存在的人的本性及其使命做比较而获得的标准。对爱尔维修而言，这不是一个形而上学的问题，而是一个摧毁形而上学根基并为人的社会与政治解放铺平道路的问题。爱尔维修的着眼点是感觉论哲学——尤其是洛克与孔狄亚克——的假设，即我们的观念与价值归根结底都来源于感觉；由此他得出结论说，感觉作为获取真理的现实的工具，它们的发展与满足是人类私人生活与社会生活的首要使命。他常常声称趋乐避苦是所有行动的驱动力。①

自此开始，爱尔维修的哲学唯物主义就变成了激进的社会政治理论。提升幸福，最大可能地满足人的需要与欲望是私人生活和公共生活的终极目标，因此社会政治制度在运行中必须适应并指向这一目标。另外，毫无疑问的是，专制政体的制度显然与这些原则相违背。人们生活在悲惨、堕落和压抑的状态中，而只有改变这种引起并维持该状态的"立法"，才能改变该状态。"如果一个人想消灭附加在民族立法上的恶而不改变立法的话，那么他就是在隐瞒其不可能性，就是在拒绝他所认同的原则的正确

---

① 参 见 *De L'Esprit, Oeuvres Complètes*, London 1777, vol. II, pp.187, 295; *De L'Homme*, London 1773, vol. I, pp.102, 106, 119f., 124.

后果。"① 变迁不是既定文化缓慢地、有机地进化，也不是永恒历史法则的根本所在，它是为适应幸福原则而对生活的各种形式所做的有意识的、自由的调整，它甚至有可能就是革命性地提升更多的人的满足感的社会创造。孟德斯鸠尊重在历史中成长并维持自身的东西，与此不同，爱尔维修认为，恰恰是"削弱人民对古代法律和惯例的愚蠢崇拜才能够清除尘世中绝大多数的严重破坏尘世的恶"②。

然而，幸福，即物质需要和欲望的满足，是个人主义的原则，因此似乎可以说，社会变迁得服从有分歧的个人利益。确实，爱尔维修一再强调个体的"个人利益"是所有私人和社会行动与制度背后的驱动力。③ 诚然，[115]
国家与社会经由共同利益被整合了起来并根据共同利益被组织了起来，但共同利益也只不过是个人利益的总和，④ 或绝大多数人的利益的总和。⑤ 现在问题来了：杂多异质的个体利益怎么能够产生一个共同的善？私人利益与公共利益怎么能够取得一致性？

我们知道，根据爱尔维修的说法，他的答案暗含着废除当时主导的政治制度并对财富分配与劳动实施彻底的社会改革。⑥ 但这并不能解决问题本身。个人主义的原则，在个人利益形成的过程中赋予了社会变迁的力量，同时将这种力量证实为所有社会进步的真实基础，因此，该原则，特别是在爱尔维修所给予的唯物主义形式中，明显地威胁到了国家与社会的根基。面对这个难题，爱尔维修论试图表明，只有无限制地实现个人主义

---

① *De L'Esprit*, p.225.

② Ibid. p.136.

③ Ibid. p.40f.;De L'Homme, vol. I, pp.261, 268.

④ *De L'Esprit*, p.75.

⑤ Ibid. p.180.

⑥ *De L'Homme*, II, pp.164–69.

原则，才能创造一个真正的利益共同体。

在迄今所知道的社会中，个人利益不仅彼此冲突，而且个人之间也是非常不平等，以至于人们都无法想象一种建立在人的幸福基础上的统一的文化。确实，民族的"精神"在任何情况下都是特殊的，并且他们特殊的风俗、习惯和制度很难根据人类普遍的幸福被融合起来。无论如何，这一事实都没有明确地传达一种永恒的法则，而只是强调了支配人的生活的未被征服的自然条件和压迫性的政治条件。挡在真正的共同体路上的不平等与多元性说到底不过是不适当的政府和教育形式造成的结果。① 这些影响因素一旦消除，个人就会以追求其个人利益这样的方式来培养其能力和需求，与此同时，他也会促进公共财富的增长。倘若幸福真的成了合法目标，倘若追求幸福已经从统治和压迫的利益中解放了出来，那么最为个人主义的原则也就是最为普遍主义的原则。因为幸福与悲惨是不兼容的；幸福的人不会再有任何造成或维持他人不幸的动机。"幸福的人是人道的（humane）人。"② 因此，爱尔维修按照私利、幸福、德性、正义与公益之间的平衡关系阐述了其哲学的本质。③

[116]

然而，解放人，使其认识到自身真实的利益，只能是长期教育的结果，或者说，幸福本身是"教育的产物"④。一旦专制政体被推翻，基本的社会改革被引入，变迁就会变成仅受理性引导和控制的人类所有能力的平稳进化。理性，即以增进幸福为导向的人类活动和观念的总体，它最初属于那些由于先前不平等的条件而其人道的潜能获得最自由的发展的个人。

---

① *De L'Esprit*, pp.207, 349, 379; *De L'Homme*, II, pp.119（Section VII, ch.I），370（Section X, ch.10）.

② *De L'Homme*, II, p.16（Section V, ch.3）.

③ 例如 *De L'Homme*, I, p.151f.（Section II, ch. 16）。

④ Ibid., II, p.17（Section V, ch. 3）.

但是，理性的特权很快就会变成共同的财产，并且为了适应物质文化的进步，它将独自把所有关系和制度的持续调整引向物质文化的进程。

在这个社会变迁的学说中，至少在一个世纪以来决定着解决问题的方法的所有元素都被汇集了起来。也许，这个方法最典型的特征就是，它把社会变迁当成了**理性的模式**（pattern of Reason）。接下来，我们将概略地给该模式下个定义：

如果社会变迁取决于永恒的历史法则，那么这些法则至少与人通过有意识的活动而实现的对自然与日俱增的支配保持着较为完美的和谐，至少与人的身体能力和理智能力的发展保持着较为完美的和谐。我们甚至可以说，历史进程就是成功地实现更高级、更合理的联合形式的进步的过程，但条件是最乐观的启蒙者从未设想过重大退化的时期，条件是他们从未质疑技术和工业的提升**就等于**自由和幸福的提升。此外，为了表明理性主义的进步观念从一开始就遭到了这种对个人主义社会发展的危险有充分认识的哲学的反对，我们只需提及卢梭、伯克、博纳尔与德·迈斯特的名字就够了。尽管如此，启蒙者还是确信人类已经达到了这样一个阶段，在该阶段，必要的政治与社会改革后，自然、技术和文化的秩序就会处于基本均衡状态，而其反复出现的失调也会被增强了的理性控制——联合起来的个人把该控制用到了这些秩序身上——所克服。至于这三个秩序之间的关系，要把重点最大限度地放在文化秩序上，因为工业和技术一旦从外在的管制中解脱出来并交由它们内在固有的力量，它们似乎就能确保对自然的更大程度的开发以及对物质需求的更大程度的满足。因此，哲学的理性主义与经济的自由主义联合了起来，而社会变迁学说随后的主题也都与自由主义社会的主题紧密地联系了起来。 [117]

在讨论这段时期之前，我们需要考察一下社会变迁的理性主义模式的几个重要方面。我们已经指明发生在法国大革命之后的两种观念——变迁和进步的和解。无疑，这三个秩序间的完美均衡始终被放在了未来，但这个未来却产生于没有革命性跳跃的当下。这一确信最为突出地表现在孔多塞（Condorcet）的《人类精神进步史表纲要》（*Esquisse d'un Tableau Historique de Progrès de l'Esprit Humain*）[1] 中："人类能力的完善没有界限，人的可完善性实际上是无限的，这种可完善性的进步已独立于所有意图阻止它的力量，如今它除了大自然给我们戴上的枷锁之外已再无其他限制。毫无疑问，进步可能有快有慢，但绝无倒退的可能，倘若地球仍保持着它在宇宙体系中地位，支配该体系的普遍法则就不会带来禁止人类保持自身并展现相同的能力、发现相同的资源的普遍的革命或变迁。"这个学说暗示，不仅人的能力和自然资源基本上相同，而且它们的社会组织和功用也基本上相同。除了主要以梅利耶（Meslier）、马布利（Mably）、摩莱里（Morelly）与兰盖（Linguet）为代表的启蒙运动的激进派之外，没有人倡导新的社会生产与劳动组织。在法国大革命期间及之后，得到巩固的社会形式逐渐被解释成了同自然和理性都一致的、具有持久和适当意味的"自然的"形式。最初用以反对和超越主流秩序的理性模式，慢慢地适应了该秩序。尽管爱尔维修把自利原则与呼吁所有人的欲望都得到同样满足的幸福原则联系了起来，与个人从自己的快乐的满足中期望得到的效用联系了起来，但是这种满足却屈从于日常生活竞争中的个人优势，因此，自利的观念很快就受到了限制。个人的解放在经济主体的解放之后才会形成，这个过程的结果早已包含在休谟和亚当·斯密的自由功利主义中。

[118]

　　社会的动力分为两个部分：（1）工业和技术秩序，以及（2）思想文

---

① Second edition, Paris 1796, p.4f.

化。在前者中，社会变迁表现为由不断积累的发明创造、更有效的劳动方式、更合理的管理激起的不断追求更大的繁荣的"自然的"过程。该过程完全可以任其内在的各力量自由地运作，因为它是一个"自然的"过程，一个有机的甚至自动的演变过程。人类对变迁的控制归根结底就是找到最不显著的、干预和支配尽量少的管理方式。另一方面，思想文化是意识自由的王国，尤其是自由主义的思想、言论与宗教信仰自由的王国。在这里，变迁是人类理性以其多样的表现形式畅通无碍地发展的结果，它还被认为是一个富足的宝藏，拥有各种可用以引导这种物质文明组织的观念和规范。

通过把物质文化的发展留给进步的内在固有机制，理性主义的观念趋向于把控制社会变迁的问题转化为教育指导的问题。某种指导形式，即某种有助于进步的领袖形式，是必要的，因为不同的文化领域之间的和谐是一项有待完成的任务，因为人还远远没有认识到其真正的利益。诚然，人权宣言标志着人性已抵达自由与理性社会的门口，[①] 但陈腐的观念、风俗、价值和道德仍旧左右着被千百年来的压迫与愚昧所误导的民众。从理性主义的观念中可以得出，解放性的领导力被当成了建立在理性基础上并释放出每个人的理性力量的理智要务。教育统制（educational control）只能从理性出发才能获得其合法性和标准，也即是说，它应该是每个无视任何外在权威、要是愿意运用其得到解放和发展的能力的人都会采取的措施。控制因此就变成了理智的要素，而知识分子似乎是最有资格完成这项任务的人选。在准备和实行法国大革命的过程中，知识分子起到的巨大作用经常得到强调。

---

① Condorcet, *Tableau*, p.240f.

[119]　　然而需要注意的是，教育统制的观点并不是理性主义观念独有的特征，在其最激烈的敌人卢梭的著作中也能看到同样的表达。卢梭的学说比理性主义者的学说更灵活，它对进步的观念充满了鄙视，并且拒绝完全依赖物质文化的演进和机制来建立自由的社会。对他而言，跃入自由社会只能由个人自由地决断来决定，而绝对民主的宪法是其唯一的杠杆。这意味着，经济和技术秩序，尤其是普遍盛行的小资产的平等分配是一种退化而不是一种进步。一旦绝对的民主建立起来，所有的变迁都将由自由决断的至高无上的人民来引入和执行。但是，卢梭对历史方法和对崇拜过去的鄙视，并没有使他盲目地反对过去对现在的实际统治。在他的著作中，最主要的问题是，迄今为止都不自由的人民如何懂得并利用自由至上的信念；该问题在其著名的公式"人必须被迫成为自由的"中得到了集中体现。①如此一来就把社会控制问题摆在了显著的位置上，使它成了最激进的民主理论的关键：到底什么能够保证迫使人自由的那个人的合法性？卢梭并没有详述先于公意（the general will）的整合和运行的社会各阶段。他的答案可以用原初立法者这个奇怪的人物——是卡里斯玛（charismatic）力量的化身，拥有无条件的、近乎神性的权威——来表示。②而这种领袖与新近的民族社会主义观念非常类似，卢梭一直以来都很忠实于他的革命冲动，因为他把自由的冲动看成是纯粹的教育专制，但这种教育专制却有通过使人们认识到自身真正利益的措施走向自我废除的趋势。

　　卢梭与他的理性主义对手在一个基本问题上是一致的。他和理性主义者一样，国家与社会的恰当形式都来源于获得解放的个人的需要和意志。也就是说，他们都从调整国家和社会来满足人的需求和发展人的能

---

① Rousseau, *The Social Contract* (Everyman's Library), pp.36–8.

② Ibid.

力这个方面来看待社会与政治的转型。他们要求既定的社会制度和关系要屈从于自由的标准，并且他们确信自由的实现就来源于联合起来的个人的有意识的行动。这一观念暗含着一定的变迁程序：（1）掌控先行被给予的自然条件，（2）根据所有联合起来的个人的最大可能的自由来利用自然条件，（3）建立起这些在主权国家中联合起来的个人对一切社会政治关系的自主控制。正是这个观念引起了最强烈的反对，并把第一个坚持反革命的理论摆到了显要的位置。这个理论为随后从各方面反抗欧洲自由主义的斗争设定了概念框架，并且提供了大量的使流传至今的反自由主义的各潮流得到滋养的观念。 [120]

从历史上看，反对派同 1789 年革命发生了激战，其直接目的是复辟在塑造公共生活中确保教会和贵族优势地位的世袭君主制。在此，我们将忽略英国人（伯克）与法国人（博纳尔、德·迈斯特）的学说之间往常强调的本质区别，仅限于把具有反自由主义特点的社会变迁新模式展现出来。

它的第一个突出特征就是，人的意志和行动在生产、指导和控制社会变迁过程中的作用即使没有被全然拒绝也是被大大地降低了。这一点表现在他们对社会契约观念的攻击上，在博纳尔和德·迈斯特的著作中表现得尤为激烈。他们认为，国家和社会起源于个人自愿同意和行动，这是政治哲学犯错的根源。对他们而言，国家与社会根源于神的命令，社会责任和政治责任是先于任何权宜的、作为一切契约和协议的条件的固有的自然责任的结果。[1] 因此，国家真正的宪法（constitution）并不是成文法，并不是人们协商的产物，它是不成文的自然的、神圣的秩序，而所有的成文

---

① Burke, *Reflections on the Revolution in France*, second ed., London 1790, p.144.

的宪法都以它为中心。伯克认为，宪法越是详尽就越是糟糕，而德·迈斯特宣称，"没有哪部宪法仅仅源于协商"，他还讲道，"任何形式的人类集会都不能给一个民族提供一部宪法"。①"社会并非人造，而是造物主意志的直接结果，因为正是他决定着人的本质。"② 倘若情况正是如此，那么任何由人的由自由意志和有意识的行动引起的宪法的变迁，不仅是不明智的，而且情况会变得更糟，甚至这本身就是一种犯罪，一种罪恶，因为宪法是"把较低和较高的自然联系起来，把可见的和不可见的世界连接起来"并且使所有道德本性保持"在它们预定之处"的普遍秩序不可或缺的一部分。③

[121]　　　自此开始，反革命学说转向了对人的理性的不加选择的恶意中伤，它认为，理性在调整已建立的宪法来适应其标准的过程中"只会败坏和摧毁宪法"④。任由人的理性力量发展，从绝对统治的神圣力量中解放出来，人就会变成不得不想尽一切办法来驯服的野兽。⑤"一般而言，作为一个个体，他太邪恶了，根本不能让他获得自由。"⑥ 而这反击的正是自由主义的原则。

　　　因此而出现的社会变迁模式从根本上讲是反理性主义的，也是决定论的。符合普遍秩序的、唯一真正的变迁是社会和政治实体（the social and political body）在其历史中的自然缓慢的成长。通过各个领域的前定和谐，国家和社会从其原初建构中借助其固有本性发展了起来，因此，任

---

① De Maistre, *Essai sur le principe générateur des constitutions politiques*, Preface.

② De Maistre, *Considérations sur la France, Oeuvres complètes*, Lyon 1891–2, vol.I, p.317.

③ Burke, *Reflections on the Revolution in France*.

④ De Maistre, *Considérations sur la France*, vol. I, p.367.

⑤ Ibid.,vol. I, p.357.

⑥ Ibid.,vol. II, p.399.

何外部的干预都只是破坏。自然的、实存的、真正的秩序与主流的秩序融合在了一起。道德义务变成了对既定事物的尊重，而实证权利却有了采取自然权利的形式的倾向。这种观念曾指引着整个 19 世纪的反自由主义哲学的发展，尤其是德国的历史法学派。它是专制主义的理论支柱，只要后者还在与阻止它建成社会和政治制度的自由民主力量角力。

我们现在要指出这种与随后的反自由主义的理论最为相关的反革命学说的一些后果。

毫无疑问，我们需要一个区分自然成长的秩序和毁灭性的变迁的标准。我们可以在已确立权威的有魅力的人物中发现该标准。君主和诸侯们被看作是上帝的直接代表，因此服从他们被看作是一项无条件的义务。既定的权威本身就能决定变迁是否应该被引入，何种变迁应该被引入，以及如何引导它们。他们统治的神圣性必须得免受各种质疑的困扰。不需要对实施制裁的制度和关系做任何理性的辩护，而被统治者也没有权力根据自身的需求来改造它们。伯克与德·迈斯特提出了大众支配（mass domination）理论，而该理论却成了现如今法西斯主义和民族社会主义实践的先兆。人民必须得持续不断地被操纵、被操控。这些作者在宣布大众支配原则的时候表现出来的犬儒式的坦率同样类似于当今专制主义 [122] 的方法。必须培养偏见与迷信，必须把爱国主义当成权宜的教条来使用。任何政府都应拥有人民不可亵渎的教义、仪式和牧师。"人的基本需要就是使未成熟的心灵最好处在双重枷锁下，就是它应该恭顺，应该在民族精神中失去自我。"① 对人而言，没有比其成见更重要的东西，成见是"他幸福的现实元素，也是帝国的守护神"。而对所有精神的和世俗的统治，

---

① De Maistre, *Considérations sur la France*, vol. I, p.376.

德·迈斯特给出了如下建议："人并不需要对他的行为提出问题，只要信任就好。他的摇篮必须被教义所萦绕，而当他的理性觉醒时，他必须能够发现其所需要的现成意见，至少是与他的行为有关的意见。"①

反革命的学说拒斥理性的与调和的社会变迁模式，主要理由是衍生出这种模式的个人主义的社会其原则中包含着不可避免的毁灭的萌芽。社会秩序的组织和改革不能任由联合起来的个人的意志和协商，也不能让其以他们的自由与幸福为导向，因为人堕落的本性使他无力担此重责。毋宁说，社会秩序得建立在超人类的权威的基础上；它是一种控制、惩罚和强制的秩序，而在这种秩序中，知识分子是"社会基石"永恒的敌人和处决者。② 反革命的捍卫者通过这种意味着人的本性与理性已经堕落的教条式的哲学来为他们的论断辩护。然而需要注意的是，这种哲学却得到了一种针对法国大革命以及伴随恐怖时期的毁灭性骚乱的深刻分析的支持。因此，伯克、博纳尔与德·迈斯特将有意识的变迁（deliberate change）等同于革命，又将革命等同于毁灭（annihilation）也就不足为怪了。德·迈斯特毫不犹豫地把他的论断推广到了美国革命，并预言华盛顿市永远建不起来，而国会也永远组织不起来。③

[123]　　法国的事件似乎证实了反革命理论家们的控诉，而他们的哲学，在相当大的程度上，与对正在兴起的中产阶级社会的批判关联密切，与财产的重新分配以及由此带来的危险尤为密切。④ 因此，对合理控制社会变迁的攻击，及其为专制主义所做的辩护，与对个人主义社会的现实基础的批

---

① Ibid.,p.375；对照伯克把成见颂为智慧与德性的源泉的赞美诗，参见 Reflections, p.130。

② De Maistre, *Les Soirées de Saint-Pétersbourg*.

③ 参见 W. Montgomery McGovern, *From Luther to Hitler*, Houghton Mifflin Company 1941, p.103。

④ 参见伯克对地产的社会政治功能的评论，in *Reflections*, pp.62ff., 75ff.。

判联系在了一起。几乎同时，该趋势得到了德国观念论这种完全迥异的哲学的贯彻和强化。

乍看起来，似乎明显不一致的是，康德把他的理论哲学与实践哲学建立在了自律的理性与自由主体的意志的基础上，但在其社会学说中，他却驳斥抵抗的权利，并且还要求无条件地服从已确立的权威。同样显得不一致的是黑格尔，他的体系将理性提高到了唯一现实的层级，并且认为理性等同于自由的实现，但他却把复辟的君主制国家看成是历史的最后阶段，并且将神圣的权力赋予了这样的国家。诚然，从朝向世界共同体——在永久的和平中团结一致——迈进的观念来看，康德保留了启蒙运动的理性的乐观主义，他和黑格尔都把法国大革命当成人类解放的最伟大的事件来捍卫。[①] 不过，康德仅仅把它想象成是"自上而下的"进步，而他对革命事实的接受也就是他对已成功建立并得到巩固的政府的承认。[②] 我们将来打算把黑格尔的社会变迁学说与辩证理论联系起来介绍；在此，我们仅限于阐释德国观念论的社会哲学中明显不一致的地方。

观念论者拒绝接受获得解放的人民的自由决断对社会秩序的干预，因为他们确信，作为自由个人的联合的市民社会，只有在受到强有力的国家的整合和支配的时候才能够起作用。作为现代社会学发展的概念前提，国家与社会之间有名的区分就是受到了前述确信的引导。据康德和黑格尔的说法，尤其据黑格尔的说法，建立在自主经营者有分歧的自我利益基础上的社会制度必然导致不平等和不公正的激增。[③] 观念论者把社会视

[①] Kant, *Werke*, ed. Cassirer, vol. VII, p.398f.; Hegel, *Philosophy of History*, transl. J.Sibbree, New York 1899, p.447.

[②] Kant, ibid.,p.129f.

[③] 康德认为，市民秩序来源于获得物的"偶然性"，参见 Kant, ibid., p.66f.。黑格尔阐释了市民社会的内在矛盾，参见 Hegel, *Philosophy of Right*, §§ 246–248。

[124] 为市民社会的诸关系，亦即把社会视为借助于私人利益的自由运作实现的对人的整合。该领域内的所有变迁说到底都受到了私人利益——主要是私有财产的利益——的刺激和引导，而它们的动力，一旦任其自由发展，看上去就有走向毁灭的趋向，因为它没有受到有意识的和联合起来的共同体的引导。因此，这样的共同体必须在没有市民社会的情况下建立起来，或者说，并不是从市民社会之上建立起来，因为这是国家的使命。国家，即"政府体系"，必须远离社会的毁灭性对抗；国家（state）是建造在社会这个毁灭性变迁的王国之上的静态（static）秩序的王国。社会变迁因此受自身并不卷入由变迁引起的骚乱之中的力量的控制、引导。

很明显，国家主义（statism）需要的是最不服从有分歧的社会利益的政府体系。这种设想不仅得到了与该要求基本符合的世袭君主政治的青睐，而且还把注意力更多地放在了**官僚制**（bureaucracy）在社会进程中的作用上。仅仅对君主负责并且只能从事政府事务的政府官员这个"等级"似乎是使国家从社会利益的压力中独立出来的主要手段。①

从观念论的构想来看，国家与社会的区分得出的是一种以不同于政治形式和政治制度的社会动机和社会效果为依据的关于社会变迁的解释。然而，这种区分却被放到了国家控制社会并对社会变迁的范围和方向有无上统治权的概念框架中。尽管观念论学说有其个人主义的根基，但是，它却得出了一种极其专制的社会变迁模式。观念论者并未发展出对社会变迁的严格意义上的社会学解释。确切地说，它是在圣西门这位可以被恰当地称为社会科学奠基人的著作中完成的。

圣西门是第一位完全从对当时社会过程的经验分析中得出其学说的

---

① Hegel, *Philosophy of Right*, §§ 289f.

人，他是第一位拒绝接受任何先验的标准并且根据工业社会的发展趋势阐
述变迁模式的人。圣西门在其提纲挈领的宣告中讲道："构成政府的权力
和形式的规律不如构成财产的规律（即财产在既定社会秩序中的社会分配 [125]
与社会功能）重要，也不如后者对国民福利产生的影响大，"① 由此看来，
他迈出了从政治科学转向社会科学的关键性的一步。我们记得，18 世纪
理性主义的观念把政府的形式看成是社会进步的本质要素，要求后者服从
这项发现最适合社会力量顺利发展的政治形式的使命。按照圣西门的说
法，法国大革命已经完成了该使命；社会已经摆脱了政府的专制的枷锁，
如今已进入自由地自组织阶段。这种自组织遵从的是"财产的规律"，亦
即实际决定国民财富生产的各种机制和利益。在社会发展所处的阶段，一
切国民财富说到底都是工业生产的结果。"整个社会建立在工业的基础上。
工业是社会存在的唯一保证，是一切财富和繁荣的唯一源泉。因此，最有
利于工业的事态也就最有利于社会。"② 工业（按照圣西门的说法，包括农
业，只要农业不是闲置的封建财产）不仅是"唯一有益的阶级"③，而且还
是唯一其活动和利益与整体协调一致的阶级，也是唯一其发展同时意味着
整体繁荣昌盛的阶级。④

圣西门从这一观念引申出了整个的社会与政治变迁模式。工业是一
个动态的过程，其中每一步都会引起社会财富的增长，假如每次变迁都是
由不受限制的工业活动的发展引起并且都要听从不受限制的工业本身的利
益的命令，那么每次变迁就都意味着生产力和力量有了进步。工业是社

---

① Saint-Simon, *L'Industrie*, vol. II, in Oeuvres, ed. Enfantin, Paris 1868 ff.,vol. III, p.82.

② *L'Industrie, Prospectus*, vol. II, p.13.

③ Ibid., vol. III, p.74.

④ Ibid., p.47f., 168f.

会变迁唯一真实的要素，因此，一切对社会动态的有意识地指引和控制都要受到工业利益的指引；一切法律和行政措施都要根据工业效用来进行判断。① 这意味着，政治关系和政治制度完全从属于社会关系和社会制度，或更准确地讲，完全从属于经济关系和经济制度；国家被社会吞并，而政府只能从事技术性的行政管理工作。

[126]

圣西门以其准确无误的推论得出了这些结论。不仅决定性的政治和立法创制权，甚至所有的政府职能也都将转移到工业家手中。② 工业家这个阶级包括"理论工业家"（科学家和技术人员）与"应用"理论和科学的"直接生产者"。③ 对圣西门而言，工业政府是最适当的社会组织，无限进步的组织。工业政府不同于以往不适当的政府形式的主要特征是：人民不再受"首领"的支配、管制，而是同他们联合了起来；人民不再受他们指挥，变成了受他们指导；有序取代了无序，④ 统治者仅仅是社会的"管理者"⑤，仅承担"次要的职能和治安的职责"⑥，简而言之，一切反对人的行动都被反对物的行动所取代，亦即都被用以满足整个社会福利的对自然的集体支配和开发所取代。⑦

由于圣西门的观念为社会变迁学说设定了新的框架，可以说，它不仅在 19 世纪的社会学中得到了发展，而且还在社会主义理论和更为新近的计划性社会的观念中得到了发展，所以我们对其做了较为彻底的讨

---

① *L'Industrie, Prospectus*, vol. III, p.74.

② Ibid., p.83.

③ Ibid., p.60.

④ *L'Organisateur*, vol. IV, p.150f.

⑤ Ibid., p.187.

⑥ Ibid., p.202.

⑦ Ibid., pp.192, 161f.

论。我们可以把这一新的观念看成是社会变迁的组织或管理模式（圣西门称自己的学说为"组织哲学"）。① 社会过程被解释成了工业技术过程，因此，指导和控制社会过程的问题就成了组织和管理问题，被当成了技术任务。该社会变迁的管理模式来自这样一种信念：在物质文化中，任何事情都是有序的，生产已经取得其适当的形式，并且所有进一步的变迁也只是在该形式范围内的变迁，只是其内在固有的发展，并不影响该形式本身。进步的观念和有目的地指导社会过程的观念与技术决定论——按照技术决定论的说法，所有文化领域中的进步都以工业技术自由而全面地展开为前提条件——结合在了一起。社会再次被认为，它受到必然性的自然规律的支配，尽管这些规律已不是地理学的或生物学的规律，而是技术秩序的规律。技术秩序的规律是自然的规律，因为它们利用自主的必然性发挥效力，而且对它们的运用暗含着对其权威意见的顺从和对一切形而上学标准的取缔。启蒙哲人曾以人们仍未实现的潜能及其需要的普遍满足这个目标来衡量物质文化的进步。这种批判性的方面现如今正在慢慢消失；该观念在本质上变成了调和性的。实际的生产能力与潜在的生产能力之间的鸿沟，新的冲动和力量与现存的劳动关系之间的鸿沟，已不再处于社会变迁学说的核心位置；后者被简化成了最快地、最安全地调整知识以适应物质文化的问题，而该问题需要有效的技术组织来解决。 [127]

我们曾讲到，黑格尔体系对政治官僚制做了意识形态辩护；现在，我们发现，圣西门的哲学对工业和技术官僚制做了更为显著的辩护。社会控制与政治控制转交给了表现为进步和秩序的唯一保障的后者。必须注意的是，伴随着这个观念的是，被着重强调的社会价值发生了决定性的转变：消费者的

---

① Ibid., vol.I, p.138.

利益要服从生产者的利益，[①] 幸福与自由要服从技术理性、效率和秩序。这些趋势在孔德的社会学中达到了顶点。从他的原理来看，孔德并未超出圣西门，因此我们可以不考虑他们之间的争论。[②] 孔德为圣西门的观点提供了更广泛的哲学与科学基础，并为他的概念框架填补了更多的经验材料。然而，关于社会变迁学说，孔德仅就圣西门著作中业已出现的趋势做了强化和阐释。他的三阶段律更重视的是，建立在工业和科学发展基础上的进步的"自然的"、几乎自动的特征。他主要从知识文化的累积性增长，尤其从"理智和社会性（sociabilité）"方面来理解社会动态。[③] 支配社会动态的诸规律来源于这一观念，即社会的每个状态都是"前一种状态的必然结果，也是后一种状态不可或缺的动力"[④]。社会变迁因此被认为是无跳跃的前后相续的转变，它始于物质文化，在实证主义时代工业生产力和知识生产力表现为和谐演进的形式。政治统治将被"生产阶级"的自治和技术管理与科学管理（administration）所取代。革命和无政府状态将被废止，[128] 因为这些动乱只是由于生产过程不成熟，以及它受到的外在的和废旧的政府形式的限制。进步将建立在秩序的基础上，并最终与秩序趋于一致：秩序是"进步的根本条件"，并且"所有进步最终都会巩固秩序"。[⑤]

　　尽管社会变迁的管理模式有其调和与自由的含义，但它还是表现出了专制主义的诸特征。这些特征在圣西门的学说中几乎微不足道，但在孔德的社会学中却非常确定。我们已经看到，孔德和圣西门都通过科学家的统治来补充工业政府。他们把科学看成是那种原本以为能够使人完全驾驭

---

① 关于圣西门的经典段落，参见 Saint-Simon, ibid., vol. III, p.83。

② 关于该争论，参见 Herbert Marcuse, *Reason and Revolution*, New York 1941, pp.340–360。

③ *Discours sur l'espritpositif*, Paris 1844, p.56.

④ *Cours de philosophie positive*, 4th ed., Paris 1877, vol. IV, p.263.

⑤ *Discours*, p.56; *Cours de philosophie positive*, vol. IV, p.17.

自然和社会的技术理性的充分体现。组织和管理应该按照不仅与工业发展的需求一致而且还确保人类从所有的偏见和教条中解放出来的科学原理来进行。当然，这些原理都来源于自然科学，建立在观察的基础上，并受到经验证明的指导。然而，人们将自愿地听从科学理性的裁决，这种信念意味着对人性的内在理性和人性的善的评价太高了，根本不符合事实。因此，孔德通过极权主义的控制体系来巩固他的科学的统治，赋予它精心设计的权力等级结构，并通过无数的象征和教义来歌颂它，就会变得很容易理解。

专制主义的趋势又因该事实得到了加强，即对工业和科学自治的诉求不可避免地与对一切社会关系实施有效监管的诉求联系了起来。采用技术管理的政府呼吁对社会过程实施科学控制，但如果缺乏对社会中人与人之间所有关键性交往（比如，各种关系）的有意识的操纵，这种控制似乎不可能实现。在这一点上，孔德的观念旗帜鲜明地反对自由主义的理念。他设想的是这样一个国家，在此，基本的社会关系，尤其是工人与企业家之间的关系已无法"在他们任意自然的对抗中得到充分保障"，但"为了绝对必要的和谐"却需要加以监管。①

各种隐匿在社会变迁管理模式中的专制主义元素在 19 世纪后半叶自由主义发挥影响以前很快就消退了。该模式沿着基本调和的路线发展了起来。凭借约翰·斯图尔特·密尔（John Stuart Mill）的《逻辑学》而其独立的主张得到强化的社会科学把兴趣都集中在了各种被认为能够将所有发展都转变为进步的、不可变更的一般规律上。从理论上对进步观念进行辩护的过程中，生物学和心理学的因素得到了发展。斯宾塞（Spencer）的

[129]

---

① *Cours de philosophie positive*, vol. IV, p.485.

社会学已很少再从物理规律（physical laws）方面来看待社会变迁，而是更多地从有机进化的方面来看待。社会就像是一个凭借其内在力量持续不断地调整自我以适应变化着的环境的活的有机体。适应在很大程度上是一个心理过程：下一代继承并发展了上一代在与自然斗争的过程中获得的能力和冲动。由于这种斗争趋向于对自然更大程度地支配和使幸福得到更大程度的满足，因此心理过程就会非常自然地趋向于心智和文化的成长。由于特别重视心理因素，教育因此被认为在控制和指导社会变迁的过程中发挥着重要的作用：自由的教育者取代了孔德权威的科学家。在圣西门和孔德的著作中起重要作用的经济领域，已经不处于社会轨道的中心位置。斯宾塞确信，经济与历史进步处在同一层次上，并且他想当然地认为，在没有建立新的社会政治形式的情况下，也能消除所有的动乱和缺陷。

这种确信使斯宾塞的功利主义透着无害和弃权的意味，而这曾是边沁（Bentham）和密尔哲学的特征，因此明显不同于启蒙的构想。像边沁、密尔和斯宾塞一样，启蒙者同样要求，追求自我利益必须与他人的利益一致，幸福的获得不该也不能以同胞的不幸为代价。然而启蒙者认为，个人利益与共同利益之间的统一只能在未来的国家中实现，因为在当时的条件下，个人利益与他人的利益是不相容的。相反，斯宾塞别具一格的功利主义并不包含这样一种现在与将来之间的鸿沟或跳跃。正因为这样，要求个人利益与共同利益的统一，就得使追求幸福屈从于那些表现为幸福和功利的既有障碍的主导社会的利益群集。源于功利和自我利益的社会变迁的动力变成了维持与遵从既有秩序和关系的动力。尽管斯宾塞的功利主义观念要求幸福和进步，但却奏出了顺从而非解放的音调。

一个很奇怪的事实是，使社会变迁的调和论管理模式得以产生的相同的冲动和事件却导向了相反的观念，即社会变迁的革命学说。圣西门把他的哲学建立在工业社会发展的基础上，而这意味着，社会经济结构决定着所有文化领域的进步。他的某些最狂热的信徒，在维护其导师观念的同时，还得出了以下结论，即工业社会的实际组织并不保证其生产能力的全面发展，工业利益与整体利益根本不调和，并且经济关系本身呼吁革命性的变迁。在后拿破仑时代不断撼动法国的危机似乎支持该论断。早在1830年革命以前，圣西门主义就已经变成了激进的学说。连同西斯蒙第对资本主义商品生产所做的经济学批判和英国早期社会主义者的著作，它们构成了社会主义观念的主要部分，整个19世纪都在持续不断地成长，直到被马克思的理论超越。

在圣西门的学生巴扎尔（Bazard）所发表的讲演录《圣西门学说》中，调和的景象就已经被摧毁。工业被解释成了"人对人的剥削"，被解释成了"全体工人群众"与那些"利用其财产"的人之间日益激烈的斗争，而既有的社会秩序被看成是由"无限制的竞争原则"引起的普遍的失序。① 按照巴扎尔的说法，这些状况与私有财产以及对劳动工具的掌控密切相关，② 因此，只有通过"将最终废除一切具有隐蔽形式的人对人的剥削"和废除维持该剥削的财产制度的新的革命，才能实现向理性执政国家的过渡。③

社会矛盾和解决社会矛盾的革命在圣西门主义的激进版本中表现为极其独特的事件。按照接下来我们要简要讨论的辩证观念，纵观整个历史，社会矛盾和革命决定着社会变迁的一般模式。

变迁的辩证观念首次在黑格尔的哲学中得到了详细阐述。通过把变

---

① Bazard, *Doctrine Saint-Simonienne-Exposition*, Paris 1854, pp.123f., 145.

② Ibid., p.124.

③ Ibid., p.127.

迁视为实存的特有形式，把实存视为客观矛盾的总体，它颠覆了问题的传统逻辑设定。实存的任何特殊形式都与其内容相对立，只有通过打破该形式并创造一个使内容以被解放了的、更适当的形式出现的新形式，内容才能得到发展。一切形式的总体一经得到理解，成为理性的实现，在此总体中就会获得完全解放和完全适当的形式。根据黑格尔，该实现是历史进程的结果，它对历史进程有助益，并且与自由的实现、国家与社会的理性形式的实现一致。该演变受人们的物质需要和利益的驱使，并且通过他们的思想与行动向前发展，不过，思想和行动只是客观理性在人类历史中肯定自身的工具。①

[131]

社会变迁问题的这一观念所导致的后果又是什么？（1）社会变迁不再是一个在近乎静态的体系中发生或出现的事件，而是该体系中特有的**实存样态**（modus existentiae），并且问题已不再是变迁如何发生和为何发生，而是极为短暂的稳定和秩序是如何实现的，为何会实现。（2）任何对历史体系的调和论解释都遭到了拒绝，因为该体系只是对固有矛盾做了整合，而这些固有矛盾只有通过摧毁体系才能得以解决。（3）变迁的所有特定的促进因素和原因都来源于整个体系的特有结构，而该结构本质上是对立性的、破坏性的。（4）变迁的方向是客观的，它由体系的既定内容决定，由用以组织该内容的必然对立和制约的关系决定。（5）这种客观的决定指明了增加自由和理性的方向，因为历史进程本身在很大程度上提供了实现人类自由与满足的方法。从不断进步的"自由意识"过渡到自由的实现并不是自动的，而是需要人们有意识地行动。通过分析借助于私人利益与公共利益的对立不断发展、财富不断累积而贫穷却日益加剧、生产力不断提

① 关于黑格尔哲学的更为详细的阐述，参见 Herbert Marcuse, *Reason and Revolution*。

高而扩张战争也日益蔓延的市民社会，黑格尔本人把辩证观念用到了社会哲学领域。[1] 他认为这些对立可以通过强大的国家来解决，并且他从复辟的君主制国家中看到了破坏性社会机制的合适的统治者。洛伦茨·冯·施泰因（Lorenz von Stein）把辩证观念从哲学体系中剥离了出来，把它运用到了具体的社会学分析中，即运用到了从 1789 年革命到 1848 年革命期间法国社会斗争的分析中。他在资本与劳动之间为占有国家权力而发生的不可避免的、必然导致革命的斗争中看到了社会动力的引擎。然而，革命包含着新的辩证法：获胜的阶级将把其他团体排除在政府之外，并且根据其特殊利益来组织国家。施泰因认为，广泛的社会改革能够使破坏性的辩证法陷入停滞状态，而交战的各阶级也会因为社会改革而最终联合起来。[2]

[132]

　　然而，辩证观念仅仅在马克思的理论中充分展现了它的影响。我们在这里只讨论那些与社会变迁问题直接相关的方面。

　　马克思认为，任何类型的社会变迁都来源于在既定的社会形式中运转的生产力与该社会用以组织运用这些生产力的关系之间的对立。按照马克思的说法，任何社会都会发展到这样一个阶段，即这些关系阻碍甚至最后阻止为了整体利益而充分利用生产力。他认为，这是因为事实上社会是一个阶级社会，也即是说，某个社会团体把生产资料当成了专有财产，并且按照其特殊利益来使用它们。统治阶级最开始具有一种进步的社会功能，因为其自身的利益和地位迫使其废除陈旧的生产和统治形式，以实现经济的潜能，以创造新需要和满足他们的新手段。这个过程使大部分人口在社会劳动分工中融合成了一个整体，但却只能通过扩大和强化剥削才能

---

[1]　*Philosophy of Right*, §§ 185, 243ff., 248, 333ff.

[2]　*Geschichte der sozialen Bewegung in Frankreich von 1789 bis auf unsere Tage*, ed. G.Salomon, München 1921, vol. I, Introduction.

做到这一点。在关于资本主义的分析中，马克思着手对这一动态过程做了论证。在资本主义社会，商品生产已经把土地纳入其中，生产力已达到前所未有的高度，人类也实现了对自然的支配，因此，满足人类需要和建立自由理性社会的方法触手可得。不管怎么说，生产力通过利用资本得到了发展，但资本却要求无休止地占有剩余价值，而剩余价值相应地却只有通过对自由劳动力的无休止的剥削才能获取。不受约束的企业家之间的竞争带来的是生产过程中不断增加对机器的使用，因此，一方面，降低了"活劳动"的份额、就业和利润率；另一方面，加快了资本在少数人手中的集中和积累。按照马克思的说法，这些趋势使资本主义体系陷入了前所未有[133]　的危机之中，而只有通过革命，把生产资料转交给无产阶级，危机才能得以克服。无产阶级的革命专政将废除阶级，社会也将因此变成集体地决断其生活组织方式的"自由人的联合体"。

　　为了赢得标示社会变迁新模式的起点，有必要概述马克思理论中广为人知的基本观念。可以说，该模式把先前诸学说的关键特征结合了起来，同时也对它们做了些改变。在其中，我们会发现理性主义的模式、进步的观念、文化整合、对社会进程的"自然规律"的探寻。然而在新的概念框架中，所有这些观念呈现的是全然不同的意义。我们将通过两个例子来做些说明，这两个例子可以阐明在社会变迁学说中两个争论最为广泛的议题：（1）决定论问题，（2）意识形态因素在社会变迁中所起的作用。

　　1. 马克思坚信，支配资本主义社会的规律按照自然规律的必然性来发挥效用，[1] 他坚信，趋势在影响人们独特的意图、动机和利益的行动和

---

[1]　*Capital*, transl. S.Moore, E.Aveling and E.Untermann, Chicago 1906–09, Preface to the first edition, and vol. I, p.837.

思想中，显示了自己的权威。"价值规律"包含着所有这些趋势：它决定着交换机制、供需机制、集中和积累以及体系的危机和崩溃。然而，在这里，物理规律（physical laws）的统治走向了终结。革命行动以及自由理性社会的构建尽管取决于"客观的条件"，但不是由这些规律决定，而只能是联合起来的工人的自由决断的结果。对马克思来说，由于社会还不是一个自由理性的联合体，所以，它还完全受自然规律的支配。对孔德而言社会系统的自然特征是进步和理性的象征，对马克思而言却是非理性和奴役的标志，而由社会的自然规律建构的平衡也只是对无政府状态、浪费和压迫的整合。因此，马克思否定了冠以人类历史之名的阶级社会的全部发展，认为它是不同于人类真正的历史——按照马克思的说法，它只能开始于运行起来的无阶级社会——的史前史（pre-history）或**发生史**（Entstehungsgeschichte）。[①] 进步的观念因此被转移到了新的领域：在资本主义社会达到顶峰的经济发展与技术发展，在阶级社会，积累文化的整个过程只能从反讽的意义上来说是进步；它虽然有种种积极的特征，但同时又是一个消极的现象——是对人类和自然所有潜能的解放，同时也是对它们的束缚和扭曲。马克思保留了这样一个观念，即理性社会暗含着人对其社会生活的自主控制，而这样一种控制以管理来取代统治，但他认为，只当自由联合起来的个人已经把自我看成是社会进程的有意识的主体的时候，才会出现这种情况。然而，该事件与社会的主流形式被拒绝一切有关进步的进化论解释与调和论解释的鸿沟割裂了开来。

　　社会变迁的决定论因此变成了一种仅仅对特殊的社会历史形式奏效的历史特征。社会规律的自主性被视为与这样一个社会相关联，在该社

[134]

---

① *Ökonomisch-philosophische Manuskripte*, in *Marx-Engels Gesamtausgabe*, 1927, vol. III, p.153.

会，整个的再生产仅仅是在自由个人的"背后"起作用的、盲目的机制的结果。

在马克思的理论接下来的发展中，决定论与自主控制的问题成了改良主义者与激进学派争执的要点之一。前者将社会规律的自主性延伸到了革命时期，而依据马克思的理解，该时期将废除这种自主性。在改良主义者看来，革命时期被认为是一个遵从由资本主义的动力产生的自然必然性的事件，而人类的史前史与历史也以同一种进化模式被联系在了一起。[1] 然而马克思却对自由王国与受盲目必然性支配的一切"史前史"社会形式做了明确的区分，他的理论也因"将历史的王国与必然王国融合了起来"而饱受赞扬。[2] 所有发生在世纪之交的社会变迁被认为都有从自由立宪到议会制再到社会主义民主的趋势。与此同时，"阶级利益逐渐隐退，公共利益的势力日益增强"，而立法也不断加强对"先前留待特殊利益盲目竞争"的各种经济力量的监管。[3]

在马克思主义这个相反的一极，即激进学派方面，一切社会决定论都遭到了粗暴的拒绝，而作为对抗普遍存在的盲目崇拜客观条件的"主观因素"却受到了重视。他们甚至否定一切用以解释社会变迁的经济决定论，而"政治的自发性"成了革命行动的最主要因素。但"政治决不能优先于经济。否认这一点就意味着对马克思主义的基本原理的遗忘"[4]。

[135]

2. 我们已经提到过，在辩证观念中，社会变迁的各种原因和动力融合成了一个通过生产力与其组织之间的张力而结构化的整体。生产力不同

---

① 具体参见 Eduard Bernstein, *Zur Theorie und Geschichte des Sozialismus*, Berlin 1904, part III, p.69f.。

② Karl Kautsky, in *Die Neue Zeit*, 1898–9, vol. II, p.7.

③ Bernstein, *Zur Theorie und Geschichte des Sozialismus*, p.69.

④ Lenin, *Selected Works*, New York 1934ff., vol. IX, p.54.

于当前的工业、技术能力。马克思曾把生产力定义为"运用（包括客观力量和主观力量在内的）人类能力的（历史）结果"。其中主观力量包括人类发达的智力与身体能力，而这些能力在一定程度上与社会利用和满足它们的文化形式相抵触，并超出了该形式。换句话来说，生产力这个术语是一个以其自身的内容衡量既定的文化生产能力的批判性概念。这意味着，社会动态将重新从实际的生产能力与潜在的生产能力之间的差距这个方面来审视，而它无论如何都不会等同于工业和技术能力的全面发展。关键是发展的方向，即发展是否按照社会整体的利益以全部物质力量和智力的解放为导向。

这一观念为解答意识形态因素在社会变迁中的作用的问题提供了线索。社会的主流意识形态决不是一种"幻觉"，它为社会矛盾的客观特征以及可以获取的解决方向提供了重要的标准。马克思自己就曾这样使用过中产阶级社会的意识形态。该意识形态声称要按照自由、平等、公平交换和自利的原则来组织社会；因此它设想了自由理性社会的真正的原则。然而，由于中产阶级社会用以安排生产过程的诸多关系，这些原则不可避免地变成了自己的对立面，并且制造了奴役、不平等、不公正和剥削。严格来说，意识形态内容本身指向的是一个新的、它在其中将发现其恰当形式的秩序，因此，意识形态仅就它是虚幻的真实而言才可以说是一种"虚幻的"意识。

辩证观念试图以全面的社会理论——要求社会变迁的特殊经验形式、原因和趋势服从于超越当时社会环境的批判性的和理性的标准——来阐释社会变迁的综合性模式。在随后的时期，哲学的和综合性的元素逐渐地被消除了，并且社会变迁学说的形式也变成了有意关注既定社会秩序之中的变迁的实际促进因素和效果的完全经验性的和专业性的定理。这　　[136]

种转变在涂尔干（Durkheim）及其学派的社会学中表现得尤为突出，而在**价值无涉**（wertfreie）的社会学理念中达到了顶峰，其理想典型就是帕累托的著作。诚然，赋予理性主义的综合观念以生命的力量并未消失，但其影响却正变得越来越弱，只是在战后危机和欧洲日兴的专制主义的影响下，社会学才转向了先前的批判模式。

综合性的社会变迁观念的残余力量可以在莱斯特·沃德（Lester Ward）的社会学中看到。他保留了 18 世纪以来决定问题进展的基本理念。对他而言，幸福是私人生活与社会生活的目标，而主要问题是社会中发生的变迁是否可以加以控制，直接用来更大程度上满足人类的欲望，更彻底地消除痛苦、带来快乐。另外，沃德坚信社会能够通过运用"与那些使未开化的自然条件在我们称之为文化的进程中借此得到改善的科学原理完全类似的科学原理"达到该目标。[1] 他认为人始终"处于外在自然的控制之下，而不是处于他自己的头脑的控制之下"[2]，并且同法国启蒙者一样，他也认为教育在提高改进的过程中的影响很大。然而与此同时，他否认任何种类的技术拜物教以及对进步的调和论解释。技术进步，物质文化的积累，它们都带有盲目的，毁灭性的特征，而这也正是某一物种或个体自然发展的特征。"就像在动植物王国一样，战争和浪费的方式在社会中也占据主导地位……社会的一切功能以完全类似于较低级的有机世界的自然过程的偶然方式运转。"[3] 累积性文化的稳步增长并不是进步，因为后者只能从增加人类幸福和满足的方面来权衡。道德进步远落后于物质进步的事实是一个

---

[1] Lester F.Ward, *Dynamic Sociology,* 1903, vol. II, p.2。 参 见 Samuel Chryerman, *Lester F.Ward*, Duke University Press, 1939, pp.444–48.

[2] *Dynamic Sociology*, vol. I, p.14.

[3] Ibid., vol. II, pp.88–9.

指标，它表明，社会在任何文化领域都没有达到自由地、有意识地控制自我发展的水平。

如果社会动态在根本上是一种进步，那只能是因为它按照完全不同　[137]
于自然过程的方式向前发展。沃德对自然的"遗传性进步"与社会的"目
的性进步"做了比较：[①] 后者是一个有计划的过程，是一个理性的过程，也
是一个道德的过程，它取决于人的情感能力与理智能力的解放。它不仅要
求技术控制和管理控制，更为重要的是，它还要求对一切社会关系进行有
意识的安排，以实现幸福这个最终目标。由于这一观念，沃德的学说确实
与社会哲学的、伟大的批判性和理性传统联系了起来。

[138]

---

① Chryerman, p.445.

五

THE NEW GERMAN MENTALITY

Memorandum on a Study in the Psychological
Foundations of National Socialism and the
Chances for their Destruction

By

Herbert Marcuse

c/o F. NEUMANN
403 WEST 115
NEW YORK CITY

June 1942.

《德意志新心态》书稿——编者注

[140]

Table of Contents

《德意志新心态》书稿——编者注

在马尔库塞档案馆，有一份题为《德意志新心态》(#119.00)的长篇研究，以及三份提到该研究并以该研究为基础的手稿(#129.00、#129.01以及#119.02)。《德意志新心态》标注的日期是1942年6月，因此它可能完成于马尔库塞在加州撰写《民族社会主义下的国家与个人》这段时间。扉页上马尔库塞的名字下方、他的地址圣莫尼卡被划掉了，写上了纽曼在纽约的地址。正如本卷所收录的、涉及《德意志新心态》并作为增补的报告(参见原书第174—190页)所显示的那样，马尔库塞明显是在1942年末和1943年初供职于战争信息局这段在政府工作期间提交了这份用以官方讨论的文本，并把它分发了下去。

德意志新心态 [141]

（一）德意志新心态的两个层面

民族社会主义以不再受传统的反向宣传和教育方法影响的方式改变了德国民众的思想和行为模式。德国民众现如今面对的是在根本上迥然相异的价值和标准；它谈论和理解的是一种既不同于西方文明（civilization）

也不同于德国文化（Kultur）的语言。全面了解新心态与新语言是对民族社会主义发起有效的心理和意识形态攻势的前提。

我们可以把新心态区分为两个层面：

1. **实用层面**（讲求实际，效率与成功哲学，机械化与理性化的哲学）
2. **神话层面**（异教，种族主义，社会自然主义）

这两个层面是同一现象的两个方面。

为找到最适宜摧毁新心态的工具，对它进行批评性的分析是必要的。

我们的分析有两个主要资源：

1. 民族社会主义社会的实际组织。我们可以从已建立起来的、统治民众的社会政治制度的模式来推断民众的新的心理状况。

2. 民族社会主义的意识形态，亦即民族社会主义借此为新制度和新关系做解释和辩护的哲学。然而，这种意识形态只能通过在民族社会主义社会的实际组织的环境中分析它来理解。

（二）德意志新心态的特征

[142]

我们可以按照以下标题来对德意志新心态做些概述：

1. **整体政治化**（Integral politicalization）。事实已经为大家所熟知，但至今都没有一种恰当的对其范围和影响的解释。在今日的德国，一切与个人生活相关的动机、问题和利益或多或少都直接是政治性的，同样，它们的实现过程也是直接的政治行动。社会存在与私人存在，工作与闲暇，都是政治活动。个人与社会、社会与国家之间的传统壁垒已经消失。但将这种政治化视为德国精英主义、专制主义或反个人主义的完成却又是完全错误的。毋宁说，民族社会主义的政治化是带有西欧国家中产阶级革命特征的、特定形式的恐怖主义的政治化："资产阶级"成了生活即商业而商业即政治事务的"市民"（citoyen）。

2. 整体揭穿（Integral debunking）。民族社会主义已经把德国人培养成了将事实无法证明的一切东西都看成是有意隐瞒和混淆国内外真实的斗争战线和力量的意识形态伎俩的民众。这一过程片刻也不会停留在民族社会主义自身的哲学上：弥漫于该哲学中的犬儒主义已经俘获了那些信仰领袖命令的人。德国民众相信民族社会主义哲学，是因为它被证明是防御和侵略的有效武器——除此之外，别无理由。除了民族社会主义组织中非常年幼和年迈的对象之外，信仰民族社会主义意识形态的所有人都知道，他们信仰的是一种意识形态。[1]

3. 冷血的讲求实际（Cynical matter-of-factness）。在组织德国社会以备全面战争扩张的过程中，民族社会主义从来都是通过一种以效率、成功和权宜来衡量一切问题的理性来激发由此动员起来的全体居民的。德国的"梦想家"和"理想主义者"已变为世界上最野蛮的"实用主义者"。他仅仅从眼前的实惠这个方面来看待极权主义的政权。为了适应这种民族社会主义已将其转变为最为可怕的征服武器的技术理性化，他对自己的思想、感情和行为做了调整。他采取的是定量的思考方式：以速度、技能、能量、组织和大众等术语。这种无时无刻不对他造成威胁的恐怖助长了该心态：他已经学会了怀疑和盘算，学会了在实例的警示下权衡他的每一步，学会了隐藏他的思想和目的，学会了使他的行动和反应机械化，甚至学会

[143]

---

[1]　Paul Hagen, *Will Germany Crack?* New York 1942, p.219. 参见社会研究所于 1942 年 4 月呈递给情报协调局（the Office of the Coordinator of Information）的文章《德国的私人精神面貌》。

了调整他的行动和反应以适应普遍系统化的节奏。讲求实际是民族社会主义心态的核心，也是民族社会主义体制的心理发酵剂。①

4. **新异教**（Neo-Paganism）。弥漫于民族社会主义讲求实际中的、实用的犬儒主义已经被引入到对基督教文明的基本原则的反叛之中。对德国民众而言，这些原则最近在魏玛共和国和工人运动中得到了体现。民族社会主义从一开始就借助于基督教文明的基本理念与工人运动联合了起来：基督教的人道主义、人权、民主和社会主义变成了同一个混合物的不同元素。② 这个奇怪的混合物可能会因为这一事实而遭到放弃，即第一次世界大战以来，德国工人运动已成为民主文化体制不可或缺的一部分。因此，工人运动与该文化有着同样的命运，而民族社会主义利用魏玛共和国在兑现其承诺上的失败挑起了对基督教文明最高理念本身的怀疑和仇恨，而这种怀疑和仇恨深深地扎根到了多数阶层的德国居民的心中。在培养这些情感的过程中，民族社会主义迎合了德国民众最近的挫败体验：对基督教文明的反叛不属于"德国形而上学"的精神，而是属于讲求实际的新精神。

[144]　　对基督教文明的反叛表现为不同的形式：反犹主义、恐怖主义、社会达尔文主义、反理智主义、自然主义。这些形式的共同之处在于反对基督教道德的抑制原则和先验原则（人之为人的自由和平等，强权对权利的服

① 通过讲求实际的新精神而造成的"德国形而上学"（诗人和思想家）的毁灭，在民族社会主义之前就已经开始了。奥斯瓦尔德·斯宾格勒（Oswald Spengler）或许是第一个把幻想破灭的、冷血的和实用的态度解释成新恺撒主义特征的人；参见 *Preussentum und Sozialismus*, München 1920, pp.4, 30, 以及 *Jahre der Entscheidung*, München 1933, pp.9, 14. Cf. note 12 below。
② 这是布鲁克《第三帝国》（Moeller van den Bruck, *Das Dritte Reich*）与罗森贝格《20世纪的神话》（Alfred Rosenberg, *Der Mythus des 20ten Jahrhundertes*）的核心论点之一。恩斯特·克里克（Ernst Krieck）在他所有的书中详细说明了这一点。

从，普世伦理的理念）。这种反叛是一种古老的德国传统，它在各种典型的德国运动中都发挥着作用：在路德的新教教义中，在德国文学、哲学和音乐的"浮士德"元素中，在解放战争期间的大众运动中，在尼采的著作中，在青年运动中。但是，民族社会主义已经摧毁了这种反叛的形而上学含义，并将其转化成了极权主义的有效工具。

5. 传统禁忌的转换（Shift of traditional taboos）。为了实施该反叛，民族社会主义不得不抨击基督教文明强加给私人生活与社会生活的诸多禁忌。该过程最显著的方面是对性、家庭和道德规则等特定禁忌的抨击。[①]然而，我们发现禁忌只是发生了转换，并没有被废除。其结果是一种伴以加强其他禁忌和更好地保护关系与制度的虚幻的纵欲与解放。

6. 随着战争的继续，德国居民逐渐地受到一种加强而非削弱民族社会主义政权控制的、**灾难性的宿命论**（catastrophic fatalism）的支配。德国大众似乎认为，希特勒主义的覆灭就是覆灭本身，亦即就是德国这个民族和国家的最终湮灭，就是安全的最终丧失，就是生活水准降低到通胀水平以下。这种灾难性的畏惧是大众与政权之间最强劲的纽带之一。[②]

现在，我们将试着在民族社会主义社会组织的背景下对德意志新心态的诸元素做些解释，但是我们只能从该心态的湮灭这个方面来对它们做些解释。[③]

[①]　这些材料可见于 Clifford Kirkpatrick, *Nazi Germany: Its Women and Family Life*, Indianapolis 1938 和 Georg Ziemer, *Education for Death*, New York 1942。

[②]　*Inside Germany Reports*, no.12, 1940, p.8; no.20, 1941, p.3.

[③]　该解释的根据是 Franz Neumann, *Behemoth: The Origin and Practice of National Socialism*, New York 1942。

（三）德意志新心态的社会功能

[145]

民族社会主义可以称为特有的德国社会对大工业需求的适应，可以称为典型的"技术统治"（technocracy）的德国形式。我们甚至可以大胆地说，民族社会主义是德国第一次也是唯一一次发生在大工业阶段因此跳过先前诸阶段或使先前诸阶段压缩的"中产阶级革命"。民族社会主义废除了封建主义的残余，尽管该体制不择手段地推动着大地产的集中（该集中是资本主义的而不是封建的）。此外，民族社会主义还废除了那些落后于大企业生产能力的团体，即中小企业团体、商业和金融团体。同那些经济群体而不是同占支配地位的大企业更契合的自由市场受到了严格管制。民族社会主义把劳动与工业支配融合了起来，并且消除了妨害该融合的社会立法障碍。直接的政治控制形式被建立了起来（废除了法治、自由契约和代表制等）。民族社会主义把工业的、政府的（行政的）和半政府的（党的）官僚机构合并了起来，因此可以调整国家来适应工业部门的需要。最后，民族社会主义还通过在欧洲大陆范围内实施帝国主义的扩张政策把工业部门的全部能力都释放了出来。这种对社会制度和社会关系的根本性调整，不仅意味着对私人领域的根本性调整，更意味着对集体道德与心理的根本性调整。新心态，甚至从其最不理性的方面来看，都是极权主义的"理性化"——消除了妨害无情的经济征服和政治征服的道德束缚、浪费与低效——这个过程的结果。

对新心态的分析将表明：

1.新心态是高度理性化的社会组织模式的表现，而非某种深奥难懂的哲学的表现；

2. 不能保证新心态将会随着民族社会主义政权的消失而消失。因为新心态与社会组织模式密切相关，而后者并不完全等同于民族社会主义，尽管民族社会主义使它具有了最激进的形式。

另外，鉴于新心态的社会功能，它几乎不可能简单地被转化成关于现状（status quo）的心态。因为新心态巧妙地适应了大工业和大组织的最新阶段，适应了最大限度的技术能力，而任何隐藏在该阶段背后的倒退都与国际发展的一般趋势相抵触，并将成为周期性危机与冲突的源泉。完全政治化是民族社会主义在既定的社会框架内过渡到计划经济的伴生物；完全揭穿骗局、冷血的讲求实际以及传统禁忌的转换是德国特色的技术理性，而新异教有助于消灭心理上的和情感上的对无情的帝国主义扩张的抵制。整个心态是"后来者"（late-comer）试图以恐怖主义的手段打破根深蒂固的权力体系的心态。 [146]

还有其他以新心态本身为基础的反对向现状倒退的理由。讲求实际在当今德国为一切评价提供了基础，同时也使希特勒政权盖过了民主共和国时代。如果自由、平等和人权无法实现物质保障和适当的生活水准，今日的德国大众就会把这些观念仅仅看成是意识形态。魏玛共和国没有能力使其变成现实，而且只要德国大众自己还没有享受到其他民主国家的好处，他们就不会关心这些国家发生的事。[1] 在德国，普遍实现了充分就业，而居民也不挨饿。诚然，日益严重的战争苦难和巨大的损失将使人们对该政权不满——但也不满于现状。在这方面，评价仍然是完全实用主义的：战争被德国全体居民想象成了一个商业命题；投资高，风险大，但却是唯一可能的投资，并且最初的成功十分

---

① Hagen, *Will Germany Crack?*, p.165.

诱人。① 所有的国家都已经向德国的剥削投降，甚至小孩子们也都分到了较少份额的战利品。另外，现代战争的技术特征似乎削弱了道德因素的重要性，即便"精神"惊人地浅陋，它也允许其继续运作。

民族社会主义政权对德国民众的控制建立在它在国际斗争中取得的成效和成功上，因此军事上的失败是打破该控制的先决条件。然而，我们 [147] 根本无法保证政权的垮台将根除使该政权成为可能的民族社会主义的心态。只有废除那些拥护把生死与该政权紧密相连的团体的统治，超越该政权及其动机和目标，这种心态才会消失。只有当建立起一种把该政权的成就（充分就业和物质保障）以真正民主的形式保留下来的社会秩序的时候，它才会消失。为了准备这种行动，我们可以尝试通过利用那些趋向于超越它们所实现的民族社会主义形式的诸元素来影响该心态。这些元素中最重要的是实用主义的讲求实际和完全政治化。当然，这并不意味着模仿或调整民族社会主义哲学和宣传来适应不同的内容。在该方向上的任何妥协都将直接成为软弱的标志，并且会强化民族社会主义具有优越性这个信念。必须说明的是，民族社会主义将不可避免地挫败那些赋予新心态以生命的动机与冲动，民族社会主义是其自以为已经得胜的压迫力量的体现，解放不仅超出于现状之外，也超出于新秩序之外。一种有效的反向宣传的内容和语言，不能是新秩序的内容和语言，也不能是现状的内容和语言，而是必须形成一种自己的内容和语言。它们必须是对新心态的回应，而不是对新心态的迎合。

直到目前为止，我们都把该心态看成是一个整体；我们谈到了"德国民众"但却忽视了各社会阶层的分化。这是一种严重的过分简化，而

---

① 乔治·阿克塞尔森（Georg Axelson）的报告，转引自 Thurman Arnold, *Democracy and Free Enterprise*, 1942, p.22f.。

调整宣传以适应不同的社会阶层和社会利益却又不可或缺。我们随后会努力把握该分化。然而，在预备性的大纲中忽视分化是有合理性的。在德国，受到严格管制的理性化的社会，从它使社会各阶层的思想模式和行为模式标准化这方面来看，也是极权主义的。除了积极的反对派之外，其余者都汇聚成了相同的利益。与此同时，民族社会主义把社会的阶级对立"统一了起来"，以至于绝大多数居民面对的仅是一小撮工业的和政府的领导。[①] 在领导等级之外，他们都是同一个权威组织的对象，并且不管是在工厂中还是在商店中，在办公室中还是在农田中，在家中还是在集聚的礼堂、俱乐部、戏剧院、医院和集中营中，他们的生活在任何时候都取决于该组织。少数统治团体和其他居民的二分并不意味着后者就 [148] 形成了对抗性的大众。不幸的是，情况没有那么简单。几乎没有任何社会团体为了其物质利益不以或此或彼的方式与该体制的功能紧密地联系了起来，而这种联系的较弱的地方，野蛮的恐怖行动就会取而代之。毋宁说，这种二分指明了与权力分配相关的两极：政策由统治集团——在统治集团内部，爆发了利益冲突但却达成了基本共识——来制定，而其他所有的团体在一个确保政策执行的、包罗万象的组织中融合在了一起。在受到严格管制的大众内部，积极的反对派（即那些与该体制做斗争的反对派，而不仅仅是与多少有些偶然的领导层的成分做斗争的反对派）分散在工厂和船坞中、修路施工队与劳工营中，工人学校与监狱中。反对派并不需要"宣传"，但如果宣传的对象是协调一致的大众，它无论以何种方式都会触及反对派。

---

① Hagen, p.253.

（四）民族社会主义的逻辑和语言的新颖性

宣传对它的对象来说必须是可理解的，这一不证自明的命题从今日德国的情况来看却已不再是不言自明的真理。德国人的心态发生了根本性的变化，以致德国民众不再为陈述和论证的传统逻辑和传统语言所动。我们曾多次指出，德国的新语言和新逻辑由于否认一切理性讨论，其实质是非理性的、不合逻辑的。诚然，如果我们将民族社会主义的哲学与它的社会环境割裂开来，并且把这个割裂的哲学当成是对新心态的表达的话，那么我们面对的就只能是不合逻辑的晦涩难解。然而，如果我们把这种哲学及其语言都放在民族社会主义的政策和组织的环境中，那么我们将在表面的晦涩难解背后发现非常理性的、合乎逻辑的模式。民族社会主义的许多批判者感到困惑的是，在今日德国，明显不同的两种心态、逻辑和语言同时共存：一种从属于民族社会主义的哲学、意识形态和宣传，是彻彻底底的非理性的；另一种从属于管理、组织和日常交往领域，是彻彻底底的理性的、技术性的。然而实际上，只有一种心态、逻辑和语言，而它的两种表现形式取决于同一种理性，浸没在同一种理性中，并且被同一种理性统一了起来。如果要发展有效的反对性语言（counter language），这种结构必须得到重视。

[149]

理解一门特定的语言要从它的运用开始。[①] 民族社会主义的语言被用到了宣传、灌输大规模的帝国主义扩张上，被用到了替该扩张辩护上。从走到尽头的魏玛共和国的德国社会形势来看，这意味着一切私人关系和社

---

① Karl Vossler, *The Spirit of Language in Civilization*, transl. Oskar Oeser, New York 1932, p.82 f.

会关系都要屈从于机械化的、理性化的战争生产标准，有计划地消除一切超越或损害这一努力的概念和价值。因此从严格意义上讲，民族社会主义的语言就是**技术**（technical）语言：其理念指向一个明确的实用目标，并且使一切事物、关系和制度按照它们的运转功能在民族社会主义的体制内固定下来。它们丧失了自身的传统意义，丧失了使其成为文明的共同属性的"普遍性"——取而代之的是，它们获得了一种崭新的、特异的内容，而这个内容却仅仅取决于民族社会主义对它们的利用。该结构体现在极权主义的管理和官僚制度的语言上，体现在法令、规章、法庭的语言上，甚至很大程度上还体现在日常生活的语言上。除此之外，我们还会看到，民族社会主义的宣传和哲学中"神话"语言的合理性同样来源于这一技术结构。

　　然而，任何技术语言都以"超技术的"语言社群为前提，并从中获取力量和吸引力，否则它无法充当一种包罗万象的用于主体间理解的媒介。[①]这种语言社群首先是具有情绪、感情、主观欲望和冲动的社群。在德意志心态的神话层面，特别是在由观念、冲动和本能混合而成的综合体——构成了德国人反对基督教文明的储存室——当中，民族社会主义的语言控制了其超技术的语言社群。但是该综合体是为了实现民族社会主义的实用目标才被动员了起来，因此，它服务于为努力实现这些目标提供方向的技术理性。在将德意志心态的神话和形而上学元素转变为极权主义的控制和征服工具的过程中，民族社会主义摧毁了它们的神话和形而上学内容。它们的价值完全变成了具有可操作性的价值：它们成了支配性技术的组成部分。民族社会主义表面上非理性的哲学实际上却标志着"德国形而上学"——　[150]

---

① Karl Vossler, *The Spirit of Language in Civilization*, transl. Oskar Oeser, New York 1932, p.107 f.

通过极权主义的技术理性被清除了——的终结。[1]

这个过程在民族社会主义语言的句法形式中，在它的词汇中，以及在民族社会主义"论证"的逻辑模式中表现了出来。

在它的句法形式中，民族社会主义语言表现出名词普遍动词化、句子综合结构缩减和人格关系向非人格的事物与事件转化的特征。[2] 这些特征描绘的根本不是一种新的"有魔力的"语言，毋宁说，它们彰显了语言对技术理性的适应。[3]

在此，我们不再继续语言分析（它需要单独研究），而是将研究限定在几个一般性的关于技术语言与超技术语言社群之间关系的评论上。超技术的（神话的）语言社群是那些最敌视西方文明的语言、精神和最不受其影响的力量的储存室。而更一步的分析还显示，民族社会主义已经使这些力量"理性化"，并且赋予了它们严格的实用意义。

民族社会主义的语言显然以"非理性的"观念为中心，比如，民族（folk）、种族、血统、土地与帝国。一定要注意的是，所有这些概念，尽管它们的形式是普遍的，但实际上却排斥普遍性。它们仅作为特殊的甚至个别的概念来使用：它们可用来区分德国民族、种族、血统，还可用来排斥其他民族、种族和血统。它们选出了一些奇特的"事实"，并从这些事实中推衍出一些奇特的标准和价值。另外，它们选择的事实完全"依自然

---

[1] 参见 Ernst Krieck, "Der deutsche Idealismus zwischen den Zeitaltern", in *Volk im Werden*, Leipzig 1933, no.3, p.4. 克里克讲道："如果我们愿意变成一个政治的、积极的民族的话，德国观念论因此必须在形式和内容上都被克服。"斯宾格勒同样赞赏德国形而上学的终结；具体参见 *Jahre der Entscheidung*, chapter 1："Der politische Horizont"。

[2] 这在亨利·帕克特（Henry Paechter）的文章中已得到阐明。

[3] 斯坦利·吉尔（Stanley Gerr）曾对技术语言的结构做了概括，参见 "Language and Science," in *Philosophy of Science*, April 1942, p.146 ff.。

而定"（by nature），也就是说，它们被放在了人类文明的普遍环境之外，被当成了属于更高秩序的东西。在此秩序中，人类"天生的（natural）"不平等胜过"人为的"（artificial）的平等化，身体胜过心灵，健康胜过道德，力量胜过法律，强大的仇恨胜过懦弱的同情。我们先前曾提到，整个的"神话"都建立在非常明确的经验基础上，[1] 而该基础可以从德国社会　[151] 为实现帝国主义征服世界所做的生理学和心理学上的准备中看到。[2] 这种政策要求摧毁一切使德国民众处于国际文明环境下的"普遍的"法则与标准，从而废除暗含在这些法则与标准中的一切（道德上的和法律上的）限制。表面上非理性的民族社会主义的神话成了"理性"的帝国主义统治。此外，我们还提到，有鉴于德国大众在走到尽头的魏玛共和国的处境，极权主义的帝国主义教育只有在直接的物质补偿（充分就业、分享战利品、有节制地释放传统禁忌）的基础上才能取得成功。民族社会主义的神话对极端的讲求实际——德国民众也正是出于这个原因才接受了以放弃民主自由为条件的物质补偿——有促进作用，而不是与其背道而驰。吊诡的是，培养冷血的讲求实际的态度是这种神话的内在精神。注意，其主要观念是用"自然的"关系取代社会的关系（用民族取代社会，种族取代阶级，血统与土地取代产权，帝国取代国家）。前者似乎比后者更加具体、更加真实。民族与种族被宣传成了"事实"，因为由确定的父母在确定的地点所生是一个事实，而阶级和人类都是抽象的观念。健康的人必须满足其保持健康的冲动，这是一个事实，它取代了抽象道德的限制性要求。犹太人显

---

[1] 《纳粹读本》中讲道，民族社会主义的观点"并非理论，而只是调整自身以适应现存的现实的观点。民族社会主义的理念产自经验"。(*The Nazi Primer*, transl. H. L. Childs, New York 1938, p.4.)

[2] 这是希特勒自己的解释；参见 *My New Order*, New York 1941, p.104 ff., 以及 Robert Ley, *Neue Internationale Rundschau der Arbeit*, April 1941, p.137。

而易见是外人，尽管犹太人的言谈举止并无不同，但是他们有不同的姿态和态度，而且在任何情况下，他们都是不受欢迎的竞争者。这些"事实"比抽象的人类平等的各种标准要强大得多。

然而，如果把民族社会主义的神话简单地阐释成是一种极权的帝国主义的意识形态，一种受多数居民从新秩序所获得的各种物质利益支持的意识形态，那么这将是致命的错误。倘若真是如此，帝国主义扩张的破产就会自动地引发德意志新心态的破产。但是，这种心态与社会政治结构之间的实际关系要更加复杂得多。民族社会主义已经成功地把实用的极权主义理性强加给了德国民众，因为它已经把各种具有最深刻、最强烈的"德意志性格"特征的力量吸引了过来。在对神话层面进行动员的过程中，这些力量被释放了出来。它们过去一直受到基督教文明发展进程的控制和限制，但它们在基督文明的掩蔽下却存活了下来，而它们民族社会主义式的解放还成了西方文明最大的威胁。

[152]

在试图阐明这些力量之前，我们希望避免两个误区：

1. 关于"德意志性格"，我们并没有把它具体化为"德国人"特有的自然性质。我们想说的是，在德国的历史发展过程中，在其特定的条件下，德国民众形成了具有鲜明的德国文化特色的、特定的思想与情感模式。

2. 从路德、赫尔德或尼采以来的德国哲学与文学出发来追溯民族社会主义根源的研究数不胜数。如果能够把民族社会主义的全部范围与意义都考虑进来，那么此类研究的唯一结果便是它将证明民族社会主义的根源在自宗教改革以来的德国历史中随处可见。除此之外，它还将证明，几乎每一位德国作家都能被挑出来充任民族社会主义某些观念的先驱，但几乎每一位德国作家也能因早已对这些观念做了反驳而备受称赞。为了适应引用的文献而梳理德国哲学与文学，对于解释政权在心理上、情感上对民众的控制来说没有太大的价值。

（五）新心态的心理学基础

然而，我们可以把恩斯特·云格尔（Ernst Jünger）对"德意志性格"的分析当成起点，它或许是对新心态最有才智的民族社会主义式的解释。在他的著作《劳动者》（*Der Arbeiter*）① 的开篇部分，云格尔从德国一直以来都是一个"糟糕的资产阶级"——也就是说，保障、权利和财产的资产阶级标准从未在德国世界扎根，因此德国不能采用在《人权宣言》中有其表达的自由的形式——这个事实推出了德意志性格的关键性特征。云格尔继续讲道，民族社会主义的兴起表明，德国要对资产阶级世界及其文化（据他而言，这个世界也包括马克思的社会主义和工人运动）做出真正的反抗，要通过生活的新形式，即对完全技术化的世界完全拥有控制权的"工人"——他们的自由自发地服务于技术的秩序，他们的态度是军人的态度，他们的理性是极权主义技术的理性——的生活形式，取代资产阶级。云格尔的著作是民族社会主义一统神话与技术的蓝本，在该著作中，"血统与土地"的世界成了巨大的、完全机械化和理性化的企业——它对人类生活的塑造达到了这样的程度，以致人类在正确的时间和地点必将自动精确地采取正确的操作，因此，它是一个野蛮的、没有为"理想"留有任何余地的讲求实际的世界。但这种完全技术化的世界却来源于超技术，得益于超技术的滋养，而云格尔通过描绘"反资产阶级"的德意志性格特

[153]

---

① Ernst Jünger, *Der Arbeiter*, Hamburg 1932.

点对超技术这一来源做了简要说明。有什么理由说德意志心态的神话层面就是反资产阶级的呢?

德国文化的典型表现形式与西方文明的模式相对立,这一点一直都备受关注。甚至在相同的向度内也存在着质的差异:可以拿路德与加尔文、清教徒,德国的哥特风格与法国的、意大利的哥特风格,荷尔德林与威廉·布莱克(William Blake),德国的理性主义与法国、英国的理性主义,中世纪的皇帝与法国、英国的国王形象来比较。德国文化的奇特性质一直都以先验的、浪漫的、动态的、无形式的、黑暗的、异教的、**内在的**(innerlich)、原始的这样的谓词来描述。所有这些谓词似乎描述的是一种思想与情感模式,它超越于经验现实之上,而超越的基础本身也是超验性的。它通过借助于一个难以理解和界定的领域——可以明确地通过德国的自然、激情(Leidenschaft)、**心灵**(Seele)与**精神**(Geist)等概念来表示——来评估现实,从而对现实提出了质疑。在这两个领域的冲突中,人的欲望、冲动和行动成了爆发性的、毁灭性的力量,威胁到了社会约束的整个计划:不仅友谊、忠诚、爱情,甚至仇恨与背叛也获得了基本形式,而且奇怪的是,天堂不仅住着基督上帝,还住着古代的、异教的诸神。人与人、人与自然之间的关系极其亲近、直接;似乎所有调解性的社会中介都被削弱了,甚或废除了,而这些人尽管说不上是以诗的形式在进行交谈,却可以说得上是以一种与文明面临的威胁无关的语言在进行交谈。如此一来,这就加强了在德国文学和艺术的代表作品中普遍盛行的形而上学的孤寂与渴望。

这些特征并不仅限于艺术、文学和音乐作品,在德国民众的实际行为和习俗中也可以看到。现在,它们在存留下来的民俗残迹中表现了出来,在占优势的**性情**(Gemüt)中表现了出来,在德国人对自然的独特态度中表现了出来，也在众所周知的德国人的朴实与简单中表现了出来。[①]

我们刚刚概述的诸特征可能恰好与理性、清晰性、可计算性、秩序这类德国人视为西方文明的"非德国的"特征相对立。甚至可以说，德国的特征完全可以被划入"反资产阶级"这一类，因为如果借助于德国的商业哲学术语来看资产阶级世界，我们可以把它描绘成一个权利与义务缺乏足够平衡的、一切主观价值都毫无疑问地从属于供应与需求、交换与契约的客观标准的世界。然而，云格尔对德意志性格中反资产阶级元素的强调也只不过是一种用以安抚作为反资本主义革命的民族社会主义秩序的政治宣传手段，因此，对这些特征的解释必须建立在完全不同的基础上。

也许在这一事实中可以找到一个强调德意志性格中"反资产阶级"元素的合理理由，即直到 20 世纪初，中产阶级一直以来都没有在整体上对德国的社会模式产生影响。德国长时间的封建统治致使中产阶级的整合形式和控制特性从来都没有完全地灌输给德国人。大部分德国人都处在半封建的整合与控制形式下：支配与从属的关系要比在完整的商品生产与市场经济体系下更加直接、具体和"人格化"（personal）。这有助于解释这些关系中的"父权的"和专制的元素。在此，人们有着强烈地把政府看成是自然的而非社会的制度并把它视为外在于个人生活而个体能够在不失其"人格"的情况下无条件服从的东西的倾向。德国的个人主义和专制主义，自我肯定和官僚主义是同一个现象——中产阶级的整合与控制的范围受到了限制——的两个方面。因此，先于民族社会主义的崛起的实用的技术理性能够代表发达的中产阶级社会，但却根本不能代表德国社会。德国社会

---

① 关于德国心态的神话层面及其具体表述，参见此前引用的文章 "Private Morale in Germany"，以及 Max Horkheimer, "The End of Reason," in *Studies in Philosophy and Social Science*, vol. IX, 1941, no.3, p.383。

[155]　的绝大部分根本就没有融入合理支配和利用物质的体系中，他们并没有被"资本主义精神"所浸透。德国人整个的心智维度一直以来都相对地远离实用的、权宜的和有效的标准。该维度变成了"灵魂"的栖息之所，而比起受到限制与管制的社会关系来说，它保持着一定的独立性和自主性。

　　类似的独立性与自主性在"自然"领域也被保留了下来。自然在德国思想与情感中起着独特的作用。它首先没有被当成是仅仅受控制和利用的纯粹的物质，也没有被看成是社会进程的纯粹的环境或基础，而是被当成了人最根本的冲动、精力与欲望的独立来源。确切说来，这是基督教以前的异教的自然观念，顾名思义，它对文明提出了强烈抗议：标准与价值产生于自然，并经常取代文明的标准与价值，因此它们构成了一个使人类生活在"善恶的彼岸"①的领域。人和自然同样都是有机存在物，他的"灵魂"是其自然的、次社会（sub-social）的本质的表征。相比人的"自然"领域，整个社会关系网络就成了极其次要的、非固有的领域。人真正的满足来源于他的自然本质，来源于他对文明生活保有强烈敌意的灵魂生活。②

　　现如今对文明的潜在抗议可以轻而易举地诱发一场社会群众运动。在德国历史上，我们又一次碰上了这样的时代，灵魂的"底层"与社会的底层又一次奇怪地融合在了一起，并且使现代德国社会中不胜枚举的民众运动具有了不同的特征。这种运动的力量来源于行动，但它不是由普遍的理性利益统一起来的特定社会团体的行动，而是在某种次社会的冲动与本能的基础上被统一起来的"群众"的行动。恩斯特·克里克（Ernst

---

①　*Beyond Good and Evil*，是尼采名著《善恶的彼岸》标题的英译，在该书中尼采呼吁自由精神保持自然所赋予的超善恶、非道德的状态，并对区分善恶的、病态的基督教以来的文明大加批判。马尔库塞在此有可能是在暗示尼采的思想。——译者注

②　在《我的奋斗》（*Mein Kampf*）中，为了对人类的"真正"关系、制度与它们在基督教文明中的歪曲形式进行比较，希特勒几乎只使用了自然这个概念。

Krieck）说道，民族社会主义诉诸一切社会秩序都建基于其上的"自然秩序"，诉诸民族"本能的深处"（instinctive depths，seelische Untergründe），诉诸"灵魂的地狱"（lower regions of the soul，seelische Unterwelt），他指出了这一事实。① 这是诉诸生理状况和情绪状况，不是诉诸社会状况，所以，服从这种诉求的大众是通过斩断他们既定的社会阶层联系而被组建了起来的。因此这场民族运动很容易受到"自上而下"的操纵和控制，很容易在不倾覆现行分层结构的前提下被用于改变社会支配的形式与力量。在促使差异极为明显的社会团体联合起来的过程中，民族运动妨碍了特定的社会利益的实现。由于受到缓解不公与挫败所带来的压力的愿望的驱使，它很快就会转向反对其他的敌人。例如，民族社会主义煽动大众与犹太人和"资本主义财阀"作斗争，但是，犹太人的灭绝和"金融资本"的衰退却被用到了加强早已在德国社会中占支配地位的工业团体的控制上来。②

[156]

　　由于被煽动起来的群众获得了直接的补偿，因此有了实现对民族运动的操纵的可能。我们以前提到过的物质补偿得到了同样重要的对受挫的冲动与本能的补偿的支持和补充，而"对文明的不满情绪"就潜伏在受挫的冲动与本能中。他们以一种在加剧了的控制形式下使他们的挫败感继续下去的形式得到了释放和满足。他们的好斗倾向指向了软弱者和无力者、外来者和局外人，指向了知识分子及其不妥协的批判，指向了奢华和炫耀性的闲暇。对正义、自由和幸福的追求沦落为对那些似乎在享受生活的人、那些不用辛勤劳动的人、那些有能力表达其所知所欲的人实施报复。人类平等的观念表现为努力拉低高上者而非提高低下者。民族社会主义的庆典都是仿照欧洲社会英雄时代宏大壮丽，或者大革命之前只在小范围内

---

① Ernst Krieck, *Nationalpolitische Erziehung*, Leipzig 1933, pp.34, 37.

② Franz Neumann, *Behemoth*, p.275; Hagen, *Will Germany Crack?*, p.128.

把橄榄枝伸向小人物的法国贵族式的魅力与欢愉来进行。在每次参加庆典之后，小人物都会更加愿意对极权主义国家尽职尽责。[①]

所有这些满足都伴有反对文明的"自然"的解放。正是这种诉求，它挑起了攻击性，同时又带来了已消除锋芒的屈从。这个"地狱"从基督教文明强加给它的制约中解脱了出来，但它们却是以这样的方式解脱出来的，即释放出来的冲动强化了极权主义的支配形式。自然的"身体权利"取代了有可能穿透"民族共同体"之网并且发现其恐怖主义根基的理智要求。[②] 官方对健康与美丽的关注增加了国家的劳动力与军事力量储备，对性的"自然"态度提高了出生率。基督教蜕变成了民族宗教，致使人们 [157] 在生存斗争中抛却道德制约，消灭弱者和无助者，剥削同胞和无情地扩大其生存空间的时候都感到心安理得。[③] 除此之外，这种新异教的自然主义还发挥着更进一步的功能：它压制了超越现行秩序以达到更公正、更好秩序的欲望，并把人整个地转交给了统治其生活的世俗权力。正是这种对其他秩序的信仰的废除，或许是民族社会主义最危险的成就，它使得从心理战线上对该体制展开全面进攻成了一项需要非同寻常的新武器才能完成的任务。

（六）废除信仰

来自意大利的报告，其中有一则关于墨索里尼（Mussolini）的笑

---

① 关于为民族社会主义人口政策与劳动政策提供服务的"新纵欲"策略的利用情况，参见 *Inside Germany Reports*, no.19, 1941, p.15, 以及 *Juristische Wochenschrift*, LX, 1937, no.48, p.3057 f.。关于民族社会主义庆典的功能，参见 E. R. Pope, *Munich Playground*, New York 1941, p.40。

② Hitler, *Mein Kampf*, Reynal and Hitchcock (ed.), p.613 ff.

③ *The Nazi Primer*, p.73 f.

话。"他死了并且上了天堂，而天堂因为他展开了一场声势浩大的示威游行……就在这个时候，墨索里尼先生突然注意到他的皇冠比上帝的还要高，他礼貌地问起了原因。'我一周让你的民众斋戒一天'，上帝回答道，'你却让他们斋戒七天。我给了他们信仰，而你却把它拿走了。你比我还要伟大'。"这个笑话可以阐明使法西斯主义国家的士气确立和保持下来的心理学机制。最后两句话更适用于德国的而非意大利的法西斯主义。实际上，它是民族社会主义最根本的成就之一，"拿走民众的信仰"。看起来也许很奇怪，民族社会主义用以保持人的忠诚的统治工具竟然在很大程度上取决于民族社会主义成功地废除了民众的信仰这一事实。我们先前曾提到过完全揭穿骗局的过程和已经套牢德国民众的冷血的讲求实际。也许我们现在可以试着解释这一过程对民族社会主义的士气的意义。

民族社会主义为建立体制而摧毁的信仰主要地并不是宗教信念。毋宁说，它是对基督教文明的价值和标准的信仰，而严格说来，这些价值和标准根本就没有直接的"现金价值"（cash value），也就是说，它们从来都没有在个人、团体和民族的实际行为中变成现实。不仅仅是基督教的最高教义，甚至是世俗伦理、商业精神和政治都属于这个范畴。民族社 [158] 会主义宣传最重要的事务就是告诉人们，极力称赞的社会正义、机会平等、代议制、国际法与秩序等理念都不过是意识形态的策略，而在策略这层薄纱的背后，权力和金钱的利益不断地显示出自身的威力。①民族社会主义已经将这样一种观念灌进了追随者的大脑，即世界是一个赛场，只有最强大而有效率的竞争者才能在这里取胜，而谁想在世界中有所收获谁就得最好忘记所有阻碍他有效使用其手段的先验观念，使自己适应残忍的

① Hitler, *Mein Kampf*, p.521 ff.; *My New Order*, p.167; Alfred Rosenberg, *Der Mythus des 20ten Jahrhunderts*, München 1933, pp.202 f., 540 f.

讲求实际。① 无情地使用所有可资利用的手段来获取权力分配中的更大份额——按照民族社会主义的说法，这不仅是社会、政治行动最恰当的原则，也是个人行动最恰当的原则。②

为了理解该态度在德国居民那里迅速蔓延的原因，我们必须简要地考虑一下工人运动的情况。在马克思的理论和实践的影响下，德国的工人运动比西方国家的工人运动拥有更大的势力。社会民主党和工会组织尽管在实践中抛弃了马克思主义的基本原理，但在纲领中却把它们保留了下来。在魏玛共和国的统治下，马克思主义已经成为德国文化相融不分的一部分：它不仅是一种信仰，而且还在社会政治组织中实现了制度化，因此在家人、家庭、青年运动中，在学校中，甚至教堂中都发挥着重要作用。现在如果比较一下德国工人运动的哲学与英美工人运动的哲学，我们就会发现前者在一定程度上与"先验"的概念和价值密切相关。辩证法，资本主义内在的客观规律的观念，社会主义客观必然性的观念，以及对全世界无产者团结起来的信念，它们构成了一个固定的概念与情感的结构。在既定的社会秩序中为直接利益而战的实用政策从未彻底根除人们对最终自由王国的到来所怀有的"末世论"希望。然而，德国工人运动越是分裂为一面是工人贵族和工人官僚，另一面是失业的或临时雇佣的大众，对目标最终会实现的信仰就越容易让位于不抱任何幻想的讲求实际精神。在拥有数

[159]

---

① 斯宾格勒对这一态度做了最为信服的讲解："在以往的世界中没有理想，只有事实。没有理性，没有诚信，没有平等，没有最终目标，只有事实，任何没有认识到这一点的人都应该去写关于政治的书——但别试图从事政治。"(*The Decline of the West*, transl. Charles Francis Atkinson, New York 1926, vol. II, p.368) 因此一个民族为了在国际竞争中取胜，唯一要做的事情就是"（从现代体育的意义上讲）保持良好的状态"——这正是国家的定义（*Jahre der Entscheidung*, loc. cit., p.24）。

② Hitler, *My New Order*, pp.104 f., 200.

以百万计的失业人口的经济中，工作从一种权利变成了一种以高效和顺从的表现为前提的奖励。另外，早在民族社会主义引导揭穿骗局（debunking）之前，工人官僚的领袖就已经凭借他们的行动推进了该过程。因此，这就为民族社会主义的胜利奠定了基础：充分就业和有效控制经济过程的简单事实显然超过了社会主义信仰残留的影响。

至于农民、中小企业团体、熟练工人和白领工人，他们很容易受到民族社会主义讲求实际的影响，这一点不需要任何解释。魏玛共和国一直都没能终止或控制这一使弱者愈来愈快地置于强者权力之下的集中过程。他们从未有效地受到过社会主义运动的影响，因此，任何不剥夺他们的财产而又给他们提供保障的实际情况（constellation of facts），他们都乐意接受。

然而，信仰的毁灭是一个纯粹消极的过程，它可以解释制度解体，但不足以解释复杂秩序的构建与维持。那么这样一个毁灭性的过程怎么才能对士气的建立和固化做出解释？德国民众被废除的信仰是否已经被另一个更强大的信仰，即对卡里斯玛型领袖及其绝对正确的权力的信仰取代？我们首先回答后一个问题。

当然，我们可以通过简单地假设一种对希特勒个人和政权近乎无限的信仰来解释德国民众对希特勒令人惊讶的忠诚，以及更令人惊讶的民族社会主义制度的协调一致性。然而，如此一来，我们就会抹杀掉德意志新旧心态之间的本质差异，而对事实的描述就会显得很不恰当。信仰意味着即便没有证据和回报也相信，而相信不是外部强加的，也不能由外部来维持。而大部分德国民众的态度并没有表现出这些特征。事实上，即便没有恐怖手段的抑制，他们也会遵从该政权，但他们的遵从是有所保留的。他们相信该政权，但有一个临界点。这个临界点不是生理、道德可忍受的压力的限度。毋宁说，它是政权明显无法保持对体系实施全面管制的制度同时还保持其最高效率和最大限度地运转的临界点。然而，即便如此，这个突破点还是不能充分确定下来。我们必须添加一个必不可少的条件：该政权的垮台必须得伴有建立一个能够实现充分就业和物质保障的民主政权的实际机遇。对此，我们先前已提到过，我们回过头来再讲一遍，是因为这是民族社会主义教育得以实现的关键。不抱幻想的讲求实际和信仰的毁灭在此就像是民众与政权之间强有力的纽带。民众支持该政权的理由是赤裸裸的事实，而不是理想和许诺。民众会对民族社会主义秩序的实际情况与该政权倒台之后出现的政权的实际情况做出权衡。因此民众当然更愿意受本土统治者的管制而不是受外国统治者的管制，更愿意民族独立而不是奴役。①

[160]

　　民众与该政权之间最强大的道德纽带是由完全缺乏信仰而非由信仰构建起来的，这关系到德国民众与该政权之间是否真的存在差异的问题。我们必须对这个问题做出明确的时间限制。现如今它们之间确实没有明显的差异。可以肯定的是，该政权唯有通过使恐怖行动制度化才能运转，但是，大部分居民现在已经接受了事实的语言，并且已认定自己与该政权是同一的。剩下的部分居民需要由整个组织结构来处理。然而，正是因为同一性在一定程度上以赤裸裸的讲求实际为根据，所以它才会在大量真正新颖的事实被确立下来之后迅速地转化为敌对性。这种转化有可能以突然震荡的形式表现出来，随后民族社会主义的心态就会被根除和遗忘。但是，不能期待这种震荡会"主动地"到来，它的前提条件是创造出大量的新事实。

---

① *Inside Germany Reports*, no.15, 1940, p.13; no.21, 1942, p.12 f.; Paul Hagen,*Will Germany Crack?* p.211.

（七）士气转化为技术

我们现在可以试着来回答第二个问题：单是废除信仰和冷血的讲求实际何以能够对确保民族社会主义制度运转、并且在俄国战场上极端艰辛和失利的情况下却依然没有崩溃的士气做出解释呢？我们必须不带任何幻想与偏见地接近该问题，因为它所引出的答案似乎有悖于我们最为珍爱的一些观念。

所谓的一个民族、一个军队的士气或精神，显然在德国本土和战斗 [161] 前线上并不占主导地位。现有的文件证明了这样一个结论，即两个前沿阵线都同样弥漫着不抱幻想的讲求实际。所有最具忍耐力和可靠性的行动、野蛮的挑衅、不近人情的暴行同样都借助于不近人情的冷静、效率与机敏来实施。① 这就是对"事业"缺乏信仰，尽管"德国事业"在战斗中赫然壮大。但是，它就像一台巨大的机器或装置的事业一样，不断地占据其侍奉者的心灵和情感，控制和支配他们的行动，从而使他们失去了最起码的慰藉。在民族社会主义的德国，所有人都仅仅是生产、破坏与交往工具的附属品，尽管这些作为附属品的人都以高度的主动性、自发性甚至"个性"投入工作，他们的个人行为完全适应了机器(他们的工具的总和) 的运转，并且根据机器的需要做了安排和协调。就在人们不是其工具的附属品的地方，他们成了其功能的附属品（如议员、**地方长官**、盖世太保的间谍等），

---

① 参见《纽约时报》(*New York Times*) 1942 年 3 月 15 日关于一篇日记的报道，一个德国士兵在俄国前线写道："我惊讶地发现，一个被绞死吊挂起来的女人并没有影响到我什么。反而让我感到愉悦。整个生日就是在不断地挖掘尸体并且砸烂他们的脸。当我的爱人听到我今天是如何绞杀一个俄国人的时候，她会说'干得不错'。"

而这些功能已使他们对象化（objectified）为机器的固定部件。① 该体制拥有一种严格的**技术**结构，其连贯性就是一种严格的**技术**程序。士气已经成了技术的一部分。

　　我们把民族社会主义士气称为技术的一部分，这完全是在字面意思上来使用技术（technology）这一术语。在技术中，没有真假、对错、善恶——只有对实用的目的来说的恰当与否。因此，在民族社会主义的统治下，所有的标准与价值，所有类型的思想与行为都听命于持续运转的生产性的、毁灭性的与支配性的机器的需要。领袖及其最高顾问组成了董事会，他的

[162]

议员和将军都是所有者和经营者，恐怖活动是不可或缺的规训手段，而其他居民构成了庞大的雇员和工人大军。在整体中，各个部分完全同步；企业就是一切，因此根本不可能存在其他的生活方式。确实没有任何逃逸与逃脱的漏洞——无论是在身体上还是在心灵上。传统意义上的信仰、理想、士气都是些可以摒弃的东西。血统与土地、民族与领袖的整个哲学拥有严格的操作意义。新的哲学与宗教是一个高度灵活的、心理技术与程序体系，它有助于起草、宣布和调整企业政策及其工作方法，并且有助于以最有效的方式来"出售"它们。因此它可以比作一场巨大的广告运动，两者运用的技艺、逻辑和语言都相同。当然，没有买就没有卖，但在企业内却存在着很多竞争性的利益，并且在对收益和战利品进行分配的过程中也存在着很多不公正和不平等。因此持续不断地再调整、妥协和贿赂是必要的。

　　民族社会主义把道德的标准和道德的观点变成了技术的概念和技术的

---

① 汉斯·弗兰克（Hans Frank），德国的波兰总督将军，他把民族社会主义国家比喻为完美运作的机器。据他说，国家机器的运作是一个"技术问题"，因此，国家的整个领域能够根据"数学—物理学方法"来做出解释和理解（"Technik des Staates," in *Zeitschrift der Akademie für Deutsches Recht*, 1941, no. 1, p.2）。这绝不仅仅是一个比喻；这是对民族社会主义国家基本机制的恰当描述。

程序，这是第一次世界大战之后特殊的德国社会形势的需要。在把国家组织成为一个无情扩张的工业企业的过程中，民族社会主义面临着在几年之内消除几十年的落后面貌的任务。诚然，德国的工业设备并不落后于西方国家，相反，早在民族社会主义崛起之前，它的工业设备可能是欧洲理性化和机械化最彻底的体系。但是，对该设备的使用却不断地遭遇困境，不仅是因为经济危机，还包括共和国的社会立法以及民众普遍的"反资本主义的"态度。我们曾试图通过指出德国流产的中产阶级革命和在大部分德国居民中盛行起来的"反资产阶级"心态来对后者做出解释。民族社会主义已经通过动员德意志精神的神话层面——是德国人抗议基督教文明的巨大的动力来源——克服了这种抵制，如此一来，民族社会主义就把这种抗议变成了技术理性（technological rationality）中最强有力的驯服工具之一。

非理性的理性化（非理性在理性化的过程中保存了自身的力量，但却把这种力量借给了理性化的过程），这种神话与技术、"自然"与机械化、形而上学与讲求实际、"灵魂"与效率之间持续不断的相互作用正是民族社会主义心态的核心意义。正是这种模式，它也决定了士气的技术化（technicalization）。我们可以通过禁忌的转换——一直以来都被认为是民族社会主义的独有特征——来对此做出阐释民族社会主义。

[163]

摧毁家庭，攻击父权制和一夫一妻制的规范，以及所有类似的广受欢迎的事业，它们都在利用人们对文明的潜在不满，利用人们对文明所带来的限制与挫败感的抗议。它们都诉诸"自然"的权利，诉诸人们的健康和饱受诽谤的冲动，诉诸货币制度下人们单子式（monadic）的生存的危害，诉诸人们在受利润与交换支配的世界中对建立真正的"共同体"的渴望。它们要求复兴人与人之间"自然"而直接的关系。它们都以"灵魂"来反对无灵魂的机械化（mechanization），以民族团结来反对父权主义，以户外来反对骄矜的"资产阶级家居",以强壮的身体来反对苍白的理智。这不可避免地暗含着要给予人们获得更容易满足其需要的机会,但是帝国的人口政策有多少新的自由,就有多少义务;对这场大量供应劳动力和战争力量的运动做出贡献的那些人都会得到回报。个人的满足已成为一种可控的政治功能,而其危险的影响也已变为一种协调性的力量。种族限制,约束和监控闲暇,废除隐私,以及要求"纯洁",它们冲淡了经准许的娱乐,并对其做了规定。全能的党拥有比家父(pater familias)和道德法则还要有实效的权威。①

新的权威与禁忌不仅仅像外在的力量那样发挥着作用,而且还在人的性格及其自发的行为中扎了根。人们接受了那些提供给他们的东西,对其做了充分利用。新心态的这种冷血的讲求实际在这里又一次被民族社会主义政权玩弄了。在民族社会主义政权的学校中,人们已经学会了狡诈、遮掩与狐疑。他们没有时间与精力来坚持自己的思想和情感。在每个人都夜以继日地扑在征服与破坏的工具上操劳的世界中,爱情、激情与信仰毫无意义而且很荒谬。受过教育的人都把身体看成是满足这些工具需要的最珍贵的能源,好的纳粹党员都把冲动的满足看成是心理卫生与生理卫生的体现,看成是提高效率和盈利能力的技术。人的思想与感情都变成了技术工具。

鉴于心理机制和情感机制在士气技术化的过程中所起的决定性作用,那么说民族社会主义道德上的一致性已经被组织上的一致性所取代也许是错误[164]的。诚然,如果没有无所不能的组织,民族社会主义就会立即瓦解。然而,该组织正是借助于与废除信仰和冷血的讲求实际相一致的心理和情感机制而被建立起来并被保留下来的。这些机制加速了人们对扩张性与支配性的包罗

---

① 关于对民族社会主义废除禁忌的解释,参见此前引用的文章"Private Morale in Germany",以及我的文章"State and Individual under National Socialism"。

万象的机器的屈从。人们不得不按照仅与该机器相关的事物和功能来思考、感受和谈论。他们被迫过着一种在任何时候都要依靠正确地履行所需的业务职能的生活。现在已经把过去与未来都吸收了进来。民族社会主义已公布了第三帝国的千禧年，但这个千禧年却被局限在了特定的时刻，即有可能最终征服也有可能最终遗失千禧年的当下。人们必须集中精力于这一特定时刻，把其余的交给"命运"。历史被凝结成了民族社会主义的时间，而任何其他东西要么就是前历史的，要么就是命运。命运的观念在民族社会主义的宣传中起着日益重要的作用：[1] 它把这个政权变成了命运本身的刽子手，因为人类的未来要求不遗余力地使用该政权所提供的武器。

（八）反向宣传的三个阶段

尽管民族社会主义与西方文明之间的殊死对抗一直以来都很受重视，但是，有一个事实却仍未得到充分的考虑，即具有冷血的讲求实际和极权主义的技术理性特征的德意志新心态与仅仅被视为一种"欺骗"的德国传统文化之间有着近乎根本的断裂。[2] 这一点极其重要，因为德国民众十多年来，除他们的主人的逻辑和语言外，禁止按照任何其他的逻辑来思考，禁止按照任何其他的语言来交谈；德国民众很难理解传统逻辑和传统语言的诉求。因此，要抨击民族社会主义的心态就必须形成一些新的渗透形式（forms of infiltration），即通过回应来消解该心态。

---

[1]　参见德国在俄国挫败之后希特勒与戈培尔的演讲。

[2]　克里克讲道："激进的批判表明，所谓的文化已彻底变为无关紧要的东西，因此决定不能代表更高的价值。""最后，为了正在成长的民族实力与健康不要被这种欺骗所损害，也就是不要被文化所损害，我们要再一次简单地、真实地、准确地审视一番。"（Ernst Krieck, "Kultur-pleite," in *Volk im Werden*, no.5, 1933, pp.69, 71.）

[165]　　　在以下各小节中，我们将为这样一种反对性语言的形成提出几点建议。我们将试着勾勒出抨击的三个不同阶段的轮廓：

　　　　　1. 事实的语言（the language of facts），

　　　　　2. 追忆的语言（the language of recollection），

　　　　　3. 再教育的语言（the language of re-education）。

1. 事实的语言

　　现代战争根本上说是各种意识形态和各种哲学之间的战争——这个观念对任何有效的反向宣传来说都是有害的。在长期的整体揭穿骗局的过程中，德国民众一直以来都受到这样的训练，即把任何未被明显的事实所确证的东西都看成是在既定利益有意扭曲事实这层意义上的意识形态。因此，对人权、民主自由、人的尊严和道德法则等等的诉求在德国人那里听来很可疑、很陌生，就像我们听到民族社会主义哲学一样。德国民众理解和承认的只是事实，而他们渴望得到的也是事实和实际的成就。这使德国人的心态相比之前更加接近于西方的心灵，因而在两个充满敌意的世界之间架起了第一座沟通的桥梁。

　　反向宣传必须讲事实性的实用语言，而幸运的是，有足够多的事实可用来对付民族社会主义的事实。联合国家（the United Nations）① 的生产

---

① 1942 年 1 月 1 日，美、英、苏、中等 26 个国家在华盛顿发表《联合国家共同宣言》（*Declaration by United Nations*），决心共同战败德、意、日法西斯侵略，不到侵略国无条件投降，决不和敌国单独议和。这是"联合国"（the United Nations）这一名称的第一次出现，为了与 1945 年 10 月 24 日建立的联合国组织相区别，译者将马尔库塞 1942 年所撰写的该文中所出现的"the United Nations"翻译为"联合国家"，以指称签署了《联合国家共同宣言》的 26 个同盟国。——译者注

能力和战争潜力，它们的生活标准，它们对价格与利润的有效控制，即它们克服失业和在不镇压工人运动的情况下就实现了经济体系的转变的方法——所有这些都能以使民族社会主义的"成就"相形见绌并以备受谴责的方式来让德国民众通晓。统计对于转播这些事实来说并非正确的方法，对工厂、船坞、街市和商店中发生的突发事件，以及对军事和经济行动的简短的一手报道更能胜任这一工作。

　　然而，任何事情都取决于事实所处的环境，亦即取决于战争过程中和结束后是什么构成了事实。当然，现在这个问题超出了事实的语言阶段并隶属于我们接下来要试着说明的反向宣传的另一个发展阶段。但是，由于事实的整个环境同样很自然地决定着它们的表现，所以我们希望在此至少提及一个决定性的因素。我们已经说过，现在还没有任何证据能够证明德国民众与该政权是泾渭分明的。就反向宣传针对的是德国民众的大多数而非特殊的社会团体（后一种形式需要进行单独讨论）而言，我们必须把这个大多数视为现在的大多数，即与该政权紧密相连的大多数。结果，毫无疑问的是，联合国家会全力以赴地投入战争，直到民族社会主义连带其所建立的整个制度都最终被摧毁为止。换句话说，毫无疑问的是，要结束战争，制度内的转变根本无济于事，而是必须废除制度本身。在这里，对德国民众来说唯独紧要的问题是，战后将会发生什么？他们将是否仅仅以一种压迫和严格管制的形式取代另一种压迫和严格管制的形式？我们先前曾提到过，民族社会主义讲求实际的终极状态就是灾难性的宿命论：唯一的选择就是彻底的毁灭。战争进展得越深入，德国人的心灵就越是被这种观念所占据，而民族社会主义领袖最后的讲演明显受到了它的支配。这或许是最厉害的反对任何反向宣传的抗毒素（anti-toxin）。现在，唯有一种消极的处理方式是可能的，即官方要对一

[166]

切帝国主义的计划进行驳斥，要推广民族自决和代议制政府的原则，要与原材料和市场的垄断性的占有进行斗争。

很明显，强烈的"反资产阶级"情感在大多数德国居民中占据上风。"无产者民族"的政治口号以及反抗"财阀"的战争可能是民族社会主义最受欢迎的诺言。①诚然，对德国战时经济的严格管制很难隐瞒这一事实，即德国"财阀"的权力一直都保留了下来，甚至还得到了加强，因此，民族社会主义的宣传小心翼翼地把范围限定在了其他国家的"资本主义"上。此外，德国大多数民众的反资产阶级情感（与积极的反对派的情感形成对照）也被限制在了大财产和"金融资本"身上，对私有财产根本没有任何敌意。相反，他们渴望小财产可以恢复它之前的权利，并且废除垄断性的"征用"方式。在此，反向宣传可能还是需要以事实来抵御事实。西方国家的经济发展，在不带任何形式的恐怖主义的情况下，就有为了支持工业而削弱金融和商业资本的影响的趋向。"华尔街"不再是权力分配实际状况的象征。并且最重要的是，民主政府本身致力于打击有害的、垄断性的集中和实践。国会调查委员会（the Congressional Investigation Committees）的报告以及各政府机构提出并采取的措施，为呈现那些对民族社会主义的主张起反作用的事实提供了恰当的框架。这些事实表明，民主国家在抗击垄断利益对一般福利的侵蚀方面要比法西斯主义国家有效得多。

[167]

德国人始终害怕美国人的效率，并认为它可能是唯一值得尊重的对手。高效与民主的结合必定是事实的语言和事实的逻辑的核心主张。这一点不仅在战场上而且在大后方都得到了证实。自由与满足在全面战争期间

---

① 早期民族社会主义反对《凡尔赛条约》与"十一月罪行"的宣传非常巧妙地与德国居民中的反资产阶级趋势的诉求联系了起来（Hitler, *Mein Kampf*, p.530 ff.）。希特勒以 1940 年 12 月 10 日的演讲重新开启了反资产阶级的宣传（*My New Order*, p.873 ff.）。

向各个民主的民族开放的程度可以被引人注目地记录下来（照片、报纸）。这些自由与满足与受严格管制的"纯洁"以及民族社会主义贫乏的"娱乐"形成了鲜明的对照。它还可以进一步表明，在民主国家，人们是如何把军事力量、全负荷运行与更高的生活水平联合起来的，以及他们是如何取消特权的团体的。

2.追忆的语言

反对性语言发展的第二个步骤或可描述为将德国民众与该政权绑在一起的、冷血的讲求实际逐渐软化和瓦解的过程。该步骤只能以讲求实际本身为根据来展开，亦即它以联合国家的战争投入在稳步增加而民族社会主义政权的困难和挫折在稳步增加为先决条件。因此，事实的语言能够得到其他语言即我们称之为追忆的或回忆的语言的支持和补充。

对过去的追忆是民族社会主义宣传的最强有力的心理工具之一。我们曾经说过，在民族社会主义的德国，现在已经把过去吸收了进来，但是，过去却在自称最终征服了过去的现在中保存了下来。众所周知的 14 年，即希特勒反复向他的听众灌输的 14 年，不仅仅是一场诡计。这个神奇的公式打开了使过去的挫折、苦难和失败闯入现在并因此民众向那个把过去神圣化了的人寻求慰藉的大门。我们提到过民族社会主义灾难性的未来概念，而今我们又遭遇到了同样具有灾难性的过去概念。现在是夹在这两个灾难之间的中间区域，而这就是德国民众似乎对实际发生了什么视而不见的原因。我们曾指出，民族社会主义为过去中的不满打开了一个阀门，并使这种不满变成了引起团结和控制的诱因。这 14 年是不满最具体、最有效的象征，之所以更有效是因为它败坏的并不是专制政府而是民主政府的名声。

[168]

过去对现在的控制可以为突破现在提供杠杆。作为这样一个杠杆，回忆拥有这样一种使诸多能够减少现在的恐惧的印象得到恢复的功能。因为，过去不仅有挫折和痛苦，也有对自由的承诺。无数的受害者或德国人为实现这一承诺付出了鲜血。德国民众既没有忘记自由的背叛者，也没有忘记自由的殉道者。殉道者的名字遭到了诽谤，而忠于他们同样也要被处死，也要受到酷刑的折磨。但也许还有其他可以释放生还者的记忆的形式，即艺术的形式。通过对自由与幸福的承诺使人们勇敢面对现实，一直以来都是艺术的基本功能，而在现在的斗争中，该功能可以获得一种新的意义。

艺术在政治宣传中的作用是最大的难题之一，而一种错误的观念或许比拒绝使用该武器带来的伤害更大。然而武器极为缺乏，因此冒险提出一些建议是被允许的。播放一些"经典杰作"或许没有效果。且不说这些作品即使在民族社会主义德国也有良好的表现，它们并不对着德国人的耳朵来讲追忆的语言。对于德意志新心态而言，它们根本没有"真理价值"：它们并没有被理解为真实的承诺和潜能的化身。另外，它们已不再拥有"疏远"（estrangement）的品质，而这一品质正是艺术的政治功能的构成要素。要发挥这一功能，艺术作品必须疏离（alien）于它所描绘的现实，直到不能与现实达成和解为止，但与此同时，它必须对那些深受现实之苦并且说他们未被歪曲的语言的人有吸引力。现如今，"政治性的"艺术作品必须立即阐明人的希望和潜能与当前现实是绝对不兼容的。然而，古典艺术已经成为民族社会主义德国的官方"文化"不可或缺的一部分，而在此过程中，"古典作品"已经被驯化并且与普遍的思想和情感形式达成了和解。即便它们经受住了驯化的过程，它们也已被讲求实际的精神扼杀，因为这种精神把艺术看成是被规定好了的刺激物和消遣。希特勒的"艺术哲学"就关注艺术的这种特殊的权宜价值，这一点非常关键。① 他把艺术当成了顺从的滋补品和装饰品。

作为反法西斯主义武器的艺术，它的力量的大小取决于它无条件地、[169]
毫不妥协地讲真话的强烈程度。这个简单的事实暗含着艺术结构在形式上
发生了根本性的转变。艺术不再"描绘"现实，因为后者已经超出了"审美"
再现的能力。恐怖与那些忍受恐怖的人遭受的苦难比艺术想象的力量要强
大得多。但是，支配该现实的规律，以及规律所摧毁的承诺和潜能都能够
以其他形式被揭示出来，而这一形式同样隶属于艺术领域。因为它们只有
从所有虚幻的"非现实"的方面来表现，它们才能得到最充分的表现。我
们的语言和感觉适应了这样一个世界，在其中"现实"这一概念既包括生
存的光明面也包括黑暗面，既包括挫败也包括自由，既包括绝望也包括希
望。从这个意义上来讲，我们的语言和感觉超越了现实，即便语言和感觉
描述的就是现实。相反，民族社会主义已经去除了思想和观念中的超越性
元素；因此，它的世界不能以传统的形式来表现和重现。因为，以这些形
式来看，民族社会主义的世界是一个"不真实的"世界。这个世界的全部
真相只能以一种不带有文化意义上的和解性的希望和承诺的语言来述说，
或者，以一种完全按照撒旦式的形式——借此，民族社会主义实现了这些
希望和承诺——把希望和承诺纳入其中的语言来述说。例如，希特勒登上
权力顶峰的真实故事也许可以通过一种配有莎士比亚式的勾结、谋杀、背
叛和引诱情节的廉价的黑帮情节剧的形式被最有效地呈现出来〔德国诗人
布莱希特（Bertolt Brecht）曾做过这样的尝试〕。

3. 再教育的语言

闪现在过去与现在之间的追忆的语言之光，只具有次要的价值，它

---

① *Die Reden Hitlers am Parteitag der Freiheit 1935*, München 1935, pp.36, 40.

[170]　既不能创造也不改变决定一切的事实。这同样适用于反对性语言发展的第三个步骤，即再教育。

　　负责任的英美政治家经常表达这样一个观点，即仅仅恢复现状不足以确保民族社会主义的灭亡。亨利·华莱士（Henry Wallace）声称，"150年前的革命尚未完成"，因此"在免于匮乏的自由真正实现之前，这个革命不能停止"，而萨姆纳·韦尔斯（Sumner Welles）所宣称的"帝国主义时代已经终结"就考虑到了这个事实。① 不容忽视的是，民族社会主义为了摧毁德国民众心中的现状这一观念已经尽其所能，而这样做的后果是很难抹去的。② 此时此刻，新旧德国之间的断裂或许是最明显的。德国不能倒退，即便她想这样——这一点不仅仅取决于国际经济发展的客观条件。民族社会主义以技术理性与效率为导向的教育已经——不只是大声地宣告传统禁忌正在发生转换——改变了大多数居民的思想与行为模式。传统德国的"内在性"与"浪漫主义"——同样表明，大部分居民在政治上是不成熟的——已经被民族社会主义的动员所摧毁。

　　在完全政治化——民族社会主义要求德国民众臣服于该过程——的影响下，德国民众有可能在政治自决（self-determination）方面——与统治者的意愿完全对立——变得成熟起来。民众已经看到民族社会主义匪帮轻而易举地就接管了、履行起了行政职责，而这些行政职责曾是牢牢掌握在特权团体手中、尤其是在履行行政职责的过程中受过训练的特权团体的手中的特权。被统治的大众经历了该匪帮是如何极为有效地"计划"和严格管制生产和分配过程的，是如何极为有效地对付由通货膨胀和其他经济混乱造成的威胁的，以及是如何为了获得充分的产能而对工业设备做出极

---

① P.M., May 10, 1942; *New York Times*, May 31, 1942.

② Paul Hagen, *Will Germany Crack?* p.246.

为有效的调整的。民族社会主义已经剥夺了至高无上的行政活动的高贵品质，使它们离开了被统治的居民的双眼和双手，并把它们变成了一种正常的生意。诚然，民族社会主义同时把这个生意保留了下来，以便进行非法的勾当，但这种保留仅仅是权力问题，而非特殊的能力和才智问题。而这种权力能够被打破。另外，民众所训练的讲求实际有可能使其心对理性化的工业设备与其极权主义的限制条件之间，巨大的生产力与对它的使用之间，潜在的财富和现实的恐惧之间突出矛盾的理解变得敏锐起来。

[171]

　　然而，有可能发生的是，所有这些知识和洞见都会窒息而亡。在缺乏实现它们的恰当手段的情况下，它们必定是无力的。等待民族社会主义体制自我瓦解，那简直太天真了。如果德意志的新心态包含了任何解放的力量，那么它们也只能在与该政权展开富有成效的斗争的过程中得到释放。再教育，即这些力量的解放和培养，本身就是这场斗争的一个元素。

　　民族社会主义通过利用现实的保障对抗潜在的自由的方式维持着它的权力。对德国大众而言，极权主义的保障比他们在魏玛共和国的统治下所享有的民主自由更现实。民族社会主义宣传的基本原则就是告诉大众（民主的）自由与保障、人权与充分就业、机会平等与权力平等是不相容的。民主、自由、失业和贫困已经被焊接成一个令人恐惧的实体。因此，呼吁民主自由似乎相当于呼吁不安全和失业。联合国家的发言人已经考虑到了这一点，因此把他们对"普遍保障"这个观念的诉求当成了战后秩序的标准。根据这个政策，任何对德国大众的再教育必须以斩断保障与专制主义之间、充分就业与极权主义的严格管制之间的心理联系为目标。人们在纳粹体制下的顺从和专制性格并不是一种不可更改的自然性质，而是一种与大工业转向直接的政治统治相伴而生的历史性的思想与行为方式。因此致使工业社会转向专制社会的社会力量一旦被打败，该性格就会消失。

在民族社会主义德国，这些力量清晰可辨：它们是大工业联合，即帝国经济组织的中心，以及政府和政党官僚体制的上层人员。打破他们的统治是再教育的先决条件和主要内容。

因此再教育不再是传统教育观念，即不再是"只反映先前时代的真理，而不反映将来时代的真理"[1]。再教育主要是教导民众"生产更多的食物和更多商品"，教导他们为消费而生产。确实，这是必须教和学的东西。因为在向群众灌输非理性的牺牲、辛劳和贫困的哲学的过程中，民族社会主义已经把它所维持的经济上的匮乏理性化了。因此经济重建必须伴有以"免于匮乏的自由"——而在民族社会主义社会，它同样成了一个没有意义的概念——为导向的教育。

[172]

（九）差异化的反向宣传

我们至今尚未根据不同的德国人群体来区分我们对反向宣传的讨论，而讨论本应该直指不同的德国居民群体。我们曾说过，德国民众被强迫执行的"统一"允许进行大范围的无差异的宣传，但是战争越是深入，以及随之而来的民族社会主义社会内部越来越严峻的对抗，这样一种差异化的宣传方式将变得越来越迫切。

两个团体从一开始就被排斥在反向宣传的对象之外，即大工业和政府官僚体制中该政权的社会中坚力量。随着该政权的倒台，他们将丧失一切，并且不能期望在其他政权那里有任何收获。诚然，他们会努力"调整"自己，但在任何政府形式下，他们都是极权主义的主要组成部分。[2] 除了

---

① Henry Wallace, in P.M., June 7, 1942.

② Paul Hagen, pp.244–7.

该团体之外，民族社会主义体制的积极的反对派在严格意义上同样不在宣传的范围之内。该反对派知道要做什么。而它唯一能从外部得到的东西就是关于他们自身经验之外的事态的事实信息，以及从事破坏和抵御恐怖的工具。

再就是中小企业、自由职业、农民和广大的工人阶层等团体。他们部分重叠，但却构成了相当稳固一致的追随者群体，他们都是党的底层的官僚和真正的党员。新心态已经把根深深地扎进了这些团体，因此只有通过诉诸他们最为直接的物质利益，这种新心态才会消失。

民族社会主义已经摧毁了中小企业的独立性，并把它的成员变成了基层官员、雇员或工人。① 在这些职位上，他们享有新的保障。考虑所有 [173] 工业国家不断发展的技术理性化，恢复他们之前独立的职位似乎是一种政策的倒退。他们最惧怕的是他们跌落至"无产者"。比起小企业丧失保障的自由，他们甚至可能更喜欢专制的保障。他们知道过时的"常态"不可能再恢复。他们希望看到的是，战后经济的民主计划既不会把他们交由大工业来统治，也不会把他们变成无产者；他们还希望看到，他们不再被淹没在"经济商品的自由流动"中。相比旧常态和"一切照常"的承诺，一种使他们拥有特定位置的计划经济对他们来说更有吸引力。

然而，在自由职业中，自由不仅仅是一种"意识形态"价值：它正好构成了职业自身的本质。因此，自由职业在民族社会主义德国是不存在的，因为对它们来说，普遍保障的标准必须辅之以它们先前对自由的诉求。它们是完全依赖言论自由、研究自由和出版自由的典型的民主职业。

至于那些不属于积极反对派的劳动者阶层（包括农民），最强大的诉

---

① Franz Neumann, *Behemoth*, p.264 f.; *Inside Germany Reports*, no.10, 1940, p.10.

求就是充分就业和更高的生活标准。尽管民族社会主义小心翼翼地避免太过明显地降低更高的生活标准但它却被迫将充分就业与稳步增加劳动强度和延长劳动时间结合了起来。反向宣传可以把重点放在"民族共同体"与拥有特权地位的少数统治团体之间的矛盾上，因为正是后者使工人的奴役状态成为了必要，然而，充分就业的问题不仅是一个经济问题，它还是一个政治问题。联合国家一再宣称战后世界必须是一个"有计划的"世界。新计划的内容和功能将取决于新的权力分配和自由的人民所赢得的政府形式。如果德国工人相信他们将在新的权力分配中拥有足够的份额，他们也会相信，他们将成为该计划的主体而不仅仅是客体，那么，使他们赢得民主事业的决定性的一步也就迈出了。

增补一[1]

接下来的评论都是基于那些从我的《德意志新心态》的报告中和**《情绪**和**态度》**(*Stimmung and Haltung*)的报告中，以及从你的《德国民众心理及其对宣传政策的意义》报告中概括出来的假设。

尽管你和我的解释具有本质上的差异，但我们都同意，我们认识到了一种特定的纳粹心态——它要求一种特定的新的宣传方法。**态度**一词可以简略地描述该心态。我认为，除此之外，我们还同意，新的宣传方法的基本元素一定是**"事实的语言"**，而不是诉诸"士气"、对满足和惩罚的预期、承诺等。一些地方，事实的语言有可能需要辅之以其他的诉求，这一点我们可能是一致的，但事实的语言必须始终都是其他诉求的现实依据。讲事实的语言并不意味着把宣传限制在新闻广播上，而是意味着一切广播都必须以"事实性的符号"(fact symbols)为中心来构建。你提供给我的"德国劳动节目"(German Labor Show)的样本有大量的、完美地使用"事

---

① 该文本来自马尔库塞档案馆（#119.02），它没有标题和日期。它提到了他的报告《德意志新心态》以及其他报告，因此我们推测，该文本是他 1942 年至 1943 年 3 月间在战争信息局完成的作品的一部分。

实的语言"的案例。（我只想说的是，美国和德国在工作时间与较好地处理外国工人问题上对比鲜明。）另外，它们避免了不可宽恕的错误，对纳粹意识形态非常重视，并在客观层面上对其做了驳斥。然而与此同时，它们却经常与它们自身的标准相抵触，并且未能触动纳粹心态的薄弱环节。

[175]　　广播充斥着这样的句子，比如，"这一天正在无情地逼近，不可阻挡……"，"必须阻止它实现！必须摧毁希特勒拖延战争的计划"，"算账的那一天不远了"。这种纯粹期望性的语言不可能对德国工人产生影响，因为它整个的是保证和期望的语言，既不能实施也不能通过事实和事实性的符号来实现。对德国工人而言，表现出痴心妄想简直太容易了，而更糟糕的是，与痴心妄想相类似，他们在不能实现自身愿望的情况下放纵自己。这有可能使我们成为他们软弱的而不是强大的合作伙伴。

　　我们可以假定，就像纳粹的**态度**已经强加给了德国中间阶级和德国青年一样，它也强加给了德国工人。大量的德国工人已经接受纳粹体制；他们试图容忍它并"坚持下去"。他们始终认为，"他们都在同一条船上"；不论将要发生什么，他们都在等待着。这种态度有可能通过残暴的恐怖延续下去，而它也将始终占据主导地位，①并且它不会被对自由的诉求和倡导所毁灭，也不会被对民主的福祉的描绘所毁灭。因为德国工人主要是从魏玛共和国来思考民主，也就是说，主要是从持续不断的议会争执、内讧、通货膨胀、失业和无保障来思考民主。而只要他们仍然以过去为根据来认识和理解权利和自由，他们对先前的权利和自由的记忆就根本不可能解放他们的诉求。即便它们被当成是未来的馈赠，它们也不会成为解放的标志，因为过去的事实在这些承诺成为现实之前会把未来遮蔽起来。

---

① 德国生产一直以来都没有出现明显的衰退，这一事实本身就是该假设——得到了来自德国的报道和纳粹对恐怖的宣传的证实——的充足证据。

如果我讲的是"大量"的德国工人，那就是我没有考虑那些保持着德国劳工的**马克思**传统的团体。我们对他们的力量毫不知情，但不管他们到底有多强大，这些团体都不需要任何针对其他阶层的宣传。对他们而言，唯一值得倾听的或许就是那些传递超出其经验和知识范围的事件与对策的事实信息的广播（例如，大企业与纳粹党勾结的细节，德国的海外投资，被占国家的情况）。

通过从手头的样本中挑出一些段落，我将冒昧地提出几条如何向德国工人宣传的建议。

广播经常对美国与德国的社会进步和社会立法进行比较。对德国工 [176] 人而言，这必定是粗糙的、虚假的宣传。德国报纸上充斥着对美国国内情况的描述（大多摘自美国报纸和杂志）。他们都知道新的战争中心的住房条件，知道新的战争中心歧视黑人，缺乏全面的社会保险。另一方面，纳粹德国拥有综合的社会保险制度，而德国工人的住房条件也并未恶化。"在希特勒的领导下，德国每况愈下"这个有影响的句子对于他们的绝大多数来说或许没有任何意义。他们自 1934 年以来一直都充分就业。当然，食物匮乏；他们不能买任何东西，并且每天工作 10 个、12 个或 14 个小时，但他们却认为，他们是在为生存而战。在这种情况下，拿美国的社会进步与德国的社会衰退来对比，只能激起一种充满敌意或愤世嫉俗的反应。

广播号召德国工人帮助联合国家推翻希特勒政权并且将德国从"僭主"（tyrant）手中解放出来。它们还谈到了德国工人的"**使命**"。但这却正是希特勒一直在反复告诫他们的事情！我们应该极其小心地**不要**规劝德国工人去反叛甚至去帮助我们打败希特勒，因为这或许很容易引来这样的回答，即让远在 3000 英里外的安全港湾来号召反叛，这个诡计太粗劣了。因此，要求"帮助"可能很容易得到这样的答复，即我们没有向 1933—

1934 年的德国工人提供过任何帮助，因此现在也没有权利指望得到他们的帮助。

我们还应该避免讨论"被希特勒的专制无情地奴役的人民在呻吟叹息"，避免讨论"无知导致褊狭、奴役和战争"，我们要把它们"一劳永逸地"消灭掉。这种语言使人想起了老**和尚**（Bonze）的节日致辞；其词汇只能引人发笑或憎恶。听众甚至有可能根本不理解我们正在讨论些什么。在此，我们遇到了在向纳粹德国进行广播的过程中最棘手的难题之一。我们不能先验地做出这样的假定，即希特勒政权以及盖世太保带给普通的雅利安德国公民的恐怖与它们带给我们和德国积极的反对派的恐怖相同。对他们而言，盖世太保并不比针对普通美国公民的联邦调查局更现实或更恐怖。他们认为，希特勒政权是专政，但是，它对于他们来说不比虽然拥有自由选举和自由组织但也不乏失业和通胀的共和具有更多恐怖的含义。

[177]　　　这立即引出了**战争与和平的目标**的问题，以及如何制定这些目标以使它们能够对德国工人有吸引力的问题。民主自由无济于事。"自由工会的工人们联合起来"也于事无补。且不说在德国工人心中，工会与既不能阻止纳粹崛起也不能给予他们保障的体制之间存在着不可分割的联系，工会是否会成为德国未来民主社会的最佳象征，这是值得怀疑的。德国工人一直以来不断听到的都是些有关美国工会"诈骗"和分肥制的故事，因此，通过简单地把美国工会描绘成自由的模范不能动摇他们对这些故事的看法。一切和平的目标必然是对未来含糊其词的预测，而未来对德国工人来说没有任何分量，因为他们已经完全被极权主义对现状的影响所占据。只有一个方法能够打破这种占据，即激起他们尽快结束战争的欲望。而这同样不能通过我们入侵的承诺和规劝他们提供帮助来完成，而只能用"事实的语言"，通过向他们说明希特勒政权必定会继续战争，原因是为了纳粹

大企业的利益它必定要捍卫并维持对欧洲大陆的经济剥削和掠夺。此种论证能够摧毁这样的信念，即德国工人是在为德国民众的独立和自由而战，以及他们将享有保障和不断提高的生活水平。

为了达到这个目的，该论证必须严格地以事实信息为依据来进行。可获得的材料十分丰富。可以遵循三条主线：

1. 表明纳粹大企业在被占领国和被控制国的实际扩张，在东方、巴尔干和西欧的投资；提供染料托拉斯（the Dye Trust）、大陆石油公司（the Continental Oil Corporation）和纺织工业迅猛发展的详细信息。

2. 表明希特勒的经济政策，乃至很大程度上他的政治和社会举措越来越多地用到了增强和扩大纳粹大企业的统治权上。

3. 表明纳粹党和大企业的融合日渐明显；表明"英雄的"党和纳粹党卫军（S.S.）的领袖已经获得了巨大的商业利益。

通过这种方法，为了德国民族的生存而战的愿景有可能逐渐缓慢地转变成为了确保纳粹党和大企业的老板们的财富而战的愿景，而对**民族共同体**（Volksgemeinschaft）的信念（它或许仍然在大部分德国大众的头脑中存在着）也有可能转变为对牺牲和回报之间不可避免地加剧不平等的认识。〔不幸的是，广播在讨论总动员（the Total Mobilization）的过程中并未抓住能够证明这一不平等的明显的事实〕。 [178]

增补二①

对德国内部状况的分析似乎证明了该假设的正当性，即所有那些不在纳粹政策（例如，党的官僚、大企业家和大地主、军队）中直接受益的社会团体已经丧失了对新秩序的信任。但是，这并不意味着德国士气的崩溃。除了纳粹政权能够在很大程度上无须公众的和私人的士气（它已被技术上的和组织上的一致性取代）这个事实外，德国人通过"在同一条船上"被绑在了该政权上，而只要船还在漂浮，反对它就等于自杀。但是，德国人态度的转变却表明，在军事上战胜纳粹之后该如何动员他们与联合国家积极合作。

我们在此考虑的仅仅是该问题的一个方面，即如何把敌人呈现给美国民众才能为动员美国民众做准备，并促进这种动员。这并非什么遥远未来的事情，因为德国人与联合国家合作的意愿很大程度上就依赖于美国民

---

① 该文本来自马尔库塞档案馆（#129.00），它没有标题和日期。该文本被打印在了类似于马尔库塞该时期手稿的底稿中，它在内容上与《德意志新心态》很接近，并且描述了马尔库塞所提及的方案，因此，说该文本出自马尔库塞之手是合理的。它提到了他的报告《德意志新心态》，因此我们可以推测，这是他 1942 年 12 月和 1943 年 3 月间在战争信息局完成的作品的一部分。

众在战争的决定性阶段对德国的态度。

德国大众对美国人的态度很矛盾——德国人既害怕他们，将其视为最危险的敌人，同时又赞赏他们并且愿意模仿他们。其中的缘由是，近十年来，尽管他们有明显的意识形态冲突，但是德国和美国"文化"之间的鸿沟已经逐渐消除了。拥有技术统治论、实用主义政策的纳粹政权本身加速了这一过程。我们可以大胆地假设，各个阶层的德国人都在焦急地望着美国人，正在密切关注能够揭示美国人是否和如何理解他们的处境以及他们愿意遵循什么政策的任何迹象。另一方面，美国民众似乎没有充分地意识到敌人的本性，他们的敌人有可能几乎一夜之间就变成反法西斯战斗的潜在盟友。他们要么就是把德国民众与纳粹等同起来，要么就是把纳粹视为"偶然的"敌人，要么就做出一些太过狭隘的、与事实不符的区分。因此，一方面有一种客观公正地评价的趋势，它把敌人的恐怖活动中立化了同时也妨碍了不遗余力地消灭敌人的决心，这是一种甚至比德国人更承认纳粹的心理冷漠；另一方面，还有一种不分青红皂白就把纳粹主义扩展到德国方方面面的趋势，它培养了一种同样无法迎击真正的敌人的态度。[180]

下面的几个段落就如何向美国民众阐释其敌人冒昧地提了几点或许有悖于这些趋势的建议。

1. 绝对不能低估敌人的**最高象征符号**的意义。世界大战目前的战线越复杂、越扩散（布尔什维克主义的俄国和"帝国主义"的受害者与"帝国主义的财阀统治集团"处在同一个阵营），就越迫切需要一个标示真正的敌人的、引人注目的象征符号。这种符号必须尽可能地承载敌人的全部的恐怖和力量，并且同时清晰地界定与他"相应的"受害者形成对照的范围和领域。"轴心"这个术语太过技术性且感情上是中立的；术语"极权主义"有相同的弊端并且太过抽象含混。"专政"一词掩盖了德国与俄国之间的差异。术语"僭主政体"和"专制统治"把重点从社会经济现实转移到了狭隘的政治形式，同时也卸除了那些支持和维持该政治形式的社会团体和社会力量的责任。"纳粹分子"和"纳粹主义"（**不是**民族社会主义）似乎仍是最恰当的象征符号。它们在其发音和结构中就包含了用以刻画其所指物的、野蛮的仇恨与恐怖。另外，它们摆脱了国家和社会主义的幻想，而它们未经删节的形式却仍有可能传达该幻想。该符号的弊端很明显：它缺乏广泛性，因为它仅限于德国政权。但意大利和法国的纳粹化甚至更加公开，当然，伴随着德国的战败，它们在战争中也将被彻底击垮。至于日本，"日本佬"（Japs）一词就是一个中性化的类比。

[181]

　　2. 如果最高的象征符号由于相互冲突的**象征符号**陷入了瘫痪，那么它的影响就会收效甚微。俄国人经常被说成是"赤色分子"（Reds），尽管对许多人来说，该词与"纳粹"传达了同样的情感（然而"红军"一词现如今却获得了不同的含义）。另外，帝国（the Reich）实际上同样由于使用了那些吸收而不是否定纳粹意识形态的、相互冲突的象征符号，从而使敌人的象征符号陷入了瘫痪，值得一提的是元首（Führer）或领袖，精英卫队（the Elite Guard），劳工阵线（the Labor Front）等等。它们应该用那些指涉纳粹主义现实的术语——比如，希特勒，他的恐怖主义的匪帮或警卫，义务劳动大队等——来代替。

　　3. "纳粹分子"和"纳粹主义"两词最严重的缺陷在于它们不允许在该政权、它的追随者和它的对象之间做出任何**区分**。因此在关于敌人的报道中，象征符号必须被分解为更加具体的、用以标示纳粹主义的实际构成的术语。这样的区分必须实现双重目标：（1）挑选出那些凭借其条件和利益而成为战后重建核心的社会团体；（2）把对敌人的仇恨和决心摧毁的敌人集中在那些构成纳粹主义中坚力量的团体身上。在这两种情况下，区分必须清楚地表明，联合国家打算遵循的政策关系到战后的欧洲。

顺着这些线索对敌人做一种有区分的描述被下述事实进一步地复杂化了，即纳粹主义的积极的支持者、追随者、大众与积极的反对派之间的区别跨越了社会阶层的分界线。除了大工业家以及与其联合起来的高层的党和国家的官僚之外，任何一个传统的社会团体都不能被确定地说成是纳粹的或反纳粹的。该政权无疑加速了社会向统治集团（它与旧的统治阶级并不等同）和受管制、被操纵的大众这两极分化的趋势，然而后者与无产阶级的反对派这一概念毫无共同之处。前者"工人贵族"已发生了转变，有了极大的扩充，并被纳粹的官僚体制吸收了进来。除了积极的地下反对派之外，工人被恐怖、保障和恐惧的绳索绑在了该政权上。那些并未被集中化和理性化进程瓦解掉的中产阶级团体已经在心理上、经济上与该政权的政策达成了一致，但它们不能算作该政权"天生的"支持者。 [182]

最简单的区分方法似乎就是只把**纳粹党**挑出来，把它当成真正的罪犯。然而，这种方法很荒谬，其原因有三：（1）党的无名之辈（anonymity）遮盖了该政权背后最强大、最积极的力量，即大工业家和旧政治官僚的残余；（2）党员身份本身不能证明就是积极的纳粹主义，因为在很多情况下，它只是权宜或妥协的产物；（3）随着该政权的倒台，党会很迅速、很彻底地消失，因此，除了众所周知的高层人物之外，很难鉴别一个人是不是党员。相反，许多在党内没有发挥任何作用但却被束缚在纳粹主义的社会与经济基础上的人会把自己称作反纳粹分子。

在这种情况下，有差别的描述的唯一坚实的基础只能由纳粹主义自身的社会与经济结构来提供。这就意味着，在任何可能的场合下，描述都应该揭发纳粹政策、措施和法令的真正受益者和煽动者。这一做法会将"分而治之"的政策运用到那些熟练地掌控它来反对民主的人身上，因为在民族共同体的薄纱下，德国的社会对抗要比民主国家的社会对抗更根本得多，而把这些对抗揭示出来可能是最有效的策略。我们只想举两个例子：（1）在关于反犹措施的报道中，差不多全部重点都落在了纳粹党卫军和党所起的作用上，落在了他们的残酷上，落在了群众的消极抵抗上。但是至少应该以同样多的空间来揭示这些措施的实际受益者不是小商贩，而是大企业自己。我们很容易就能举出很多具体的例证。那么纳粹政策服务于搜刮和奴役全体"雅利安人"就会一览无余。如此一来，在德国之外发现的、对纳粹的许多措施或多或少隐藏着的同情心就会被消除殆尽。（2）美国报纸经常报道关于纳粹政权强加给资本、投资和利润自由的限制的消息，但却鲜有说明何以尽管存在这些限制但"经济保皇分子"（economic royalists）的立场非但没有被削弱反而得到了巩固，并且他们仍旧在纳粹经济中具有关键的作用。德国大公司的收益与实际的工资水平的比较就是很好的说明性材料。这只是在众多为了达到目的而必须从有关的制度方面而非从特定个人或主体方面所做的描述中的一种情况。纳粹政策有可能会打击后者，阻止他们的运动，削弱他们的影响，但同时增强大联合企业、托拉斯和卡特尔的力量。

[183]

    4. 对**德国军队**的描述引起了一个特殊的问题。我们已经在别处指出，"美化"德国军队的实力、其组织的奇迹及其将军的足智多谋（这个方法尤其被《时代》杂志所使用）带来了有害的影响。在此，我们想提请注意的是一份引人注目的关于旧军官团体与希特勒、纳粹党卫军或纳粹党双方之间不和的报告。分歧确实存在，而冲突也确实发生了。然而，以美国民众想在德国军队中找到对抗纳粹主义的潜在的先锋部队这样的方式来描述分歧，那将是致命的错误。军队有可能最终转而反对希特勒及其匪帮，它甚至可能为了在时机成熟的时候把自身交给另一个政权而现在就在试图

"孤立"他，但是它无论如何都不可能赢得民主的重建。因为德国军队在其整个结构与哲学中都与帝国主义扩张的利益和需求紧密地联系在一起。军队和党是同一头怪兽的两个脑袋。军队与党之间的冲突应该如其所是地进行阐释：两个竞争派系之间的斗争，它们都在为争取最高效的、最有利可图的控制德国民众和确保其主人统治权的方法而战。在被占领土上，德国军队曾支持、鼓励和实施过各种各样的暴行、酷刑、压迫和剥削。这些行径应该载入那些让美国人观看的军队的画面之中。

5. 在记录和分析重要的纳粹分子的**演讲与著作**时，美国新闻出版界似乎以学术的客观性和准确性为导向。为了寻找焦虑和软弱的迹象，希特勒的话语直至最隐秘的细节都得到了梳理，而翻译则赋予了它们在德语原文中明显缺乏的理性与协调一致的光环。这种做法使纳粹党魁变成了圣人——他们的话语说出了这个世界的希望和焦虑；它们使"元首"的传奇延续了下来。为了发现他是悲观还是乐观，我们无须对希特勒的言论做太过复杂的解释。我们应该带着一种心怀蔑视的优越感来处理纳粹的言论，而不应对它们进行广泛而庄严的宣传。虽然嘲笑纳粹分子的实际成就和实际力量是有害的，但是，他们的言论和意识形态的宣传只有在一个充满恶意的荒诞的氛围中才能够最充分地呈现出来。

6. 美国的公众舆论大多情况下都把纳粹主义看成是德国的事件，或者至少是欧洲的事件，并且战争又极大地强化了这一解释。而今，我们或许可以明确该体制的社会结构，看它到底是国家社会主义（state socialism）还是国家资本主义（state capitalism），毫无疑问，这具有超出当前战争前线的**国际意义与国际影响**。军事扩张和侵略外国领土，不是纳粹主义在国际上的唯一标记，而心理战也不是它"平和地"侵袭民主的唯一方式，尽管这几乎是纳粹主义独有的特征。民主国家转向法西斯主义的决定性步

[184]

骤是由该国的本土居民所采取的，而驱动力却源自大企业的重要地位。孤立主义不仅从军事上来讲是错误的，从社会的角度来讲也是错误的。即使任何形式的侵略严格来讲都是难以忍受的或根本不能忍受的，反抗纳粹主义的战斗仍将是一场保卫自己的家园和土地的战斗，一场保卫人们在自己的国家最原初的权利和自由的战斗。这个方面应该在对敌人所做的描述中充分地揭示出来。美国人在海外作战，离他们固若金汤的祖国数千里，这个事实一直以来都很容易使人们把该战争污蔑为"帝国主义的"战争。对战争的社会特征的强调也许有助于抵消这种宣传可能会带给美国人心灵的影响。

7. 人们经常说，在普遍盛行的对敌人的描述中，一个最严重的缺陷就是缺乏充分的对**战争与和平**（war-and-peace）**的目标的具体构想**，缺乏强烈地将敌人及其世界与联合国家为之而战的世界加以对比的构想。这里也一样，问题在于获得象征符号而不是做出学术性的解释。始终被当成该领域最高象征符号来使用的"自由"，似乎一定程度上正在丧失其吸引力，而自由的意义也在同等程度上被保障与充分就业的意义吸收了。后者无须维护自由就能实现，并且它们就像是纳粹宣传的主要资本在发挥作用。另外，不仅在法西斯主义国家，甚至在民主国家，对大部分人来说，自由和保障似乎已成了相互排斥的象征符号，并且很明显人们似乎更倾向于保障。从自由转向保障的公众舆论不能被宣传所扭转，因为它深植于社会结构从市场经济向计划经济的转型之中。最令人印象深刻的一次将"自由"与"保障"一同焊入自由的保障（free security）这一新的象征符号之中的尝试就是华莱士的"普通人的时代"。敌人的新秩序的象征符号完全不同，举例来说，它有可能就是"经济巨头的时代"。

[185]　　8. 该问题还有一个与内容分析的体制基础相关的更为一般的方面，

那就是何种**类型的象征符号**可以最为有效地用来描述敌人。问题只能以对敌国的社会形势以及在此形势下产生影响的趋势加以彻底的分析为基础来回答。因为符号应该不仅对美国民众有感染力，而且还要对那些在敌国居民中能与该政权决裂并成为未来重建核心的各团体有感染力。只有在他们可以辨别谁是他们的敌人时，在他们可以认识到他们自己在目前战争中的利益和目标区别于政权的利益和目标时，他们才会找到敌人。

我们能够从可获得的材料中推导出一个原则，把它当成挑选有效的象征符号的线索：**要求象征符号必须始终如一地服从事实性的象征符号，并尽可能地用事实性的象征符号来替代。**我们在《德意志新心态》的报告中曾试图为该原则做辩护。同样强大的事实也支持美国社会的原则的有效性。批量生产和消费的时代借由它的技术理性和实用的讲求实际改变了人们对自由主义时期的口号和理想的态度：他们都以社会现实残酷的事实为根据来解释这些口号和理想，如果事实与理想不符，他们就会调整思想和行动来适应前者，而不是后者。批判现实主义的作品就隐含着这种态度，它使事实拥有了比最珍视的价值还要高的权威。鉴于事实性的象征符号的吸引力的持续增长，我们建议，在描述敌人的时候，应该去除纳粹现实的各种残酷事实神秘的或理性的面纱，为"普通人"揭露它们真实的意义。

当然，更困难的是，为描述战争与和平的目标来寻找事实性的象征符号，因为对这些目标的陈述将自然而然地拥有"期望"的形式，而且还要涉及未来的事件与价值。不过，未来的政策也许可以在现在体现出来，并且通过这种方式，事实性的象征符号也有可能成为一个可担保实现的期望的承担者。在被解放了的领土上对"卖国贼"的处理提供了一个很好的例证，而"卖国贼"这个象征符号就承载着期望。

就敌人而言，战后秩序应该从目前的制度、机构、关系和组织等方

[186] 面来讨论。消极地讲，这意味着，要尽可能清楚地阐明，一定要摧毁和废除制度等方面。积极地讲，这意味着，被提出来用以取代它们的秩序的纲领，应该以日常物质利益为依据，而不是以全世界的蓝图为依据。

增补三①
论心理上的中立

目前的战争已经从根本上改变了平民对敌人的传统态度。他们不再轻率，不再受满怀激情的热忱与决心的冲击：他们只是表现出了赞赏、严肃、冷漠，不过是以讲求实际的方式表现出来的。最近纳粹正在呼吁更深的仇恨和更深的利己主义，"压制无偏见的、公正的欲望"，而这却表明，这种欲望就是德国普遍盛行的欲望。② 然而，这并不局限于德国。战争的技术特征及其社会背景和经济背景在民主国家中也助长了"心理上的中立"状态。而在他们本国居民中激烈地与该态度作斗争的纳粹分子，在利用它来侵蚀他们的敌人的士气上用尽了一切办法。

拿法国来说，这已经得到了充分证明，大部分居民的心理上的中立成了散播失败主义和顺从的工具。然而，该态度的危险影响远远超出了法国的特殊情况。日常生活中表征技术时代中人的行为的实用的讲求实际倾

---

① 这个标题为"论心理上的中立"但却没有作者和日期的文本是在马尔库塞档案馆（#129.01）中发现的。它提到了马尔库塞的报告《德意志新心态》，并且以相似的风格表达了相似的观点，因此该手稿可能是他 1942 年 12 月到 1943 年 3 月间在战争信息局完成的作品的一部分。

② Goebbels, quoted in the *New York Times*, September 3, 1942.

[188]　向于从客观力量、机器和制度方面来解释具体问题和确实处在生死存亡之际的每个人的命运。因此，人们在心理上卸下了强加在他们身上的、几乎难以承受的负担。此种理性化不仅能够使他免受各种威胁其生存的事件的影响，而且还免去了在他生存的每一刻都与此种威胁作斗争的、无休止的决断。战争变得"如此理性，以至于无法让人对它感到兴奋"①。兴奋的这种缺乏，不仅使人完全看不到事实，甚至使人盲目地反对事实。当现实已经变得比最荒诞的故事还要残暴的时候，他们也就不再相信残暴的故事了。"民众……他们的愤慨（在第一次世界大战中）为了在军事上取得胜利而被践踏了，而现如今在面临真实的残暴行为时，他们却神经质地以不作为的方式来使他们免受这种剥削。"② 然而，在目前的环境下，即使在没有证据的情况下对残暴故事表示仇恨和信任也比最理性、最冷静的评价更接近真理。希特勒的新秩序带给世界的恐怖公然挑衅一切理性的评价，而且还呼吁超出理性之外的仇恨和信仰，并且还把它们视为唯一恰当的反应。这样的反应同样要比"无偏见的、公正的欲望"更为人性，因为它使得对受害者的同情以及想把他们解放出来的坚定的意愿变成了思想和行动的最高动机。

德国人对仇恨和热情的呼吁证明这些心理因素对战争的技术安排也有直接的影响。它们使人们能够强行进入一种使理性很快就听任摆布的处境，看到超出无偏见的评价范围之外的可能性，处理意想不到和未知的事物，在任何情况下发明武器并发现解决的办法，掌握"即兴创作的艺术"。赞赏俄国士兵③ 这些品质的德国陆军上尉已经认识到，即使在一切

---

① Edmond Taylor, *The Strategy of Terror*, Pocket Book Edition, p.234.

② Ibid., p.169.

③ *The New York Times*, September 5, 1942.

最讲技术的战争中，热情不足和理性丰沛可能是一个非常实质性的缺陷。据该专家所言，它们在很大程度上要为纳粹分子无法在俄国取得决定性的胜利负责。实际上，纳粹分子向人们表明他们才是在他们实际上充满仇恨的地方——即在他们消灭内部敌人的地方，在他们迫害无望者和无力者的地方，在他们的犹太人社区和集中营里——成就不可能之事的真正的艺术大师。

在居民中普遍盛行的心理上的中立所带来的问题包括两个方面：　[189]

1. 它要求进一步明晰法西斯主义国家居民的无偏见的讲求实际，直至把握住民族社会主义政权真正的讲求实际，以及该政权与联合国家形成鲜明对照的命运。该问题已在别处做了讨论（在《德意志新心态》的报告中）。

2. 它打破了在民主国家居民中普遍盛行的心理上的中立，因为该态度可能会阻碍对轴心国的全面斗争。无疑，采取法西斯主义宣传和教育仇恨的方法将是不可避免的。充满激情地消灭法西斯主义的决心，是自由人民的特有品质，它只有在以各种形式、在各条战线上反抗法西斯主义的决定性的战斗中才能被创造出来，才能得到维护。在本土，为了防治自由、正义和平等被牺牲掉而采取的每一个步骤都将自动地加强在海外消灭法西斯主义的愿望。

然而，这项基本的政策应该辅之以一场反对某种形式的有影响力的公众舆论的运动，尽管这些舆论可能看起来微不足道，但它们却有助于对法西斯主义采取一种和解的态度。我们只想讲一讲下面几个例证：

1. 在新闻、电影、文学和广播中对民族社会主义看似公正客观的表述。问题不是该政权的某些成就好不好，或者某些个别的纳粹分子是否"没那么坏"。这个体制就是如此，它不允许任何例外：即使它的成就走向了毁灭，每一个参与者也逃脱不了它的恐怖。事实是，该恐怖太惊悚了，因此根本没有"或许没有那么坏"的案例来平衡或缓解目前的所有兽行。唯一真正客观公正的表述就是揭露在前线的德国士兵的行为中，在他们处理被占领土的平民的过程中，在对无望者和病人进行消灭的过程中实施的兽行。

2. 以和平时期正常的、标准化的舒适和愉悦来缓和战争的趋势。该趋势最坏的表现就在于把商业广告设计成了国家宣言，把"美人"与英雄并在了一起，动员夜店来支持战争。这样一种"放松"政策在第一次世界大战中有可能支撑起公众的士气，但是这些在那时有效的观念却与目前的形势不再符合。随着战争的推进，国内的生活与前线的生活之间的鸿沟将变得越来越有害。

[190]

3. 在成败关头通过轻视敌人来贬低这些问题。"取笑"纳粹分子的卡通画、故事和图片只是用来缓解他们政权的恐怖。其后果便是，当面对现实的民族社会主义及其世界的时候，心灵受到了有可能使其无力做出适当反应的震撼。要想成为一种防御武器，讽刺性的表述必须揭示其对象的真实本性。就民族社会主义而言，这意味着必须保留它未曾消除的恐怖。但是这已超出了漫画的范围。

4. 赞美和"美化"德国军队特别是其将军的趋势〔该趋势在《时代》杂志关于隆美尔（Rommel）、博克（Bock）、雷德尔（Raeder）等的报道中尤为明显〕。这样一种表述有助于维持日耳曼民族优越论的传奇。民主国家特定的居民团体很容易就会对纳粹机器处理内部问题

（劳动纠纷，理性化，全面控制生产、分配和消费，消除浪费和颠覆活动，等等）的效率表示惊叹。他们或许很想抓住机会来比较德国的这些"成就"与他们自己国家的情况，而他们很想得出的结论是，毕竟纳粹主义还是做了些有益的事情。

六

Herbert E. Marcuse
4609 Chevy Chase Blvd.
Washington, 15, D. C.

Description of Three Major Projects[1]

Project No. I

A. Project Synopsis

1. Title or Subject - (a) Civil Affairs Handbook Germany, especially Section 1A. (b) Civil Affairs Guides Germany, especially "Dissolution of the Nazi Party and its Affiliated Organizations," and "Policy toward Revival of Old Parties and Establishment of New Parties in Germany."

2. Location - (a) Headquarters, Army Service Forces, and OSS.
(b) War Department and OSS.

3. Number of Professional Workers - 20.

4. Scope and Plan - See Note.

5. Principal Sources - See Note.

6. Adequacy of Data - See Note.

7. Research Methods Used - Collection, analysis, and evaluation of historical, political, economic, and statistical data

8. Length of Study - 3-4 months.

9. Findings and Conclusions - See Note.

10. Use Made and Influence of Study - The Handbook and the Guides were to be used for determining and implementing occupation policy in Germany, and for background information for Civil Affairs Officers.

11. Publication - Headquarters, Army Service Forces, 1944.
War Department, 1944.

12. Names and addresses - Eugene N. Anderson, Department of State
Hajo Holborn, Yale University

---

1. Note: The Projects described here are classified. They are available in the State Department for inspection by authorized personnel.

《对三项重大课题的说明》书稿──编者注

[192]　　　手稿上没有写明日期，但很明显写于 1946 年至 1947 年间，因为我们注意到，其中一个课题的发布时间为 1946 年 5 月 27 日，并且他在部分作品中列出了一本 1947 年秋冬"即将出版"但显然从未出版过的书。该文件右上角署名赫伯特·H. 尔库塞，还列出了他的地址：华盛顿第 15 街切维蔡斯大道 4609 号（4609 Chevy Chase Blvd, Washington, 15, D.C）。

[193]　　　　　　　　　　# 对三项重大课题的说明①

课题一

A 课题纲要

1. 标题或主题——

（a）《德国民政事务手册》，尤其是 1A 部分。

（b）《德国民政事务指南》，尤其是"解散纳粹党及其附属组织"和"德国关于复兴旧政党和成立新政党的政策"两部分。

---

① 注释：这里的几个课题被分了类，它们在国家机关中可供授权人员检查。

2. 地点——

（a）总部，陆军服务部队，以及战略情报局（OSS）。

（b）战争部门与战略情报局。

3. 专业人员数量——20 位。

4. 范围与计划——见注释。

5. 主要资料——见注释。

6. 数据的充分性——见注释。

7. 采用的研究方法——收集历史的、政治的和经济的统计数据，并对它们做出分析和评估。

8. 研究期限——3—4 个月。

9. 调查结果与结论——见注释。

10. 研究的应用与影响——该手册与指南用于德国占领时期政策的决策和执行，并且为民政事务官员提供背景信息。

11. 发布——总部，陆军服务部队，1944 年。战争部门，1944 年。　　[194]

12. 姓名与地址——尤金·N. 安德森（Eugene N.Anderson），美国国务院。

哈乔·霍尔本（Hajo Holborn），耶鲁大学。

B 课题参与

1. 规划——参与讨论整个课题的规划、组织和实施，独立完成几个部分。

2. 技术与程序进展——确定将用于该课题分配给我的各部分的原始材料、程序和技术。

3. 数据分析——

（a）基于可获得的情报材料，在几个助手的协助下，我收集到了本人需要的数据。

（b）（1）在分析和解释数据的过程中，我不仅运用了经验的方法，同时还运用了理论的（演绎的）方法。后者被用到了经验数据由于在极权主义国家框架内被设置这个事实而遭到篡改的一切地方。在这种情况下，数据不得不按照极权主义国家的基本结构和基本目的做了评估。演绎性的解释被用到了对德国、奥地利和德国侵占的领土中的各社会生活领域内的政策执行状况的考察上。

（2）就那些与课题密切相干的关系，我和受过统计学训练的职员们对它们的确定性做了讨论。

4. 结论

（a）在分析和评估的基础上，我起草了政策建议，并与规划人员做了讨论。

（b）我撰写了该课题分派给我的部分。分支机构的编辑人员完成了最后的编辑工作。图表也是采纳了我的建议，并且在与我讨论后的演示部分中被提供了出来。

5. 监管

（a）大概 6—10 名专业人员参加了数据的收集、整理和评估工作。

（b）他们负责分派给他们的工作，负责把他们的工作与我所负责的部分融合起来。

[195]　　（c）他们中的大多数都是训练有素的专家。因此监管仅适用于他们工作的最后阶段。对那些缺乏训练的人员，我在任务的各个阶段都对他们做了指导。

6. 课题推广——我对课题做了推广和解释。

课题二

A 课题纲要

1. 标题或主题——德国社会民主党。

2. 地点——战略情报局，研究和分析处。

3. 专业人员数量——4 位。

4. 范围与计划——社会民主党的传统政策与态度，它的构成与力量，及其在（盟军）占领期间的发展前景与策略。

5. 主要资料——见注释（课题一）。

6. 数据的充分性——见注释（课题一）。

7. 采用的研究方法——收集历史的、政治的和经济的统计数据，并对它们做出分析和评估。

8. 研究期限——2 个月。

9. 调查结果与结论——见注释（课题一）。

10. 研究的应用与影响——对德国的政治研究曾被用来确定美国针对德国各社会与政治团体的占领政策。

11. 发布——战略情报局，研究和分析处（R&A，第 1549 号），1945 年 9 月 1 日。

12. 姓名与地址——弗雷德里克·伯克哈特（Frederick Burkhardt），佛蒙特州，班宁顿学院校长；纽曼，纽约，哥伦比亚大学。

B 课题参与

1. 规划——我对课题做了论证并起草了大纲，然后与工作人员做了讨论。

2.技术与程序进展——我确定了对资料和数据的使用，并就它们的价值与工作人员做了讨论。

3.数据分析——

（a）数据是由外勤人员、课题的部分成员和我自己共同收集来的。

（b）（1）数据的遴选、处理和评估建立在对社会民主党在国内国际政策中的作用所做的历史的、社会学的分析的基础上。

（2）就那些与课题密切相干的关系，我和受过统计学训练的职员们对它们的确定性做了讨论。

4.结论——

（a）我负责得出了结论，然后就此与工作人员做了讨论。

（b）整个报告是由我撰写的。最后的编辑工作是由分支机构的编辑人员完成的。

5.监管——

（a）4名专业人员加入到了数据的收集和梳理工作中。

（b）他们负责分派给他们的工作，负责把他们的工作与我所负责的部分融合起来。

（c）他们中的大多数都是训练有素的专家。因此监管仅适用于他们工作的最后阶段。对那些缺乏训练的人员，我在任务的各个阶段都对他们做了指导。

6.课题推广——我对课题做了推广和解释。

课题三

A 课题纲要

1.标题或主题——德国工会联合会的现状与前景。

2.地点——国务院。

3.专业人员数量——4位。

4.范围与计划——占领下的德国各地劳工组织的势力、政治背景和方针政策。德国工人运动的前景与美国政策的关系，及其与国际形势的关系。

5.主要资料——见注释（课题一）

6.数据的充分性——见注释（课题一）

7.采用的研究方法——为了确定德国工人运动的普遍趋势，除了在"课题二，A部分，第7点"中所概述的程序外，还用到了经济学的和社会心理学的分析。

8.研究期限——6—7个星期。

9.调查结果与结论——见注释（课题一）。

10.研究的应用与影响——这项研究的目的是对四个占领国的政策演 [197] 变以及德国对这些政策的执行和反应进行报道。在讨论美国对劳工组织政策的可能性改变这个问题上，这项研究做出了重要贡献。

11.发布——美国国务院，情报研究办公室，第3381号，1946年5月27日。

12.姓名与地址——H.斯图尔特·休斯（H.Stuart Hughes），美国国务院研究评估处（Division of Research and Evaluation，DRE）。

B 课题参与

1.规划——课题在分支机构工作人员的会议上做了阐释。我负责的是整个课题的组织和完善工作。

2.技术与程序进展——我确定了对资料和数据的使用，并就它们的价值与工作人员做了讨论。

3. 数据分析——

（a）基于从（隐秘的和公开的）领域呈报上来的情报资料，我收集到了课题所使用的数据，并对它们做了梳理。

（b）就那些与课题密切相干的关系，我和受过统计学训练的职员们对它们的确定性做了讨论。

4. 结论——

（a）我负责得出结论，并且整合部分工作成员提出的建议。

（b）除了处理东部地区的部分，报告的其余部分都是由我撰写的。我对处理东部地区的部分做了审核。最后的编辑工作是由分支机构的编辑人员完成的。

5. 监管——

（a）3 名专业人员。其中 1 名撰写了 4（b）中所提到的部分课题，其余 2 名加入到了数据的收集和梳理工作中。

（b）他们极其负责任地完成了分派给他们的工作。而将结果整合成一个报告的工作是由我来完成的。

（c）我负责监管对情报材料的使用、筛选和梳理。

6. 课题推广——我参加了课题的推广，并向感兴趣的机构做了解释。

[198]　　　部分作品

A 书籍

Reason and Revolution: Hegel and the Rise of Social Theory. Oxford University Press, New York, 1941.

（co-author）*Authority and the Family: Sociological Studies*, ed. Institute of Social Research, Paris, 1938（in German）.

（contributor）*Germany under Military Government*. Edited by E.Mason and Franz L.Neumann. To be published by Oxford University Press, fall-winter 1947.

B 论文

"Some Social Implications of Modern Technology," in *Studies in Philosophy and Social Science*, New York, 1941.

"Liberalism and Totalitarianism," in *Zeitschrift für Sozialforschung*, 1934（in German）.

"The Concept of Labor in Economics," in *Archiv für Sozialwissenschaft und Sozialpolitik*, 1933（in German）.

七

SOME REMARKS ON ARAGON:

ART AND POLITICS IN THE TOTALITARIAN ERA.

September 1945

《评阿拉贡——极权主义时代的艺术与政治》书稿——编者注

[200]

I.

to the prevailing form of life

The traditional forces of Intellectual opposition seems to become increasingly impotent and ineffective. The society... liberation from ... domination, has failed to materialize although the historical conditions for its ... have been attained. The revolutionary forces which were to bring about this liberation are being assimilated to the all embracing system of monopolistic controls. Thus apparently left without a real denominator, and lacking a tangible designatum, the word, the image, the tone which were formerly antagonistic and transcendent to the prevailing order are now losing their alienating power ... social and political theory remains ... even where it ... the ... social and political action, all indictments are easily absorbed by the system which they indict. The exposure of concentration camps, of the continuing liquidation of anti-fascist forces throughout the world makes ... bestsellers or movie hits ... place.

The intellectual opposition is thus faced with the apparent impossibility to formulate its task and goal in such a manner that the formulation breaks the spell of total assimilation and standardization and reaches the brute foundations of present-day existence.

and then action itself is either co-ordinated with the powers that be, or crushed by them without remnants.

II.

The progressing assimilation of all contents to that of monopolistic mass culture presented the artist... with a particular problem. Art, as an instrument of opposition, depends on the alienating force of the aesthetic creation: on its power to remain strange, antagonistic, transcendent to normalcy and, at the same time, to remain more real than the reality of normalcy. How could art, in the midst of the all-assimilating mechanisms of mass culture, recover its alienating force... continue to express the great refusal.

Using the reservoir of man's suppressed needs, faculties, and desires.

"The real relevance of aesthetic propositions for each actual occasion is disclosed by art, romance, and by criticism in reference to ideals. The truth that some proposition respecting an actual occasion is ... may express the vital truth as to its aesthetic achievement. It expresses the 'great refusal' which is its primary characteristic." (Whitehead).

Science & the Modern World, 148

该文本的标题页下面写着日期"1945 年 7 月"（#8.38）。但是，首页与后面的 30 页使用的打印机不同，此外，首页还可能是现已遗失的、早先的 7 页手稿的压缩版，因为页码从第一部分的第 1 页直接跳到了从第 8 页开始的第二部分。前两页打印纸修改得很厉害，它含有一些似乎反映马尔库塞后期语言的、可能准备在《爱欲与文明》或其最后的著作《审美之维》等诸文本中使用的手写的插入语。因此，这篇开放性的、介绍性的文章是马尔库塞在后期完成的，而在此期间他又给第一部分增添了一些注释，而第二部分至第四部分修改得比较少。这里发表的文本载于 *Theory, Culture & Society*（London, Newbury Park and New Delhi: Sage），vol. 10（1993），181–95。

评阿拉贡 [201]

——极权主义时代的艺术与政治

一

知识分子对现行的生活形式的反抗似乎正变得越来越苍白无力。反抗的目标，即把人从统治和剥削中解放出来，一直以来都没有实现，尽管实现它的历史条件已经充分。各种曾经带来自由的革命力量正在逐渐被包罗万象的、垄断的控制体制所同化。因此，在显然没有一个真正的标准，缺乏一个具体所指的形势下，先前对抗和超越现行秩序的语词、形象和语调现如今正在逐步失去他们疏离的力量。革命性的社会政治理论仍停留在学术的阶段，即使它在有的地方规定了正确的社会政治行动，但这行动本身要么就是与政权协调一致，要么就是在没有引起共鸣的情况下就已被政权镇压了。所有的控诉都很容易被其所控诉的体制吸收进来。对集中营的曝光，以及对全世界反法西斯主义力量持续不断的清洗的曝光造就了一些畅销的书籍和走红的电影。革命性的艺术变成了时尚和经典。毕加索的《格尔尼卡》成了博物馆的珍藏之作。

因此，知识分子的反抗面临的是，它根本不可能以撕碎全面同化和标准化的符咒、并直抵现时代残暴的生存根基这样一种方式来构想它的任务和目标。

二

[202]

一切内容都被逐渐同化到了垄断性的大众文化中，这给艺术家提出了一个特殊的问题。艺术，作为反抗的工具，取决于审美创造的疏离力量：取决于它对常态保持陌生、敌对和超然的能力，与此同时，作为人们被压抑的需要、能力和欲望的储存室，还取决于它所保持的比常态的现实更真实的能力。

对于任何实际状况而言非真的命题，它们之间的现实关联通过艺术、浪漫和以理想为根据的批判被揭示了出来。真相是，某个命题对实际状况来讲是非真的，但从它的美学成就来讲，它也许表达了至关重要的真理。这体现了它的首要特征，即"大拒绝"。

（怀特海 1926：第 228 页）

置身于大众文化全面同化机制之中的艺术，如何恢复它疏离的力量，继续体现大拒绝呢？

如果一切内容都被**并入**（gleichgeschaltet）、整合和吸收到了垄断性的生活方式中，那么解决的方法或许就要在形式之中寻找。通过使形式成为毁灭的工具，把形式从充满敌意的内容中解放出来，或者更确切地说，把形式变成唯一的内容，把语词、色彩、音调和线条完全粗暴赤裸地当作对一切内容的反对和否定来使用。但是这种冲击同样很快就被吸收掉，而它所包含的潜意识非常轻易地就变成官方意识的一部分。超现实主义的恐怖被现实的恐怖超过了。知识分子的先锋加入了共产党，对斯大林主义问题提出了控诉，与抵抗力量斗争了起来。在法国，曾经在 20 世纪 20 年代和 30 年代初以"为愤慨而愤慨"的方式工作和生活，崇拜萨德（de Sade）与洛特雷阿蒙（Lautréamont），嘲弄"法国天才"的先锋们，现如今却歌颂严厉的古典风格，赞美真正的爱，为祖国鞠躬尽瘁、死而后已。

先锋们的否定还不够彻底。对所有内容的摧毁其本身还未被摧毁。无形式的形式被完好无损地保留了下来，摆脱了普遍的污染。形式本身已经固化为新的内容，因此，它也会重蹈所有内容的命运：它被市场吸收了。构想的问题仍然没有解决。而参与抵抗运动的作家的作品代表着解决的新阶段。

他们的世界是极权的法西斯主义的现实。这就决定了他们的艺术的总体性①。它存在的理由（raison d'être）就是政治。而政治就是绝对的否定和反对。但是直接地呈现政治将意味着把它视为内容，因此就是让它屈服于垄断的体制。政治必须停留在内容之外：就像艺术先天地不被内容吸收，而只能吸收所有的内容一样。如此一来，政治将只能以塑造和形成内容的方式呈现出来。

[203]

内容本身无关紧要，它可以是任何东西（因为任何东西如今都是极权主义统治的对象，也因此是解放的对象），但它必须进行塑造，以便它按照总体性和解放的绝对必要性来揭示消极的体制。艺术作品必须竭力把从根本上讲赤裸裸的人的（和自然的）实存显露出来，在毁灭、绝望和自由的深渊中完全孤立无援地剥除垄断性的大众文化的层层外衣。最具革命性的艺术作品同时也将是最隐微②和最反对集体主义的作品，因为革命的目标是自由的个体。资本主义生产方式的废止、社会化以及阶级的消灭只是个体解放的前提条件。而只有当任何人都按需分配的时候，解放才能够实现。社会主义理论的这个终极原则是对一切形式的资本主义原则的唯一绝对的否定。只有自由的、粗暴唯物的内容才能消灭所有的压迫，使阶级社会升华和内在化。这样的自由才会实现人充分发展了的需要、欲望和潜力，同时，把他从现如今管制其生活的包罗万象的生产、分配和管理机器中解放出来。

这一目标的提出通常意味着对这一目标的扭曲。目标的现实性是如此的显著，它的可能性是如此的真实，它的必要性是如此的迫切，以致仅

① "总体性"（totality）一词与"极权主义的"（totalitarian）是同根的，因此前者可译为"极权性"，但译者仍从通译。——译者注

② 隐微（esoteric）与显白（exoteric）相对，前者指内部的、秘传的，后者指外部的、面向公众的。——译者注

仅是对它的构想就会显得荒唐可笑。目标已现实到它不再仅仅是一个理论、陈述、定义和构想的问题。

依此看来，这一目标根本就不存在艺术的救赎。艺术在本质上是非现实主义的：艺术所创造的现实性不同于甚至仇视其他的现实性——艺术为了有可能成为现实的乌托邦而否定和反对现实主义的现实性。但解放是现实主义的，是政治行动。因此，在艺术中，自由的内容只能间接地呈现出来，在不是目标但却拥有照亮目标的力量的其他东西中并通过其他东西呈现出来。

艺术的反抗和否定力量将在形式中显现出来，在塑造内容的先天的艺术形式中显现出来。先天的艺术形式随后可能受到现行秩序的同化机制的侵害；它也许会毁灭（如同不自由的社会中所有自由的形式一样）——然而，在毁灭的过程中，它会把在内容中受到束缚而没有得到实现的目标揭示出来。

从先天的艺术这层意义上讲，艺术的形式不仅仅是艺术作品的"技术性的"工具和安排：在设置这一决定每个句子的诸成分之间的关系、词汇、节奏和结构的中心点的过程中，它是选择内容和整个作品都流露出来的"风格"。 [204]

作为风格，作为先天的艺术形式，性爱表达了个人对压抑的秩序与法律的抗议。性爱带来了"幸福的承诺"，而后者保存着自由全部的唯物主义的内容，并且反抗着一切将这一"幸福"引入与压抑的秩序相匹配的形式中去的威逼引诱。在以劳动力买卖为基础的社会面前，波德莱尔（Baudelaire）的《邀游》（1989年）确实就是绝对的否定和反对，是"大拒绝"，是"为愤慨而愤慨"，同时也是真正解放的乌托邦。

　　　　我钟情的女郎，我的小妹，

　　　　想想多滋润甜美，

通过认真对待它（性爱）的承诺与潜力，个人拒斥整个辛劳与效率
的秩序：

　　　　为了满足你

　　　　小小的心愿……

性爱是**地地道道地**（kat'exochen）非政治的，但它在其非政治的品
性中却保留了政治行动的目标：解放。波德莱尔曾这样定义诗的使命：

　　　　诗歌的天命就是伟大的天命！快乐也好，哀伤也罢，诗歌永远
　　　都保持着自身乌托邦般的神圣特质。她不停地反对着事实，使事实
　　　近乎不再存在。在牢笼中，她奋起反抗；在医院的窗边，她是对痊愈
　　　的热切体验；在破败与肮脏的阁楼上，她把自己打扮成一位奢华且
　　　优雅的仙女；她不仅在观察还在修复。无论何处，她都是对罪恶的
　　　否定。

　　　　那么，放声高歌走向未来吧，天赋异禀的诗人，你的诗歌是对
　　　人民的希望和信念最完美的再现。

凭借这一"幸福的承诺"，作为艺术形式的爱情成了先天的政治形式。
因此它重新出现在了 20 世纪 20 年代的艺术反抗中。

借由该"幸福的承诺"，爱情成了艺术反抗的先天的政治形式。阿拉

贡在 1924 年写道：

> 除了爱，我什么都不想。我不断地游走在精神的诸领域……在爱情独特的、绵延的风韵中，我发现了它存在的真正理由。对我而言，没有什么能使爱情黯然失色。

而在 15 年后，战争爆发，在与法西斯主义作斗争期间，他又写道： [205]

> 哦，我的爱，哦，我的爱唯有你才存在，
>
> 这一刻好似残阳般悲伤……

1943 年艾吕雅发表了秘作《战地恋歌七首》（Paul Eluard,1968），其中写道：

> ……我们带来爱，
>
> 爱的青春，
>
> 和爱的理由，
>
> 还有不朽。

对这些政治诗人和活跃的共产主义者而言，爱情表现为塑造所有个别内容，首要的是政治内容的先天的艺术形式：艺术打击垄断性社会对一切政治内容的吞并。艺术家通过将他自己的以及艺术自身的内容转换成一个不同的生存领域，因而否定了内容的垄断形式并且拯救了内容的革命形式。法国、祖国、抵抗、解放——它们并不是这种诗的对象和目的（尽管

诗讲的就是这些东西）而是它的媒介，即作为先天的艺术政治形式（the artistic-political a priori）的爱情的媒介。坦率地说，只有在祖国、抵抗、解放是满足"幸福的承诺"的前提条件的时候，它们才会成为艺术的内容。爱情与自由是同一回事。埃莱奥诺（Eléonore）的"爱之法庭的女王"（reine des cours d'amour）展现了她真实的面容：

> 或许只有在叙利亚，
>
> 人们才真正理解这掷地有声的字词。
>
> 濒死的伤员清楚埃莱奥诺是谁，
>
> 亲爱的，这就是你的名字，自由、自由。

还有就是，《战地恋歌七首》最后一首的开头和结尾（Eluard, 1968：1186–7）：

> 以深沉完美的前额之名，
>
> 以我凝望的明眸之名，
>
> 和我亲吻的嘴唇之名，
>
> 为了今日也为了永远！

> 我们应该沥干愤怒，
>
> 使钢铁树立，
>
> 为的是要保存那些处处受追捕但终会凯旋的
>
> 无辜人的崇高形象。

这两节诗包含着法西斯主义的所有恐怖和革命的所有希望，而在这　　[206]
两节之间还有几行诗作为点缀：

> 以街道上的欢声之名，
>
> 以我们手牵手的温柔之名，
>
> 以一片美好大地上
>
> 覆盖鲜花的硕果之名。

在抵抗运动中，它们重新获得了"邀游"的形象。

祖国、抵抗运动和解放都并非目的本身；它们只是"幸福的承诺"的媒介。因此被假设的内容同时也就被否定了，而它的否定却拯救了真实的内容、革命的目标。政治正在被非政治化，但却以该方式成了真正的政治。艺术和政治找到了它们的共同点。

> 超现实主义的观点认为，政治的（革命的）和造物主般的行为都只不过是对宇宙的同一根本意志的专断分配的质疑。
>
> (Poésie 45, no. 24, p. 36)

政治内容需要一种"非政治的"表现形式，这是超现实主义最早的问题之一。1935 年，正值法国超现实主义者们进行激烈的政治讨论时，布勒东（Breton，1933:33）为了说明政治内容是如何在艺术家那里唤起一种严格意义上的"技术性的"反应的，他援引了库尔贝（Courbet）与兰波（Rimbaud）的话：

　　　　当代［对政治的］核心关切，显然还是技术性的秩序。很明
　　　显……庞大的野心就是"用新语言来表达世界"。

　　抵抗运动的诗歌的语言复兴了那些使人联想到众所周知和长期实行
的繁文缛节与仪式的传统的、经典的爱情词汇：

　　　　我只属于你，我爱你的足迹。
　　　　你把自己置身洞穴，
　　　　你的鞋子走丢了，或者你的手帕睡去了。
　　　　去睡吧！我胆小的孩子，说好了我来守夜。

　　这种语言比其他任何东西都更加明显地脱离先锋派、反抗和抵抗运
动。与此同时，它所表达的是一种不准许使承诺升华的性爱：

　　　　听，我的血在夜色中跳动着把你呼唤，
　　　　我在辗转反侧之间探寻着你的重量和色彩。

[207]　　或如艾吕雅所说：

　　　　溪水静谧地流淌，
　　　　黑夜弥漫。
　　　　那个我们在微小但疯狂的战斗中
　　　　一起联手的夜晚，
　　　　那个使我们伤痕累累的夜晚，

那个如若床中深陷的夜晚。

空洞的孤独，

末日的未来。

在法西斯主义恐怖的夜幕下出现了柔和、"甜美"、静谧和自由的满足的意象；盖世太保带来的痛苦变成了爱情带来的痛苦。仅仅把两者并列起来，这就是浪漫主义，是廉价的逃避主义。但是作为诗的先天艺术形式的组成要素，爱情的语言成了疏远（estrangement）的工具；它人为的、不自然的和"不充分的"特征是为了产生能够使两个世界和两种语言——一个是对另一个的积极否定——之间真实的关系裸露出来的震动。心爱的人是"胆小的孩子"、"小妹"和**心上人**（Geliebte）；她不受约束的癖好、放纵和顺从不仅会使人们想起法西斯主义秩序的征服者的形象，还会使人想起受害者的形象，以及有可能成为历史现实的、被牺牲了的乌托邦形象。作为疏远的语言，爱情与性爱的枝枝节节因此是这些诗的政治形式的组成部分。

疏远，作为艺术的政治策略，通过将诗的语言约束在古典诗律的严格系统中得到了更进一步的加强。

先锋派艺术向古典诗韵的法则和规则的回归或许是抵抗运动诗歌最令人震惊的一个方面。阿拉贡自己曾借助于把语言从彻底的毁灭中拯救出来的必要性，和使语言重新成为"用来歌颂事实"的工具的必要性来解释向古典规则的回归。诗歌必须用来歌唱，因为在不讲敌人的语言的情况下，它们是不能被用来交谈的。艺术反抗不能讲敌人的语言，而是必须反对敌人的语言及其内容。古典诗律系统可能已经以疏远的形式使最接近感官的"美丽的秩序"和"幸福的承诺"最直接地保存了下来。

　　另外，诗律的古典系统或许为政治内容在先天的艺术媒介（爱情）中的形成提供了最为恰当的形式。通过使用韵律，"幸福的承诺"与法西斯主义世界带来的痛苦和恐怖在严格的技术层面上紧密地焊接在了一起。

[208]　韵律重新启用了它原初整合［Zusammenhang］两个或更多观念的功能。韵律在其新的用途中强迫梦想与现实焊接在了一起，使两者基本上实现了直接同一：

> 一个姑娘在船的甲板上沉思，
> 旁边还躺着一个小伙子，而我梦到了我自己。
> 一个声音响起，说了句再会；
> 另一个声音低语道我们要死于挪威。

　　或：

> 你的双唇每晚都有人下注，
> 在仙客来花般的巴黎上空。

　　或：

> 我永远不会忘记那些登船者的眼睛，
> 他们能够忘却他们对敦刻尔克的爱。

　　这种不同的诗句和观念之间的无缝连接也是通过"交叉韵词"（rime enjambée）的方法——使押韵词的一个元素扩展到一句诗的结尾和下一句

诗的开头——完成的。下面是阿拉贡自己的例子：

> 别再说爱情。我静静倾听着自己的**心跳**（battre），
> 我的心沉醉在珠玉般的曲调中。
> 别再说爱情。她**在那边**（là-bas）做些什么呀？
> **太**（Trop）远太近都折磨人。①

　　然而，这种高度人为的技术——"推着诗歌向他者转变的运动"——使韵律变成了对复杂观念而非对孤立的词汇或音声的整合，从而加剧了诗的语言对垄断性文化的语言的疏远和疏离。

三

　　小说《奥雷利安》就像诗一样转向了古典形式（Aragon，Aurélien，1945）。古典在双重意义上获得了复苏，一是 19 世纪小说艺术形式特有的、严格的传统规则的复苏，一是"小说"（roman）的古老悠远、早已过时且不值一提的繁文缛节的复苏。《奥雷利安》遵从"市民社会小说"（Gesellschaftsroman）的常见的标准：它从时代对有代表性的社会阶层的 [209] 影响出发描画了整个时代的全貌，并从男女主人公奥雷利安与贝蕾尼丝的个人故事中折射出了时代的历史命运。对这种模式的运用似乎太过深信不疑，以致几乎不可避免地给人带来了这样一种印象，即小说是在故意堆积陈词滥调。例如这个情节：一个从外省来到巴黎的年轻漂亮的资产阶级

---

① battre 与 là-bas 在法语中是押韵的，表明阿拉贡对诗律的遵从。但由于译者水平有限，汉译时无法做到使译文也押韵，故在此做出说明。——译者注

太太，陷入了珠光宝气、纸醉金迷、道德沦丧的都市生活，爱上了痞气十足的花花公子，却感到被他出卖了，于是跟一个先锋派的蒙马特居民私奔了，最终又回到外省丈夫的身边，但 20 年后又一次遇到了真爱，并且遭到德国侵略者的射杀，死在了他的怀中。需要补充的是，这位屡屡犯错的女主人公是呆板的药剂师的太太。

《奥雷利安》是阿拉贡名为《现实世界》（*Le Monde Réel*）系列的第三部。在他 1922 年和 1940 年间完成的《现实世界》的故事中，几乎没有任何关于社会与政治问题的迹象；舞台上基本全都是富裕的资产阶级成员（及少量疯狂的艺术家），而基本上全部的烦恼也都是女人的烦恼。在奥雷利安和贝蕾尼丝的例子中，烦恼演变成了爱情悲剧。

"贝蕾尼丝"，这个名字在奥雷利安那里唤起了对东罗马帝国的神奇记忆，即对腐朽帝国的庄严和奢华的记忆。贝蕾尼丝有可能是《从前的生活》（*Vie Antérieure*）的一个形象：

> 堂堂柱廊，我曾长期住在其中，
> 海的阳光给它涂上火色斑斑
> ……
> 周围是蓝天、海浪、色彩的壮丽，
> 和浑身散发香气的裸体奴隶，
> 他们用棕榈叶凉爽我的额头，
> 他们唯一的关心是深入探悉
> 使我萎靡的那种痛苦的秘密。

他们的爱情变成了一种吸干两人全部生命并使他们不能找到任何解

决办法的"**致死的疾病**"（Krankheit zum Tode）①，而当贝蕾尼丝没有来由地拒绝与奥雷利安做爱时，他们的爱情就更是绝望透顶了（因为他们身边的其他所有人都在做爱）。然而，在形势迫使他与贝蕾尼丝分开的、那恐怖的几周之后，他与一个妓女一夜醉酒寻欢，之后回到家，他发现贝蕾尼丝正在卧室等着他。她已经等了他整整一夜，而且是除夕之夜。她乞求他让她稍息片刻，而当他去准备食物的时候，她却消失了。她的消失并非仅仅是因为他，还因为她的丈夫、她的朋友们。她给奥雷利安写信说，她将与他永不再见，而他知道这是真的。她与一个她并不爱（但却与他做爱）的男子住在了一起，在巴黎附近的乡村躲了几个月。而后她离开了那个男子，回到了外省，回到了她丈夫身边，回到了药房。

　　然而，奥雷利安在她回去之前偶然间见到了她。他带着著名的女演　　[210]
员罗丝·梅尔罗斯（Rose Melrose）去了趟克劳德·莫奈（Claude Monet）
的乡下的家。而就在罗丝采访主人的时候，奥雷利安在花园里闲逛，并遇
到了贝蕾尼丝（她躲藏的地方就在莫奈家附近）。这次相会是这部小说在
艺术方面的高潮，它充满了几乎令人难以承受的柔情、哀伤与绝望。他们
多想询问一下，回答一下，多想做些解释，弄明白。但却什么事情都没有
发生。1922 年（或 1944 年）的那件事造成的打击仍未消退，爱情就因为
在一个酩酊大醉的夜晚，恋人竟与妓女发生了苟且之事——这在资产阶级
和反资产阶级的道德观看来是很正常的事情——可能破坏了（也可能正在
破坏）和摧毁了两个人的生活。

　　这次打击或许是一个艺术性的策略，为的是揭示资产阶级与反资产

---

① 《致死的疾病》是丹麦哲学家、神学家克尔凯郭尔的名著，在克尔凯郭尔看来，死亡本身并
　非致死的疾病，真正致死的疾病是绝望。马尔库塞在此似乎暗示了克尔凯郭尔的这个观点，
　认为奥雷利安和贝蕾尼斯之间的爱情是绝望的。——译者注

阶级的道德所隐藏的东西：爱情的革命性承诺。奥雷利安与贝蕾尼丝的命运就其本性而言超越了所有本质上"正常"的关系，包括小说所描写的其他所有庄重的与简单的、轻松的与悲惨的、世俗的与浪漫的情爱关系。其他所有人的生活要么拥有了爱情，要么还没有拥有爱情；但他们所拥有的爱情只是在现有秩序内得到满足的爱情（或者，如果没有拥有爱情，他们就会在现有秩序中以其他的东西来替代）。相反，奥雷利安和贝蕾尼丝的关系自身与"幸福的承诺"紧密相连，而就像是自由的生活秩序超越了现有生活秩序内的一切自由一样，这种"幸福的承诺"也超越了其他的各种幸福。正是因为如此，当他们的关系渐渐地适应了形势的正常状态时，它必定会立刻自动地结束。

"忠诚"——即在客观上不具有被其他任何人所替代的可能性——在普遍可交换的秩序中是超越性的象征，是绝对矛盾的象征。替代行为一劳永逸地取消了该矛盾，而且它还表明，常态与合法性战胜了本质上反常的、非法的关系。爱情与性爱的分离，即在不损害前者的情况下享受后者的权利，这本身就是资产阶级个体的、神圣的自由。通过这种自由，他要证明该自由所属的社会也是清白的。（从"邀游"的形象来看，性爱就**是**爱情。奥雷利安用性爱来替代爱情——或爱情的失败。这种自由是资产阶级社会的必然产物：普遍的交换关系。《奥雷利安》引用了《邀游》的头两行：这两行可以用到最乐于实践资产阶级社会所认可的爱之自由的女人梅尔罗斯身上。而她这样来评论这两行所尊崇的形象："狗屎！"）

正是由于爱情在本质上的非法性，对现有生活秩序的超越性，才使它既成了先天的政治形式，同时又成了先天的艺术形式。非法性是抵抗运动的行动和艺术的共同特性。在《奥雷利安》中，爱情的非法性在于它与[211]　所有正常关系（商业、"社会生活"，融入"共同体"的生活）不兼容，在于它不合理的、把其他一切内容都吸收进来的特性，在于它不可能适应明智的、合理的要求。

简明的结语概述了小说中所描述的那些事儿 18 年之后的故事，该部分通过让他们共同承受法国在 1940 年的命运最后道出了奥雷利安与贝蕾尼丝的命运。该章节远非仅仅是一个附加在故事其后的结语，毋宁说，它明确指出了全书的先天形式（the a priori）：先天的艺术形式对政治内容的否定。这是唯一让政治发挥决定性作用的章节：奥雷利安跟着消极抵抗、组织涣散的法国军队向南逃离，他来到贝蕾尼丝生活的小镇，住在了她的家里。在餐桌上，他与药剂师及其家人就政治时局进行了讨论。贝蕾尼丝成了左派的积极分子：她向一位西班牙王室的流亡者提供了保护和赞助。就在她与奥雷利安独处的时候，政治横在了他俩中间。他们已没有共同的语言，或者说，政治语言使他们虽已逝去但仍想说一番的爱情语言沉默了。她是一个崭新的、陌生的贝蕾尼丝——不再是意中人的幽灵。接下来，他们诡异地驱入了黑夜，驱入了黑暗的乡村，在老式汽车里还有药剂师半醉半醒的同伴。他们在一个与世隔绝的山间茅舍喝了很多酒。在回家的路上，拥挤的车中，奥雷利安在前排座位上与贝蕾尼丝紧贴在了一起。第一次，他把她紧紧地抱在了怀里——然而他却感觉不到她：她很冷淡，令人感到陌生。在黑夜中，德国人对公路展开了扫射。奥雷利安受了点轻伤，但不一会儿他就注意到，贝蕾尼丝已经死在了他的怀中。

他们之前就已遭到破坏的爱情最终死在了政治上。事情就是如此：当贝蕾尼丝讲一些奥雷利安并不理解的政治语言时，他们的爱情就已经死亡了。很显然，没有什么能够比政治的语言及其指示的行动对"幸福的承诺"更加不容、更加敌视的。倡导政治行动就是对"邀游"的否定。但否定同时揭示了两种现实之间的真实关系：它们最终的同一性。不仅从贝蕾尼丝身上能看到这种同一性，甚至从死去的贝蕾尼丝身上也能看到这种同一性。政治行动是爱情的死亡，但政治行动的目标却是爱情的解放。原本从他们的命运一开始，这个目标就是同一个世界：实现"幸福的承诺"的世界。

"贝蕾尼丝获得了绝对的鉴别能力。"这种在本质上与其他东西无关、在自身中并通过自身实现自我的绝对者（the absolute），它本身独立于其他的生活形式。绝对者就是独立、自由。因此，"绝对的鉴别能力"与必[212] 须在现行的、不自由的生活形式中才能得以实现的幸福是不容的。对贝蕾尼丝而言，她的爱情拥有绝对的品性，也正因为如此，当爱情与现行的生活形式相适应的时候，它就被摧毁了。18 年后，当他们最后一次相遇的时候，奥雷利安必定会再次谈论他们的爱情，因为此外也没有什么好谈的。然而贝蕾尼丝谈论的是法国的溃败，马歇尔，抵抗和继续与德国作斗争的必要性。奥雷利安打断道：

> 我们这是在谈论些什么？
> 贝蕾尼丝说：
> "我们谈的是今天……今夜唯一可谈的事情……咱们别争了，别告诉我你要像从前那样和我谈谈爱情……"

但是诗人却要求：

> 如果您还要谈论爱情甚至爱的诗篇，
> 那么就连同光阴、灵魂一起谈谈，否则什么都不要说，
> 不过还是谈谈爱情吧！因为剩下的一切都是罪孽。

奥雷利安并不理解，她过去和现在说的始终是同一种语言。在结语中，绝对者在正在消失的政治形象中表现了出来。这是"现实世界"在正在崩溃的现实中的映像。如同在诗歌中自由就表现在心爱之人身上一样，在小说中，濒死的贝蕾尼丝的容貌成了法国、**祖国**（la patrie）的容貌。但祖国并不是**伟大的国家**（La Grande Nation）：它是使"幸福的承诺"得以实现的解放了的大地。这种曾经使反抗现行秩序的革命斗争转变为反抗外国入侵的斗争的历史偶然性，使得为争取绝对解放的斗争以争取民族解放的斗争的形式表现了出来。这种虚幻的同一性借助于祖国与"幸福的承诺"的真正的同一性得到了修正。鲜有艺术胆敢将祖国的观念从爱国的语境中剥离出来，并使之成为人类最终实现的象征：

> 在我们的祖国有些小径，你啊，爱情，
>
> 它们还有待于我们手牵手一起穿过。

四

艺术有充分的理由可以通过否定其政治内容来努力保存其政治功能，但艺术消除不了包含在否定性中的和解元素。"幸福的承诺"尽管看起来已遭到摧毁，或者正在遭受摧毁，但通过艺术表达，它足以很好地阐明（摧毁该承诺的）现行的生活秩序，但不足以阐明（实现该承诺的）未来秩序。它的作用便是唤回记忆，唤起对逝去的东西的追忆，唤起对某事是什么和某事可能是什么的意识。悲伤与幸福，恐惧与希望都被抛回了引起它们的现实；梦想受到了关注，回到了过去，而自由的未来看起来就像是渐渐熄灭的光。艺术形式是一种和解的形式： [213]

　　　　双眸殊多福。

　　　　所欲无不备，

　　　　不论见何物，

　　　　无往而不美！ ①

　　这种和解元素似乎是艺术固有的祸根，它把艺术与现行的生活形式密不可分地联系在了一起，它似乎是艺术在不自由的世界中的一个标记。艺术作品通过赋予内容以艺术形式，使该内容与历史的世界这一否定性的总体割裂了开来，打断了可怕的潮流，创造了人工的时空。在艺术形式这种媒介中，事物获得了解放，自身拥有了生命——但在现实中却没有获得解放。艺术产生了自我物化（reification）。艺术形式，不管它多么具有毁灭性，它都会停留下来，保持静止。在艺术形式中，所有内容都成了审美沉思的对象，审美乐趣的源泉。审美要素改变了内容和形式，由于形式为既定的物质赋形，因此，即便该物质被完全否定了，审美要素仍然会参与到形式的胜利中。对极权恐怖（total terror）的艺术表达也只是一件艺术品；它把恐怖转移到了另一个世界——这种转移近似于一种变形。如果《格尔尼卡》这幅油画——先不管这样的变形——仍能够把法西斯主义的恐怖完完整整地保存下来，那么对于该历史事件所承载的知识和联想来说，到底在何种程度上是由这一明确被称为《格尔尼卡》的油画唤起的呢？换句话说，到底在何种程度上是由艺术之外的手法，艺术和审美之外的领域唤起的呢？油画本身看起来极其反对政治内容：有一头牛，一匹被屠宰的马，一个死去的孩子，一位哭泣的母亲——但是油画并未把这些对象当

---

① 参见《歌德文集》第1卷，绿原译，北京：人民文学出版社，1999年，第423页。——译者注

作法西斯主义的象征来解释。黑暗、恐怖以及彻底的毁灭，借由艺术创造并以艺术的形式被带到了生活之中；因此，它们与法西斯主义的现实根本不具可比性。（它们以普遍力量的个性化形式出现在了画中，因此它们超出了法西斯主义的现实，进入到了"超历史的"秩序之中。它们拥有了属于自己的现实：艺术的现实。这或许就是毕加索拒绝称它们为"象征符号"的原因。它们是"符号"，但指示的却是牛、孩子、马，等等——而不是法西斯主义。）

艺术没有也不可能把法西斯主义的现实（以及任何其他形式的垄断性的压迫的总体性）呈现出来。但是，任何不包含这个时代的恐怖的人类行动正因为如此也就都是不人道的、无关紧要的、偶然的、不真实的。然而在艺术中，虚假有可能成为生命的真理部分。艺术形式与现实的生活形式之间的不兼容性有可能促使那些现实无法吸收但却能够最终消解该现实——尽管这种消解已不是艺术的功能——的光芒更好地照亮现实。艺术的不真实性有可能变成艺术反驳和否定的前提条件。艺术有可能促进疏离，有可能使人完全疏远他的世界。但是，这种疏离有可能为那些处于压迫的总体性中的人们追忆自由提供虚假的基础。 [214]

参考文献

Aragon, L. (1945) *Aurélien*. Paris: Gallimard.

Baudelaire, Charles (1986) "Invitation au voyage," Poem LIII in *The Complete Verse*, Volume I, edited by F.Scarfe. London: Anvil Press.

Breton, A. (1935) *Position politique du surréalisme*. Paris: Editions du Sagittaire.

Eluard, Paul（1968）"Les Sept Poèmes d'amour en guerre," *Oeuvres complètes*. Paris: Gallimard.

Whitehead, C.N.（1926）*Science and the Modern World*. New York: Macmillan.

八

[215]

febr. 1947

I. Teil

Thesen:

1. "Nach der militärischen Niederlage des Hitler-Faschismus (der eine verfrühte und isolierte Form der kapitalistischen Reorganisation war) teilt sich die Welt in ein neo-faschistisches und sowjetisches Lager auf. Die noch existierenden Ueberreste demokratisch-liberaler Formen werden zwischen den beiden Lagern zerrieben oder von ihnen absorbiert. Die Staaten, in denen die alte herrschende Klasse den Krieg ökonomisch und politisch überlebt hat, werden in absehbarer Zeit faschisiert werden, die anderen in das Sowjet-Lager eingehen."

2. "Die neo-faschistische und die sowjetische Gesellschaft sind ökonomisch und klassenmässig Gegner und ein Krieg zwischen ihnen ist wahrscheinlich. Beide sind aber in ihren wesentlichen Herrschaftsformen anti-revolutionär und einer sozialistischen Entwicklung feindlich. Der Krieg mag den sowjetischen Staat zu einer neuen radikaleren "Linie" zwingen: eine solche Wendung wäre äusserlich, dem Widerruf ausgesetzt, und würde, wenn erfolgreich, von der ungeheueren Machtsteigerung des Sowjetstaates aufgeboten werden."

《33 个论题》书稿——编者注

　　　我把这份手稿称作"33 个论题",它是在马克斯·霍克海默档案室里发现的,但并未注明标题,只是在右上角手写了"H.马尔库塞,1947 年 2月"。在此页的中部,写着"Teil I."(第一部分)。这份手稿包含 33 个论题,这些论题涉及当今世界形势,目的是推动《社会研究杂志》这一学术期刊的重新发行。尽管在 1947 年 10 月 17 日致霍克海默的书信(见原书第 257页)中,可以看出当时马尔库塞正在着手研究这些论题,但却一直没有发现相关的手稿。于是,我们现在只能发表这份在霍克海默档案室里发现的、写于 1947 年 2 月的草稿。感谢宫泽林·施密特·诺埃尔(Gunzelin Schmid Noerr)能够让我们接触到这份文档。

33 个论题

约翰·爱博梅特译

　　1. 在希特勒法西斯主义(它是一个早产的、孤立的资本主义重组的形式)战败之后,世界正在被划分为新法西斯阵营和苏维埃阵营。那些仍然保留着民主自由形式的国家,要么会在两大阵营之间被碾碎,要么会被双方所吞并。在不久的将来,那些在战争中幸存下来的、原属于旧有统治阶级的国家,在经济上和政治上都将法西斯化,而其他国家则会加入苏维埃阵营。

2. 新法西斯社会和苏维埃社会彼此是经济上和阶级上的敌人，而两者之间可能会发生一场战争。不过，从基本的支配形式来看，两者都是反革命的，都敌视社会主义的发展。这场战争，可能会迫使苏维埃国家采取一条更激进的新"路线"。这样一种变化不会触动根本，并且很容易被打回原形；而即便获得了成功，也会被苏维埃国家权力的大幅增长抵消掉。

3. 在这样的境况下，革命理论就只剩下一条路可走了：无情地、公开地批判这两个系统，并且毫不妥协地拥护这种反对两者的正统的马克思主义理论。在面对政治现实时，这样一种立场也许会是无力的、抽象的和非政治的，但是当整个政治现实出错的时候，非政治的立场也许就是政治上唯一的真理。

4. 它在政治上现实化的可能性本身就是马克思主义理论的一部分。工人阶级及其政治实践，还有正在发生改变的各种阶级关系（无论是在民族国家层面，还是在国际层面），持续决定着理论在观念上的发展，正如 [218] 它们反过来又被理论所决定一样——不是被脱离实践的理论所决定，而是被那"掌握群众"的理论所决定。现实化既不是马克思主义真理的标准，也并非其内容，但现实化在历史上的不可能性却与马克思主义的真理完全不相容。

5. 暗含在论题 3 中的立场承认它自身的现实化在历史上的不可能性。在苏维埃阵营之外，没有"能够胜任革命"的工人运动。社会民主党人变得越来越资产阶级化，而不是相反。托洛茨基派遭到分裂并且对此无能为力。共产党（现如今）也不愿意革命，因而同样不能够胜任革命，但由于它们是无产阶级反对资产阶级的唯一组织，所以它们也是（现如今）发动革命的唯一可能的基础。但它们同时又是苏维埃政治的工具，并且（现如今）同样敌视革命。问题在于潜在地能够胜任革命的共产党力量与其他敌视革命的共产党力量联合了起来。

6. 共产党在总体上对苏维埃政治的服从本身就是阶级关系改变以及资本主义重组的结果。法西斯主义，作为资本的阶级专政的现代形式，已经完全改变了革命战略的条件。资本已经利用其冲击性的力量，利用其无处不在的特点，创造了一个恐怖机构（不只在法西斯国家），使得无产阶级斗争的传统武器在对抗它时显得软弱无力。战争的新技术及其严密的垄断与专业化让人民武装深陷绝境。国家借助经济获得的公开认同，以及工会官僚机构与国家的整合，都能在对抗政治罢工方面，尤其是能在对抗总罢工——也许是对抗法西斯化的资本的唯一武器——方面发挥作用。这样的发展导致了如下事实，即要成功地对抗资本的庞大军政机构，唯一可能的途径就是去建立和推行一个对立的机构，并至少使它具有与之同等的军事力量和政治力量，使传统的革命战略从属于它。而苏联会被认为是这样一个对立的机构。

7. 苏联的统治者们是否仍然对革命感兴趣，此问题在这一论证背景下是次要的。即便假设在苏维埃力量与革命之间已不再存在主观上的纽带，该论证依然能够得到支持。正如我们说过的那样，苏维埃力量将不可避免地被迫陷入与资本主义国家的冲突之中，而这种冲突也将持续升温——即

[219] 便它们仅仅代表着并追求着民族国家的利益。苏联对于帝国主义的资本政治来说，将会是最危险和最值得注意的对象，仿佛彼此是天敌，迟早会被迫操戈。正如资本主义与苏维埃主义在当下的结盟是革命与苏维埃主义相分离的基础一样，共同对抗资本，将会成为革命与苏维埃制度在未来实现重新统一的基础。

8. 对共产主义路线的这一辩护有可能惹来非议，即反革命的教育、

国家政治根本无法使工人阶级胜任革命——即便仅仅是在"策略"方面。它创造了有其自身动力的"既得利益",而这些利益决定着策略。它侵蚀了工人阶级的阶级意识,并强化了对国家资本的顺从。它与经济的和政治的联合相抵触,并把阶级关系也纳入到了政治指令的范围之中。

9. 拒绝在政治上对从属于苏维埃主义的革命策略的辩护,仅仅是使问题回归其实际范围——即现实的阶级关系——的第一步。共产主义路线可追溯至自身政治辩护背后的这些关系:路线既是对工人阶级内部结构变化以及工人阶级与其他阶级关系的结构变化的表达,也是这些结构变化所造成的结果。资本支配形式的转变(它是从政治上对共产主义路线辩护的基础)同样应当从该结构变化的方面来理解。

10. 这在如下事实中获得了最显著的表达:社会民主主义在与法西斯主义(社会民主主义促成了法西斯主义的上台掌权)的对抗中幸存了下来,并再一次垄断了共产党之外的全部有组织的工人运动,而共产党自身也正在变得越来越像社会民主党,并且迄今为止任何革命性的工人运动都没有从希特勒法西斯主义的崩溃中形成。因此,社会民主主义应该就是对非共产主义的工人运动的恰当表达。社会民主主义并没有使自身激进化,不过作为替代,它却从根本上沿袭了前法西斯主义阶段的、阶级合作的政治。非共产主义的工人运动,是一个(客观意义上)资产阶级化的工人运动,而工人反对共产党的呼声,则不只是反对苏维埃主义的呼声,也是反对革命的呼声。

11. 资产阶级化,抑或大部分工人阶级与资本主义的和解,不能用(正在壮大的)"工人贵族"来解释。虽然工人贵族以及那些使其成为可能的因素,确实在社会民主主义的发展过程中起了决定性的作用,但是资产阶级化的深度和广度远远超过了工人贵族的层面。在德国和法国,后法西斯 [220]

主义时期的资产阶级化的主要载体绝不是典型的工人贵族。资产阶级化的深度和广度也同样不能用官僚体制对（党的和工会的）组织机构的支配来解释。组织机构已被法西斯主义破坏，然而，由法西斯主义的失败所留下的空白并没有被对立的运动所填补，毋宁说，这同一官僚体制重又掌握了权力。

12. 理论最紧迫的任务之一就是要研究资产阶级化的各种表现形式。重申一遍：必须将资产阶级化视为一种客观的阶级现象，即大部分工人阶级在经济和政治上都被整合进了资本的系统，也即是，剥削结构发生了改变，而不能将其视为社会民主党对待革命的消极意愿，也不能视为他们的资产阶级意识。在马克思有关剩余利润以及某些处在垄断地位的生产商与生产领域的讨论中，我们可以找到这类研究的基础。发展，一方面归因于国家与资本的直接融合；另一方面归因于国家行政机关对剥削的管控——这也导致了有约束力的公共集体合同对自由劳动合同的取代。这些因素给正在对工人阶级进行的经济整合规定了界限。借此，工人阶级在社会生产中的地位，无论是在量上还是在质上，都提升到这样一种程度，即与资本的对抗正在被与它的广泛合作所取代。

13. 在这同一发展过程中，剥削的全部负担都落在了社会边缘者或外来群体身上；这些"局外人"，不仅不属于被整合的那一部分工人阶级及其团体，甚至还是其"敌人"。他们是"无组织的"，是"不熟练的工人"，是农业工人或移民工人，是少数派，是殖民地和半殖民地的人民，是囚犯，等等。在此，战争必须被视为资本主义整体进程——垄断资本的贪婪的再生产就是通过对占领国及其无产阶级的掠夺完成的，此外，战争还造成了过度剥削与绝对贫困在其他国家的集中——的一个基本元素。事实上，借助最先进的现代技术所完成的贪婪掠夺，使发达资本主义国家大发横财，并使垄断资本及其战胜国的力量达到了前所未有的程度。

14. 与资本主义国家相整合的那部分工人的经济认同和政治认同，与 [221] 同样具有决定性的"文化"整合和认同相伴而生。有关现存社会之合法性的论题——尽管很贫乏，但毕竟还是保留了下来，并且对整体做了规定——可以应用于社会生活和私人生活的全部领域。通过对俄国革命进程过程中的对手做出明确的驳斥，它使自己的正当性得到了强有力的确证。最早获得成功的社会主义革命，并没有带来一个更自由、更幸福的社会，这一事实为与资本主义的和解做出了不可估量的贡献，并在客观上败坏了革命的名声。这些发展使现存社会呈现出全新的景象，而现存社会也懂得了如何使其为己所用。

15. 文化认同现象要求能够在一个更广阔的基础上讨论"文化黏合剂"的问题。这方面最重要的因素之一，就是原先抗争的先锋势力已被垄断资本主义的文化机构（工作与娱乐过程中精神分析学的转换和应用、现代艺术、性生活，等等）磨去锋芒。首要的是要研究"黏合剂"——譬如，"科学管理"，理性化，工人对提高生产率的兴趣（及与之相关联的，对剥削加剧的兴趣），以及民族主义情结的增强——对工人阶级的影响。

16. 党的专政这一共产主义战略是对工人阶级的资产阶级化所做出的回应。如果革命只能由工人阶级来实现，而工人阶级却由于与资本系统的整合而偏离了自身的任务，那么革命的前提就是革命的"先锋"对被整合的工人阶级的专政。这就使工人阶级成了革命的对象，只有在党的控制和组织下，他们才能发展成为革命的主体。对无产阶级的共产主义专政，成了迈向无产阶级专政的第一步。

17. 唯一的选择将是在客观上反转资产阶级化，分解由资本主义矛盾的演变所带来的整合，而这必将侵蚀资本继续得以整合的经济基础。但是，在即将来临的危难时刻，资本将作为法西斯化的资本出现，或者再次作为法西斯主义的资本出现：在资本的制高点，美国的工人阶级已经十分缺乏自信，他们的组织也已损毁，而军事和警察机构却无处不在。如果英国确实能取得独立的发展，那么反革命的工会社会主义将会在那里建立一个使资产阶级化更为完善的中产阶级社会。法国仍有可能走上如下三条发展道路：法西斯主义、工会社会主义或者苏维埃主义。而德国，作为这三股势力的目标，在不久的未来会受到压制。资本主义的矛盾正朝着法西斯主义发展，或者朝着反革命的国家社会主义（state socialism）发展——而不是朝着革命发展。

[222]

17a. 在英国占支配地位（和在德国方兴未艾）的工会社会主义还不是国家社会主义。部分的社会化首先是出于"经济"原因（提高的生产率、理性化、竞争力、集中管理）才得以实施的，此外它还有可能就是一种政治惩罚，而这些都不会使资本（英国的钢铁工业、化学工业）的决定性地位受到触动。只有在政府已经可以从整体上合法地控制工业并接管私人资本的所有权时，社会才会步入国家社会主义阶段。政府、国家——不是联合起来的生产者、工人阶级。

18. 国家社会主义的社会趋势是反革命的。掌控生产资料的权力转让给了国家，而国家却通过雇佣劳动的雇佣环节来行使这一权力。国家还承担起了为资本整体（Gesamtkapitalisten）指引方向的角色。与自由民主的资本主义系统不同，直接生产者不再控制生产（并且不再控制与之相关的自身命运）。他们仍旧从属于生产资料。对人的支配经由生产资料的中介而继续存在着。计划经济的设计、推行建立在共同利益的基础上，而共同利益就是现存的生产机构，是（民族国家的和国际的）社会劳动分工的现存形式，是现存的社会需求。这些都没有发生根本性的改变；改变是计划的结果，应是逐渐发生的。但这样一来，国家社会主义就保留了阶级社会的基础。消灭阶级、向自由社会过渡的前提是改变，但国家社会主义却把它当成了目标。然而，这种差异最终预示着质的差异。

19. 在资本主义制度下发展起来的、受现存劳动分工形式中的雇佣劳动驱动的生产机构，使意识和需求的现存形式延续了下来。它使支配和剥削延续了下来，即便对生产机构的控制转让给了国家，换言之，转让给了普遍物，它本身也是一种支配和剥削方式。先于革命的普遍物并不是社会主义的一个要素：它的支配并不比资本的支配更自由，也并非必然更理性。社会主义即是自由人的有规定性的普遍物。在发达的共产主义社会建成以前，普遍物只能采取由革命的工人阶级支配的形式，因为只有这个阶级才能否定一切阶级，它自己便有着消灭现存生产关系以及整个与之相关的生产机构的现实力量。对无产阶级实施共产主义专政（见论题 16）的第一个目标，必须是使生产机构向无产阶级——向委员会共和国——投降。

[223]

20. 这一目标及与之相关的一切政治主张，如今没有出现在任何一个共产党的计划当中。它与社会民主主义不相容。在既定的处境中它只能作为纯理论而被提出来。理论与实践的这种分离是实践本身的要求，并且保留着实践的取向。这就是说，在否定的意义上，理论不与任何反共产主义的团体或群体结盟。共产党是反法西斯的唯一力量。谴责必须是纯理论的。它知道理论的实现只能借助共产党，因此它需要苏联的帮助。它的所有观念中都必须包含这一意识。不仅如此，在它的所有观念中，对新法西斯主义和社会民主主义的谴责，在比重上必须多于对共产主义政治的谴责。资产阶级的自由民主固然比全面的严格管制要好，但却要以延长剥削和延误社会主义自由的实现数十年为代价来换取。

21. 理论本身面临着两项主要任务：分析资产阶级化（#12—15）与构建社会主义。鉴于由虚假的、半社会主义的构建所造成的危害，我们必须重新审视那些致使马克思忽略这种构建的原因。构建社会主义面临着这样一个任务，即重新考虑支配着现今讨论的两阶段理论（two-phase-theory）或社会主义与共产主义的差异。作为一项将此现象纳入到原初观念之中并将此观念从该现象之中解救出来的尝试，该理论本身早已归属于资产阶级化和社会民主主义的历史时期。在第一个阶段，它接受劳动力对劳动分工的从属关系的延续，也接受雇佣劳动以及生产机构的支配地位的延续。它仍然以技术进步的必要性为导向。它有可能强化这样一种危险的观点，即[224] 从生产力和效率的发展来讲，社会主义就是强化版的资本主义，但是社会主义社会必然"超越"资本主义。

22. 在苏联与周遭的资本主义世界的斗争中，并且鉴于有必要"在一个国家建设社会主义"，两阶段理论得到了历史的证实。它证实了社会主义在该境遇中不存在是合理的。除此之外，它毫无价值可言。通过接受资本主义的理性，它用旧社会的武器对准了新社会：资本主义有更优良的技术、更多的财富（由技术进步带来的）；这样的基础可以使资本主义让人民过得更好。社会主义社会能够模仿这种做法，也能超越这种做法，前提条件是，只要它能够放弃这个代价高昂的、废除支配的实验，并且能够模仿、超越资本主义的生产发展与劳动生产率，即雇佣劳动对生产机构的从属关系。但如此一来，向社会主义的过渡就会变成不得要领的**情势变更**（rebus sic stantibus）①。

23. 与此相对应的是，两阶段理论只能在未来规划一场变革。对于受

---

① "情势变更"一词源于拉丁文 rebus sic stantibus, 其原义为"情势如此发生", 英文译为 Things being this way。

工会意识形态影响的欧洲和美国的工人来说，它的价值非常小（实证主义在这里再次取得了胜利），而且"第一阶段"持续的时间越长，它的价值就会变得越小。该理论影响力的扩张在受影响的工人中产生了一种屈服与顺从的精神，这些工人自身也赞成"第一阶段"的延续，并且压制了革命的欲望。在此情况下，"第一阶段"的终结以及向共产主义的过渡，只能是一个奇迹，或者是外部的、国外势力造成的结果（参见 #7）。

24. 社会主义的构建应该重点讨论它与资本主义的差异，而不是它从资本主义"脱离出来"。社会主义社会应该被阐释为对资本主义世界的决定性的否定。这种否定不是生产方式的国有化（nationalization），不是它们的更大发展，也不是更高的生活水平，而是废除支配、剥削和劳动。

25. 生产方式的社会化（socialization），即它们靠"直接生产者"来管理，仍然是社会主义的先决条件。这是它最为突出的特征：要是缺少这一点，就不存在社会主义社会。但是，社会化（socialized）的生产方式仍旧是资本主义的生产方式；它们是对象化的支配和剥削。这不仅仅是在纯粹的经济意义上讲的。那些借助它们来生产的产品保留了资本主义的印记：它还被镌刻在了消费品上。当然，机械就是机械；雇佣劳动的加工过程最先使它变成了资本。但是，作为资本，既定的生产方式同时把人的需求、思想以及情绪培养了起来，并且还决定着自由的界限和内容。如果生产还在继续，在社会化运动之前就有的东西也会被再生产出来，那么这样的社会化就不能改变界限，也不能改变内容。习惯性的需求就会继续影响新的环境和社会化的生产方式。只有在生产方式本身成了对资本主义这个对手的否定这种情况下，生产方式的社会化才适合于社会主义。

[225]

26. 首先，这包括消灭雇佣劳动。官僚制国家对生产方式的管理并没有废除雇佣劳动。直到生产者自己直接管理生产，即他们自己决定生产内容、生产数量、生产时间，废除雇佣劳动才会实现。在现代经济条件下，这一步或许相当于向无政府状态和解体的过渡。而确切来说，这种无政府状态和解体很可能是以社会主义的方式打破资本主义再生产的唯一方式，也是创建使需求发生变化、使自由得以降临的过渡时期乃至真空状态的唯一方式。无政府状态可以说就是废除支配，而解体将会消除生产机构凌驾于人之上的权力，或至少是全面否定阶级社会的最好机遇。

27. 当工人把生产掌握在自己手中（而不是立即使自己再次屈服于一种新的支配性的官僚制度的时候），他们才会开始着手废除雇佣奴隶制，即缩短工作时间。他们也才有可能决定生产内容，决定在不同的地方哪些东西对他们来说才是最重要的。这将必然导致国民经济以整体的形式解体；生产机构将会分解为独立的部分，在许多情况下，技术性的机械系统（technical machinery）将被闲置起来。一场倒退运动将会开始，它不仅仅会使国民经济从世界经济中脱离出来，还会带来贫穷和苦难。然而，这场大灾难却表明，旧社会早已不再起作用：这是无法避免的。

28. 这将意味着，进入社会主义就要进入较低的生活水平，而不是达到资本主义国家的水平。社会主义社会要从一种"超越"技术的文明层面发起。社会主义社会启动的判断依据不是技术进展，而是在实现生产者自由的过程中取得的进步，它表现在需要的质变上。废除支配与剥削的意愿看上去就像是无政府状态的意愿。

[226]

29. 社会主义从"超越"的文明层面发起并不是"倒退"。它不同于苏维埃社会的发起，事实上，倒退并不是一种（由生产的技术层面决定的）经济上的必要措施，而是一种革命性的自由行动，是一种对连续性的自觉中断。目前的生产和分配机构被工人暂停了，没有充分利用，甚至被部分地破坏了。但是，如果无产阶级不能简单地"接管"国家机器，那么他们也不能"接管"现代生产机构。它的结构需要专业化、分化的官僚体制，而官僚机构官僚体制必然会使支配和大众生产延续下来，必然会导致标准化和操纵（系统化）。

30. 预防国家社会主义（state-socialist）官僚体制这个问题必须被视为一个经济问题。官僚体制在生产机构的（技术）结构中有其社会根源；对官僚体制之他律形式的剔除以改变这种结构为前提条件。常规的社会主义教育确实能够使专业角色互相调换，并因之打破官僚体制的他律形式，但是在一种既定的支配性的官僚体制中，这种教育不可能取得成功。它必须领先于正在发挥作用的官僚体制——不是取代它。只有当具有他律结构的生产结构向进行"实验"的生产者投降的时候，这种教育才会发生。必然引导该实验的理性权威一定要保持在生产者的直接控制之下。

31. 资本主义生产机构的革命性的解体也会使已成为该机构组成部分的工人组织解体。工会不仅仅是现状的机构，也是以新的国家社会主义和苏维埃主义形式维持现状的机构。他们的利益与生产机构的运作绑在了一起，他们已变成了生产机构的（次等）合作伙伴。他们有可能会更换他们的主人，但他们需要的却是一位在对有组织的工人进行驯化指导的过程中分享他们的利益的主人。

32. 具有传统结构和组织形式的工会，代表的是一支敌视革命的力量，而政治性的工人政党仍旧是革命必不可少的主体。在马克思主义最初的构想中，政党并不起决定性的作用。马克思认为，只要革命条件一经具备，无产阶级基于对自身利益的认识，就会被迫依靠自己采取革命行动。与此同时，垄断资本主义发现了在经济上、政治上、文化上使广大无产阶级同一化（#12—15）的方式和手段。**在革命之前**，否定这种同一化是不可能的。发展已经证实了列宁主义把先锋党设想为革命主体的正确性。无

[227]

疑，如今的共产党不是这个主体，但同样无疑的是，只有他们才能成为这个主体。只有在共产党的理论中，这种对革命传统的记忆还活跃着，它可以再次成为对革命目标的记忆；只有当它的形势远远地外在于资本主义社会的时候，它才能再次成为革命的形势。

33. 那么，政治任务就是在共产党内重建革命理论，并为适合理论的实践效力。该任务在今天看来似乎不太可能。但这种不同于苏联指令的相对独立性——它是该任务所需要的——对西欧和西德的共产党来说却是一种可能性。

[228]

九

霍克海默

[230]

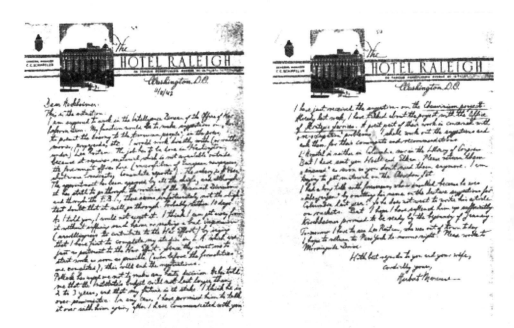

马尔库塞写给霍克海默的信——编者注

马尔库塞写给霍克海默的这些信件是在霍克海默档案馆发现的。遗憾的是，马尔库塞完成于20世纪40年代的大部分信件似乎已经遗失。对霍克海默与马尔库塞通信更大规模的选择，可见于 Volumes 16–18, Max Horkheimer, *Gesammelte Schriften*（hereafter GS）edited by Gunzelin Schmid Noerr, Frankfurt: Fischer Verlag, 1995–6。感谢施密德·诺尔允许我们出版发行这些书信，也感谢本雅明·格雷戈翻译这些原本以德文完成的书信。

致霍克海默

1941 年 10 月 15 日

亲爱的霍克海默：

昨天，我与林德做了一次简短的讨论，但却极为深入。[1] 事实上，我只想向他问好，但是他紧接着却花了几乎一个小时来谈论研究所。基本上还是那件事儿：就是我们已经浪费了一次很好的机会。还有就是我们从未实现真正的合作，而我们也许会在合作过程中以我们的欧洲经验直面美国的状况，比如，分析垄断资本主义、法西斯主义的趋势，等等。再就是我们最"致命的错误"是这些年来我们的《社会研究杂志》都是以德文发行，而当我们最终以英文发行的时候，我们却没有改变设计与版式。**2**

我告诉他，我们以为他反对的主要是我们抽象的理论研究方法。他对此坚决否认，他说美国已经有足够具体的经验研究，而其所缺乏的恰恰就是一种宏大的、必不可少的理论洞察，但这样的洞察必须得以与美国人相关联以及对他们来说通晓明白的方式呈现出来。他说他非常钦佩您的理论事业，并且（即使回到那时）他也支持您把它们出版出来，但他还说您经常对于被视为一位马克思主义者而深感忧虑，因此您经常以一种晦涩难懂、易生误解的方式展示您的思想。当我向其问及最后一卷是否在某种程度上与他的期待更为契合时，他说他刚刚开始读，但仅仅是它的文章及其版式就足以让所有读者望而却步。他说我们应该以《社会研究》（*Social Research*）的设计与版式为模板。**3**

[232]　　每次我试图让他说得更具体些，他的回答都是，如果我们在工作上实现了真正的合作，那么至于我们实际上研究些什么以及撰写些什么，都是无关紧要的事情。他还说我们不应该总是等待美国的援助和推动，而是应该首先依靠我们自身、凭借我们的努力有所创造。

纵使他完全以友善的方式、诚挚关切的口吻说了这些话，我还是觉得他的敌意很难克服，实际上让他保持中立都难。非理性的仇恨多半是被牵扯了进来。我认为绝无真正争取到林德的可能性。充其量，我们可以减弱他的非难——尽管我还不知道如何减弱。

关于《民族社会主义下的国家与个人》**4** 的报告，波洛克建议我以英语完成。或许这篇准备用于报告的作品随后可重新用作我的文章——那样的话，还是值得努力的。它可以提供一个具体的立场，以此揭露他这个资产阶级个体的真实本质，揭示民族社会主义带给他的满足是多于带给他的挫败的。

近日来，我一直忙于一场小型的讲座，讲座安排在下周五，地点是研究所，主题是针对法西斯主义的语言批判观念。我还打算重新使用这个材料。请把您的想法告诉我。

我们原想用以讨论我们演讲报告的委员会会议已经被推迟到了下一周。**5**

顺便提一下，林德最想知道的是，您何时回来。我告诉他：几周后。

向您及您的妻子致以亲切的问候。

您的赫伯特·马尔库塞 **6**

1 罗伯特·林德，哥伦比亚大学社会学教授，其著名的学术研究有：（与海伦·梅里尔·林德合著）《米德尔顿》〔*Middletown*, New York: Harcourt, Brace & World, 1956（1929）〕，《变迁中的米德尔顿》（*Middletown in Transition*, New York: Harcourt, Brace & World, 1937），以及他独立完成的《知识所为何来》〔*Knowledge for What?*, Princeton: Princeton University Press, 1967（1939）〕。他把自己说成是社会研究所的"朋友"，但却经常批评研究所未能实施专题合作研究，以及无法更好地融入到美国的学术生活中。

2《社会研究杂志》是社会研究所的官方刊物，自 1932 年至 1940—1941 年的最后几期都是德文版。林德与其他人都极力规划研究所以英文出版，从而拓宽它的作者范围，以吸引更广泛的美国读者，而在其最后的 1940—1941 年的四期中，它确实改成了英文版。

3《社会研究》（*Social Research*）是社会研究新学院出版发行的杂志，自 1934 年 1 月延续至今。其初衷是将其作为新学院员工的出版物，随后它将范围扩展到了发表杰出社会理论家和研究者的成果。这份杂志有着招人喜欢的版式和数量可观的读者，它主要针对的是广大的社会科学读者。新学院由敌视德国移民学者的学校建立和运营，而其《社会研究》杂志与研究所的社会理论及其研究相比，代表的是更加经验性的、较少批判性的、更加多元性的研究方法。关于新学院及其《社会研究》

[233]

杂志，参见 Claus-Dieter Krohn, *Intellectuals in Exile: Refugee Scholars and the New School for Social Research*. Amherst: University of Massachusetts Press, 1993。

4 1941 年 10 月，马尔库塞确实作了一场题为《民族社会主义下的国家与个人》的报告，而这份原本打算发表的修订版的演讲报告在本卷（原书第 69 页及以下）刊发了出来。《现代技术的一些社会含义》（原书第 41 页及以下）的研究同样论及的是现代社会中个人的命运这一主题。

5 哥伦比亚大学的社会学系委员会当时正在认真考虑研究所后续研讨会的报告，最后他们批准了霍克海默的一个系列讲座——后来成了他的《理性之蚀》（*Eclipse of Reason*, New York: Herder and Herder, 1974〔1947〕）一书。

6 由本雅明·格雷戈翻译整理。

1941 年 11 月 11 日

［纽约］

亲爱的霍克海默：

　　能收到您的电报，我感到十分高兴。我知道自己并没有误解您。路途遥远确实是件麻烦事儿。**1**

　　一想到要长久地待在这里，我就不寒而栗。我可以接受物质上的缺乏（在这里，我只有一套半衣服，并且一直都只能睡在研究所的一张沙发上）。只因为我真的太想开始参与您的工作。我知道会出现转机，而且很快就会出现。另一方面，我也不无遗憾地体会到，这将是一项长期的工作，并且它的前提比以往任何时候都更需要得到满足。我们早已不能承受这种精力的涣散状态了。从我目前的切身体验来看，我知道，再也不能这样继续下去了。因此，我们应该摒弃前嫌。我是多么想说：忘记哥伦比亚，把这件愚蠢的行为抛之脑后。但这种话我实在说不出口。我这个人不适合搞"瓶中信"**2**。不得不说，我们不能仅仅为了某种虚构的未来。在讨论中，我经常观察您，因此我也知道您有可能做出何种反应。我不禁想说，您的著作一定会"成功"**3**：我非常清楚我在说什么。我们可以通过反反复复的讨论来确切表达我们的问题——这样才有好处。

这一切对我来说看起来比政治保护更重要。我们完全可以不再以断绝往来的方式来真正地享受平和与清净。

我经常跟自己争论，在我灵魂黑暗的角落，我甚至希望，麦基佛尔（MacIver）在星期三就给我答复，让我离开这里。我恳请得到您的同意。要是不同意，而如果我又觉得，这件事有眉目，真的有机会，我也会继续待下去。

我希望能够在此完成我的文章。**4** 值得慰藉的是，您也还需要一段 [234] 时间才能完成您的文章。**5** 我给您订购了《18 世纪哲学家的天城》（*The Heavenly City in Eighteenth Century Philosophy*）这本书，作者是美国历史学家卡尔·L. 贝克尔（Carl L. Becker）。它是一本薄薄的小册子，讲的是启蒙运动中的乌托邦思想（早在 1939 年就出版），应该不错。

对我的家庭，我倍感歉意，毕竟我也是家庭的一员。

向您及您的妻子致以亲切的问候。

您的赫伯特·马尔库塞 **6**

1 这里指的是霍克海默的计划，一方面，他致力于裁减社会研究所的成员；另一方面，他又试图在哥伦比亚大学开办讲座，或者更加有利可图地把研究所变成哥伦比亚大学的附属机构。

2 "瓶中信"这个术语是阿多诺打算为那些意外地、偶然地发现研究所文本的后辈准备文章时提出的概念。马尔库塞的想法是，现在应该为当代的读者发表作品，除讨论更为深奥的理论问题外，还要讨论当前感兴趣的话题。

3 该"书"就是后来的《启蒙辩证法》〔*Dialectic of Enlightenment*, New York: Herder and Herder, 1972（1947）〕。马尔库塞希望成为该书的主要合作者，但这项任务最终落在了霍克海默最亲密的伙伴和本次创作计划的唯一合著者阿多诺身上，而在 1941 年马尔库塞原本是要参加该计划的。

4 它指的是马尔库塞的《现代技术的一些社会含义》这项研究（参见原书第 41 页及以下）。

5 霍克海默研究理性的这篇文章以《理性的终结》为题刊载于《哲学和社会科学研究》（《社会研究杂志》的新名字，当时改成了英文版）〔"The End of Reason," in *Studies in Philosophy and Social Science*, Vol. 9, Nr. 3（1941）: 366–88〕。

6 由本雅明·格雷戈翻译整理。

1942 年 11 月 11 日

亲爱的霍克海默：

情况是这样的：

我要到战争信息局的情报部门（the Intelligence Bureau of the Office of War Information）工作。**1** 我的职责是针对"如何（借助报刊、电影宣传等）向美国人民揭露他们的敌人"的问题提供建议。我将直接与利奥·罗斯腾共事，更确切地说，我将直接受他领导。**2** 这项工作必须在华盛顿完成，因为工作所需的资料只有这个政府机构能够提供（欧洲报纸的缩微胶卷，短波广播，领事馆报告）。薪水是 4600 美元——任命书已得到所有主管人员的批准，尽管还要经人事处和联邦调查局的审查，通过应该完全没有问题。可能 10 天以内就会有答复。正如我所说，我可以不接受它。如果向他们讲我要先在洛杉矶完成我这些恰好与战争相关的研究，我想放弃这份工作，不会带来太多损失，也不会造成坏的印象（不想为战争做贡

[235]

献）。因为他们希望我能够尽快投入工作（甚至正式手续办理完之前），我很快就会失去任何商谈的余地。波洛克建议我不要做出草率的决定。[3] 他告诉我说，研究所的预算只能支撑两三年，将来我的生活也会朝不保夕，但我觉得他太过于杞人忧天了。我已答应他，不管怎样，在与您沟通后，我会再和他商量。

我刚刚接到针对沙文主义课题的建议。[4] 早在上礼拜，我就与战略情报局探讨过这个课题。他们大都关切的是"重新占领"的问题。我会对此提出对策，并听取他们的意见和建议。

我在哥伦比亚大学图书馆和美国国会图书馆没有看到洛皮塔尔（L'Hôpital）的文献。但我已经把韦伊（Weil）与艾尔肯（Elkan）的文献给您寄过去了。请您在用完后，尽快"完好无损地"送还回来。我正在努力收集关于艾夫登·塞特（Avedon Set）的相关资料。[5]

我与格罗斯曼谈了很长时间，他觉得自己受到了侮辱，因为去年哥伦比亚大学演讲活动的提案中遗漏了他的名字，他感到自己"被忽略了"！[6] 因此，他不想写关于诈骗集团（rackets）的文章。但是我希望我能使他的态度彻底缓和下来。基希海默答应从 1 月初开始准备。利奥·罗斯腾（Leo Rosten）今天不在城里，明天我去拜访他。我想明天晚上回纽约！来信请寄往摩宁西路。

向您及您的妻子致以亲切的问候。

您最忠诚的赫伯特·马尔库塞

1 马尔库塞说的是美国政府刚刚提供给他的工作，而他在未来几年里都在美国政府工作。他关于"如何向美国人民揭露他们的敌人"的报告就刊发在原书第 179 页及以下。

2 利奥·罗斯腾在战争信息局是马尔库塞的上司，而正如马尔库塞在 1943 年 4 月 18 日致霍克海默的信中所说，他在战略情报局工作期间也是向罗斯腾汇报工作，他在信中把罗斯腾说成是"一个非常正派、聪明的人"。

3 弗里德里希·波洛克是霍克海默最亲密的朋友之一，他是研究所的经济学家，负责管理社会研究所的财务。1941 年 5 月，马尔库塞到加利福尼亚从事霍克海默的工作，希望社会研究所能够给他提供足够的资助，确保他能够投入到这本与霍克海默设想的关于辩证法的著作中，确保他能够生活在加利福尼亚——他在加利福尼亚的圣莫尼卡为他的家人租了一间房子。可是，到了加利福尼亚后，霍克海默却告诉他，由于研究所不断恶化的财务状况，马尔库塞的月薪不得不从 330 美元降到 300 美元，后来又降到了 280 美元（Horkheimer to Pollock, May 30, 1941 in Max Horkheimer, *GS*, Vol. 17. Frankfurt: Fischer 1996:46）。霍克海默还提醒马尔库塞说，研究所也不确定还能资助他多久，后来波洛克也建议他要慎重考虑美国政府的工作，而马尔库塞确实接受了这份工作；参见接下来的几封书信。

[236]

4 研究所曾拟定了一份《关于德国沙文主义的报告》，马尔库塞把该课题交给了战略情报局的爱德华·哈茨霍恩，从 1942 年 12 月 7 日的信件看来，哈茨霍恩就该研究向马尔库塞表示了感谢，哈茨霍恩表示，他"确信，展现出来的研究线索不仅值得去做，而且应该成为当务之急"，他还提出了多处修改建议，可是，研究所却没有继续进一步推动该课题。

5 洛皮塔尔、西蒙娜·韦伊与索菲·艾尔肯以及关于艾夫登·塞特的相关资料是马尔库塞要到图书馆收集的文献，马尔库塞要把它们寄给霍克海默，帮助他完成手头上的工作。

6 亨里克·格罗斯曼，研究所的经济学家，是一位正统的马克思主义者，同霍克海默、波洛克及其他研究所成员素来不和，但似乎与马尔库塞关系融洽。格罗斯曼对他没有列入 1941 年在哥伦比亚大学举办的民族社会主义系列讲座倍感恼火，他与研究所的关系最终彻底决裂了，1948 年回到德国后，在德意志民主共和国取得了莱比锡大学的教授席位。

1942 年 11 月 15 日

亲爱的霍克海默：

感谢您 11 月 10 日的来信。

遗憾的是，我知道，所有"理性的"争论都是为了说服我接受华盛顿的这个职位。但对我来说，您似乎在某种程度上低估了我在继续我们正在从事的理论工作上的渴望。尽管，我反对您的一些概念，但我却从未隐藏我的信念，即我知道，现今任何知识分子的努力都不能比您更接近真理，我也知道，除研究所外，这世上没有别的地方还允许和鼓励思考。此时此刻我只能这么说，只能告诉您，我不会忘记我在您身上学到的东西。我强烈坚持去华盛顿，是因为我想尽可能地延续这种关系——而不是您所指出的，担心受到您的诱导。

只当您说，这种关系将在短期内由于研究所的财务状况而无论如何都要走向终结，我在华盛顿的职位能够使我们在相对短暂的中断后继续我们共同的工作的时候，理性的争论才与我想继续我们理论研究的极度"非理性的"欲求不相冲突。我是一个十足的唯物主义者，如果没有好的理由，我是不会做出奉献、做出牺牲的，更何况，华盛顿与加利福尼亚在生活和工作条件上的反差简直太过显著，以至于我觉得，这种牺牲的程度正变得越来越明显！ [237]

我在华盛顿的工作看起来很体面，有可能也很有意思，但我只想把它看成是为结束战争尽一分力，看成是对未来的一次投资。它可能对研究所也会有帮助。不过，我仍然会让这些方面都服从我们的理论工作前景。我建议我们在"例行手续"办完之前先不要做决定，反正这份工作已经确定下来了。昨天，我收到了战争信息局的电报，电报上讲，星期二我就能够得到确切答复。**1**

《关于德国沙文主义的备忘录》目前在战略情报局的心理学部门。**2**

我现在正在做一些关于操作主义的研究。**3**

向您的妻子致以亲切的问候。

您最忠诚的赫伯特·马尔库塞

1 正如 1942 年 12 月 2 日（及以后）致霍克海默的信所表明的那样，马尔库塞确实获得了战争信息局的职位，并且于 1942 年 12 月开始了他的工作。

2 《关于德国沙文主义的备忘录》，参见 1942 年 11 月 11 日致霍克海默的信的注释 4（原书第 234 页）。

3 马尔库塞的操作主义批判指的是，他当时正在从事的行为主义、操作主义以及其后来所谓的"单向度的思想"研究。研究操作主义的手稿在马尔库塞 20 世纪 40 年代致霍克海默的信中经常被提到，但却在他的档案馆中没有发现。操作主义批判最终在《单向度的人》中得到了阐释。

1942 年 12 月 2 日

亲爱的霍克海默：

上周六下午，我收到了华盛顿方面的电话，让我参加战争信息局准备在星期一召开的会议。会议（只有 9 个人参加）的主题是，确定纳粹德国的哪些团体、哪些人以及哪些机构实际上应该被当作敌人。会议期间，我收到消息称，我的任命书已经被批准，明天就可以宣誓就职。第二天早[238]晨，我就去拜访了佩蒂博士（Dr. Pettee）他是我所在部门的负责人。他告诉我说，他希望我能马上开始工作。我的答复是，我还不能上班，因为我还没有最终决定，也没有就这个新情况与研究所所长商议。最后，他们给了我一个期限，星期天晚上必须答复。

我已无须告诉您我的想法。您的贺电强化了我的看法，即您认为我对您不忠诚，对我们共同的事业不忠诚。我必须告诉您，我深感这是对我的侮辱。在我写信给您说如果这份共同的事业"无限期地"拖延下去我将失去一切的时候，我并非危言耸听。您是唯一我能与之共同干些实事的人。对我来说，这比任何事情都重要。正是为了维持我们将来的合作，我才决定到华盛顿工作的，并且这也是您的建议。我曾认为，我已经使您对我的真诚愿望确信无疑。我还是愿意相信我已经做到了。[1] 您与波洛克都强烈地支持我的观点，波洛克还催促我——出于您所熟知的理由——接受这个职位，辞掉研究所的职务。我很乐意这样去做，因为我知道，在华盛顿逗留绝不是"无限期的"。至少您会承认我这一点，即我不关心法律和行政方面的问题，但我却非常关心我能否仍旧是研究所的成员，或更确切地说，能否是您的合作者。即便是在华盛顿的职位上，我也有大量的机会发挥一个研究所成员应尽的职责：不仅仅是因为我会把各方面都结合起来，更确切地讲，是因为我能定期地向您征求建议、意见等。我这份工作的特点会使这种合作很密切，很讲逻辑，甚至在某种程度上很"官方"。我强烈感觉到，不仅以前我需要这种合作，将来我也需要这种合作，我可以在很多方面为研究所做大量的补充性帮助。我可能会成为不同办事处之间的联络员，特别是战争信息局和战略情报局之间的联络员。从这两个机构来看，我们都有一定的影响，而我想开发和利用该资源。但是，如果您反感这个职位，觉得我这是弃您而去，那么我会毫不犹豫地拒绝这个职位。

我真希望能多写一些，但我更希望您能如期收到这封信。

您最忠诚的赫伯特·马尔库塞

1 在 1942 年 12 月 4 日致马尔库塞的信中，霍克海默清楚地表明，他从来没有

[239] 认为马尔库塞为人不忠诚，并且他实际支持马尔库塞到美国政府工作的决定。事实

上，霍克海默如释重负，因为研究所解除了用其不断减少的基金资助马尔库塞的责

任（参见 Horkheimer's letter to Löwenthal, November 8, 1942 in Max Horkheimer, *GS*,

Vol. 17. Frankfurt: Fischer 1996:378）。无论如何，马尔库塞都阐明了他继续与霍克海

默保持联系的愿望，也阐明了他继续从事研究所课题的愿望，但他的愿望从来都没

能真正实现过，因为他把越来越多的时间都投到了战时的工作中。

1942 年 12 月 11 日

华盛顿

西北区 38 街 2920 号

亲爱的霍克海默：

我刚刚收到您 12 月 4 日的来信，这封信被转寄到了我的新住址。我

很抱歉，之前误解了您的来电；您会发现，我先前对突如其来的情况太过

紧张了。我现在感觉稍稍好了点（但不是太好）。

您说得对：我的家人在未来的几个月里还要待在洛杉矶。这对我来说

太艰辛了，但值得欣慰的是，您能在那里帮助她。而（1）我必须等待，

直到我在这里的情况有所好转（联邦调查局的调查还没有开始），不过，

（2）这里的生活条件还处在**文化贫困**（kulturelle Verelendung）的边缘地

带。新入职者甚至很难在该区以外、距离市区 10—15 英里的地方找到房

子。而客房都非常糟糕。我很幸运地租到了一个相对僻静的地方，一个独户住宅的地下室，从这里到办公室需要乘一个小时的有轨电车！而又一次很幸运的是，安德森就住在同一个社区，他和他的很多同事都会开车载我到办公室！**1** 我已经成了他们的常客。

在办公室，我一直都在努力熟悉资料，也就是他们所说的：阅读欧洲报刊的缩微胶片和短波广播的记录，等等。我希望下周开始着手我的第一份报告。要想每个周末都回一趟纽约几乎是不可能的：（1）我要工作到星期六下午两点（或许更晚），并且（2）路费太贵了。也许一个月回去一次吧。正如我写给您的那样，就《关于德国沙文主义的备忘录》，我已经与战略情报局的很多人都做了讨论。我把我今天收到的答复也附在了信上。考虑到从任何一个重要的战争机构获得书面声明都极其困难，这封战略情报局的来信应该很有用、很重要。**2** 下周，我会去拜会哈茨霍恩，我建议把该课题从现在开始将完全由洛杉矶的研究所成员来开展这件事告诉他。请让我知道您是否愿意跟进该联系，如果愿意的话，您想把该课题做到何种程度。最好还是先这么做，不过还是要花费大量的时间来做实际的工作的。

请让我了解您的工作：这可能是我唯一思考的机会，而我仍然非常需 [240]
要这样的机会。请帮助照顾我的家人。一周前，我极力要求我的妻子赶紧放弃她的工作，因为她现在的压力实在太大了。

我担心，即使她可以经常乘坐汽车，也太过劳累了。

在那儿的其他人都好吗？我真羡慕你们。

向您和您的妻子致以最好的祝福。

您最忠诚的赫伯特·马尔库塞

寄往我办公室的信件都必须得通过审查，因此会耽搁很久。请把信寄到我家里。

1 尤金·安德森，美国大学的历史学教授，在研究所逗留哥伦比亚期间，他对社会研究所非常友善，曾帮助他们准备了一份向洛克菲勒基金会申请研究《民族社会主义的文化背景》的提案。参见 Roderick Stackelberg, "Cultural Aspects of National Socialism: An Unfinished Project of the Frankfurt School," *Dialectical Anthropology* 12 (1988): 253–60。马尔库塞与安德森都在华盛顿的政府部门工作，安德森对马尔库塞的评价很高。参见 Eugene N. Anderson, *History of the European Section*, February 17, 1945, National Archives Record Group 226；参见 Alfons Söllner, editor, *Zur Archäologie der Demokratie*, Volume1. Frankfurt: Fisher, 1986:30f.；另参见 Söllner's interview with Anderson in *Zur Archäologie*, Volume 2:22—58。

2 哈茨霍恩在 1942 年 12 月 7 日给马尔库塞的答复表明，战略情报局对该课题很感兴趣（参见 1942 年 11 月 11 日马尔库塞致霍克海默的信，原书第 234 页）。在 1943 年 1 月 1 日的信（在下面）中，马尔库塞对哈茨霍恩的建议做了评论。尽管，在 1943 年，研究所成员有大量关于德国沙文主义的讨论，但他们更关注这项受美国犹太人委员会（AJC）资助的反犹主义课题的研究，因此，从来都没有承担有关德国沙文主义的研究。

1943 年 1 月 1 日

华盛顿

西北区 38 街 2920 号

亲爱的霍克海默：

我迟迟没有回复您在 12 月 19 日寄来的书信，直到我与哈茨霍恩再次谈过之后，才决定给您复信。**1**

　　您**完全没有**必要完全遵从哈茨霍恩的建议。我认为，我们越是基于　　[241]
我们自己的经验和知识来写，写出来的东西才会越好。

　　您不要把精力全部投入到哈茨霍恩的前两条建议上。在这里，他们
拥有大量的有关前纳粹德国和纳粹德国的报告。毫无疑问，这些报告大部
分都是事实的收集。但是，我担心的恰好就是，在这些人的眼中，您那里
可自由支配的事实性材料的缺乏可能会降低您的研究价值。他们这里拥有
大量的资料（比如，直到 1942 年的成套的德国报纸、期刊），多到简直令
人惊讶。因此，我的建议是，您应该把您的工作集中在战争结束时有可能
出现的状况上，也就是集中在哈茨霍恩信中的第三条及以下的建议上。这
将使您在选择概念和方法的过程中有更大的自由度。我不敢确定能否给您
邮寄任何资料。由于它们都标着"机密"和"秘密"的字样，所以它们非
常容易被拿来小题大做。但我很乐意为您"改述"您所需要的任何类型的
文件，也很乐意为您提供一切与问题相关的信息。

　　研究应该尽可能广泛。我也很难帮您确定时间。不管怎么说，重构
问题显然更能引起这些人的兴趣。我将在下周与 R. 特纳（R. Turner）见
面，他是国务院文化关系司德国部门的主管。我见过他后会尽快向您报告
情况。他是德国再教育研究的负责人。

　　操作主义：我试图竭尽全力来完成这项工作。**2** 但是，战争信息局"不
赞成在外部刊物上发表对有争议的话题的看法"。这意味着，这篇论文必
须至少接受局里两位负责人的审阅和"批准"。您有什么建议？

　　您的来信中谈到了您的作品，这让我非常羡慕。您能否找机会给我
邮寄一本？至少我可以用这种办法来与您的工作进度保持联系。

　　我一直都在努力工作。现在，我们正在针对德国国内的状况及德国
宣传方式的转变撰写周报。

致以 1943 年最美好的祝愿。

您最忠诚的赫伯特·马尔库塞

1 关于德国沙文主义的课题与哈茨霍恩，参见 1942 年 11 月 11 日马尔库塞致霍克海默的注释 4（原书第 234 页），以及 1942 年 12 月 11 日马尔库塞致霍克海默的注释 2（原书第 239 页）。

2 关于操作主义的课题，参见 1942 年 11 月 15 日马尔库塞致霍克海默的注释 2（原书第 236 页）。事实上，马尔库塞在第二次世界大战期间没有发表过任何东西，自 1942 年至 1950 年，即他在政府供职期间，也只是发表了几篇文章和评论。

[242]

1943 年 3 月 4 日

华盛顿

西北区 38 街 2920 号

亲爱的霍克海默：

就您写给格罗斯曼的这封信，我早就想对您表示祝贺。**1** 波洛克在纽约给我看了，我非常兴奋。从我们对这些问题的立场来看，我还从未看到过如此全面的总结。我完全同意您的观点。如果您还有备份，请给我一份。

得知我要在这里见到您，我的愿望即将成为现实，我感到非常惊讶。波洛克告诉我，您最迟在明年秋天就会来纽约。我非常乐意听您的讲座，但也希望您不会因为工作的中断而不高兴。**2** 我仍然认为，这是一次很好的"投资"。关于反犹主义这个课题，我有不同的看法。我认为，除非主要工作由您来完成，或至少在您不间断的积极合作的基础上完成，否则付出的劳动和金钱将没有任何价值。**3**

同时，我首先在政治上有不同的看法。我原本想在纳粹体制中发掘布尔什维克的趋向，但却没有发现。关于俄罗斯的崛起，我也有不同的看法。我把详细情况都告诉了波洛克，他可能会写信转告您。我已经意识到，并且每天都会了解到，即我们对该国普遍趋势的诊断非常准确——但有一点除外，那就是太乐观了。矛盾的同一性（在这个案例中，即对抗者的同一性）的稳固程度简直让人难以置信，并且还在一定程度上自觉地使自身延续下去，而这种自觉有时甚至令我震惊。

情报局的国内分支机构在接下来的几个月里将会急剧减少，因为国会已经大大削减了战争信息局及其他政府机构的预算。不过，我有可能会被留下来，如果留不下来的话，我也不会太难过。**4**

希望尽快收到您的来信。

向您的妻子致以亲切的问候。

您最忠诚的赫伯特·马尔库塞

1 在 1943 年 1 月 20 日霍克海默致格罗斯曼的信中，霍克海默对格罗斯曼正 [243] 统的马克思主义政治经济学做了详细的批判，并且概述了他自己的观点；参见 Horkheimer to Grossmann, *GS*, Vol.17:398–415。

2 1943 年春，霍克海默在哥伦比亚大学做了几场报告，而这几场报告后来就成了《理性之蚀》这本书的主要部分。

3 反犹主义这个课题指的是在美国犹太人委员会的资助下所从事的研究，而这些研究许多年后都被收录在了《偏见的研究》这本书中。尽管，霍克海默确实是课题的负责人，但大量的研究课题并没有真正再现他自己的理论立场和政治立场，而他在该时期的信件将其与美国犹太人委员会官员的冲突以及他们的作品和出版物中相互冲突的观点呈现了出来。

4 正如 1943 年 4 月 18 日马尔库塞致霍克海默的信件（下面）所证明的那样，

事实上，马尔库塞被调到了战略情报局。

1943 年 4 月 18 日

华盛顿

西北区 38 街 2920 号

亲爱的霍克海默：

感谢您 4 月 3 日的来信。我认识到了开展反犹主义这个课题的必要性，也认识到了急需由您来负责课题大部分内容的必要性。我只希望您能够让您的理论工作充分地反映出来，希望您能够尽可能地恢复我们的真正任务。

您可能已经听说，我已经决定到战略情报局。最新的改组已使战争信息局的地位大大降低，这个机构似乎渐渐地、在所难免地变成了新闻记者和广告代理商的受害者。除此之外，我看到，战略情报局有着极其丰富的资料，我在那里能够做一些更有意义的工作。战争信息局不希望我走，并且给我提了一个条件，那就是我可以继续为利奥·罗斯腾（他是一位非常正派、明智的人）效力。不过，这件事儿已经安排妥当，本周就签协议。**1**

波洛克已经给我讲了您对该课题的看法。如果您想与伦佐·西雷诺（Renso Sireno）合作，就请告诉我。他是我很要好的朋友，而且确实非常有能力、有同情心。**2**

请读读乔治·贝尔纳诺斯（Georges Bernanos）的《致英国人的信》（*Lettre aux Anglais*）。它是一部伟大的作品，它比我这些年看到的其他作品更接近事实。唯有它能给我带来在这里一直都在寻觅的鼓励。我一直都在努力做我的工作，并且希望能够把它做好（我在"效率评估"中得了优秀，一个难得一见的级别，您也许会觉得这很可笑，当然，我也觉得很可笑），但我没任何其他的幻想，因为对我来讲，面对周遭世界发生的事情，坚持下去简直太难了。我希望自己能够向您一股脑地全部倾诉出来。　[244]

我的家人昨天就到了圣路易斯。他们能来这里我非常高兴。我已经过够了孤苦伶仃的生活。

向您的妻子致以亲切的问候。

您最忠诚的赫伯特·马尔库塞

1 1943 年 3 月，马尔库塞调到了战略情报局，直到战争结束，都一直在研究和分析处中欧部工作。马尔库塞及其同事曾撰写过大量的试图鉴别德国纳粹和反纳粹的团体、个人的报告，还草拟了一份《德国民政事务手册》，用以处理去纳粹化的问题。

2 伦佐·西雷诺是马尔库塞的好朋友，但关于他，我们知之甚少。

1943 年 7 月 28 日

华盛顿第十二街

西北区吕宋岛大道 6600 号

亲爱的霍克海默：

很高兴收到您的来信；我有时候甚至都觉得，您已经把我忘了。的确，波洛克给我寄来了纽约一些研究该课题的文章，但我至今还没有收到洛杉矶的稿件。为了让我的思想集中在理论问题上，我曾试图确立我自己关于反犹主义的观点。这样我至少可以把我从这里获取的一些绝无仅有的材料用到我们共同的事业上。尽管，您的来信没有透露您的具体研究方式，但我觉得，我能够领会它们的大致方向，而我似乎也在这条道路上摸索前行。

也许我已经写信告诉过您，在我看来，"先锋部队"理论按照我们最初阐述的形式来理解似乎并不充分，而这一不充分性似乎随着法西斯反犹主义的推进越来越凸显。[1] 在维持这种根据人的性格建立起来的支配模式的过程中，反犹主义发挥的作用明显越来越大。请注意，在德国的宣传活动中，犹太人现在已经成了一种"内在的"存在，该存在既走进了犹太人的生活中，也走进了非犹太人的生活中，即使"真正的"犹太人被消灭了，该存在也不会被征服。如果我们审视一番纳粹在非犹太人中指定为犹太要素的那些性格特征和品质，我们就会发现那些特征绝不是所谓的犹太人的典型特征（或者至少不是其主要特征），而应该被看成是基督徒和"人类"的特征。它们还是些与各种形式的压抑明显相对立的特征。此时，我们应该重新开始阐明反犹主义与基督教之间的真实联系（到目前为止，这一点在课题中还没有得到探究）。当前发生的不仅仅是一次针对基督教的迟来的抗议，也是基督教的完成，或者至少是基督教一切邪恶特征的完成。**这个世界**是犹太人的，但**这个世界**却受到了法西斯主义极权主义恐怖的统治。[2]

[245]

就反犹主义的社会经济方面而言，我认为，我们应该更多地把反犹主义看成是**国际法西斯主义**的工具。随着希特勒法西斯主义阶段（目前看来，这只是一个准备阶段）的衰落，反犹主义越来越成了"调和"存在分歧的国家法西斯主义的武器，或者说，成了争取协商和平的条件。于是，我们必须纠正我们早期的观念。我指的是"虚假的战争"。总体上讲，这个观念是正确的。但是，战争的**虚幻性**（Scheinhäftigkeit）是从目的而不是从达到目的的手段来要求而非阻止彻底击败德国及其残余势力。然而，我压根就不相信，法西斯主义能够在长时间地"融合"实际冲突的过程中保持稳定。它同一切事实与常识相违背，因此我绝不相信。墨索里尼的出局，其最令人沮丧的一点就是，这一切都是在没有任何兴奋、叛乱和仇恨的情况下发生的。经过二十多年的恐怖，法西斯党把自身隐藏得像个**保龄球俱乐部**（Kegelklub）。没有人真心在乎。生活照旧继续。没有任何改变。这不是意识更为成熟的一个标志，而是极权主义无情、疲乏、冷漠的标志。您能想象希特勒和他的党徒们仅仅辞职并将业务移交给新的管理层（部分是新的）就可以毫无麻烦地留在德国并且安享不受搅扰的隐私吗？我认为，这远远超出我们最大胆的预测，但它仍然有可能发生。

有时，甚至对我们这个团队来说，这也有些很不可思议。我刚刚争取到一个星期的假期，我们打算在弗吉尼亚州这个适合游泳但食物很糟糕的地方度过。

您真该来东部了，到时我们好好地谈一谈。

向您和您的妻子致以衷心的祝愿。

您最忠诚的赫伯特·马尔库塞

非常感谢您的生日祝福。[3]

1 社会研究所讨论的针对反犹主义的"先锋部队"理论把反犹主义视为禁闭其他团体——比如，共产主义者、社会民主人士、无政府主义者以及民族社会主义的其他政治敌人——的"先锋部队"。马尔库塞进一步发展了他对反犹主义的一些看法。后来，针对反犹主义，霍克海默与阿多诺在拒绝赋予任何立场以特权的《启蒙辩证

[246]

法》中阐释了一系列的观点。

2 **"这个世界**是犹太人的，但**这个世界**……"

3 马尔库塞生于 1898 年 7 月 19 日。

1943 年 9 月 24 日

华盛顿第十二街

西北区吕宋岛大道 6600 号

亲爱的霍克海默：

我很想逐句讨论您的《阶级关系社会学》**1** 这篇文章，但我觉得，这只能以私下讨论的方式来进行。我一直都在等待这样的讨论，但我担心可能要等很久，所以我想先对您的文章的一些要点做些评论。

正如文章的行文，诈骗集团概念（the racket conception）的重点都放在了劳动上。**2** 鉴于此，您必须特别谨慎，以避免这样的印象，即您把"阶级斗争向阶级适应的转变"当成了既定事实，当成了事情的原委。尽管，您在几个地方都指出，劳动诈骗集团仅包括庞大的官僚机构或工会，在该社会阶层的控制之下，这些未曾削弱阶级斗争的受害者继续过着悲惨的生活，可是您的整个论证却落在了这个上流社会阶层的地位和作用上。不管怎样，我相信您会同意我的观点，即整个工人阶级与垄断社会机构的协作从来就没有成功过，在这个国家没有，在德国和法国肯定没有，就算在英国可能也没有。阶级斗争并没有仅仅转变为阶级适应的手段，而是变成了遍布全世界的民族战争和国际战争。这里也一样，经济与政治要素垄断性的合并变得越来越不可抗拒。如果您能够对这种"社会悲观主义的佐证"再稍作深入的阐释，那么工人为什么"通过自身的同化成了越来越令人焦虑的因素"就会变得清晰起来。

此外，我建议，您应该回答如此多的工人阶级与统治集团的协作是怎样发生的。我认为我们可以对此做一种政治经济学的解释（支持对"大众文化"的分析），在我看来，早先确立的"劳动贵族"概念可以保留，并重新做出解释。（劳动贵族的经济与政治根源：垄断的理性化与技术的理性化，效率的提高与依赖性的增强。）在第 30 页，您讲道，如今失败的竞争者与被征服的对手的痛苦再也不能归咎于客观无名的过程，因为它可以在市场体制下得到解释。在此，我必须打个问号。在我看来，现如今更高效、更强大的企业的胜利比以往任何时候都更可以也更需要归咎于客观无名的过程，也即是说，归咎于技术理性的铁律，而垄断的诈骗者只是该铁律的顺从的执行者。

[247]

您可以很容易地想象出，能读到这样一篇文章我有多么高兴，它讲的是一种我能理解的语言，它处理的问题才算得上是**问题**。真替您感到骄傲。请允许我先挑这几段我认为特别好、意义深远的话；此外，还包括您对现代社会这个"讲求实效的总体"的分析，对党的作用及其理论轨迹的解释，对模仿概念、技术统治的社会内容的阐发。

如果要以英文发表的话，这篇文章就得做全面修订，一些段落需要明确（我们的老问题）。如果您希望我来做的话，我很乐意把这些段落标出来。感谢您 9 月 11 日的来信。我希望我能用这些事儿来充实自己。有时候，我可以把晚上充分地利用起来，但也就仅此而已。请尽快把您对《宗派评论》（*Partisan Review*）中的文章所做的评论寄给我。**3**

向您和您的妻子致以最亲切的问候。

您的赫伯特·马尔库塞

1 霍克海默的《阶级关系社会学》可见于 Max Horkheimer, *GS*, Vol. 12:75ff.。

2 霍克海默的"诈骗集团概念"认为，统治集团就像匪帮或"诈骗集团"一样，都以他们的私人利益和权力为宗旨。他及社会研究所的其他人好几年都拿这个概念来描述德国法西斯主义和垄断资本主义，但却从未对此做过系统的阐释，并且最终放弃了这个概念。而马尔库塞读到的霍克海默关于"诈骗集团"的研究也从未公开发表。

3 在 1943 年 9 月 11 日霍克海默致马尔库塞的信中，他曾提到，他正计划写一篇文章，以回复《宗派评论》中胡克、杜威和内格尔的三篇文章（参见 *Partisan Review*, Vol. X, Nr. 1, 1943, by Hook, Dewey and Nagel）。他的评论最后成了《理性之蚀》的第二章（参见 "Conflicting Panacea," in *Eclipse of Reason*. New York: Oxford University Press, 1947）。

[248]

1943 年 10 月 25 日

华盛顿第十二街

西北区吕宋岛大道 6600 号

亲爱的霍克海默：

感谢您 10 月 11 日的来信。您想让我详细阐述劳动贵族以及它与其他工人之间关系的问题。[1] 而我也一直在思考这个问题，并且还写了很多东西，但我还是不太清楚。您知道，马克思是通过剩余利润——在特定的条件下，对于最有"成效"（productively）地运行着的资本主义企业来说都可以获得——来解释劳动贵族的。在我看来，这在今天似乎仍是问题的关键。劳动贵族规模的大幅度增加显然与基础层面的剩余利润的增加相一致。从现阶段的发展来看，不仅仅是几个特别受优待的企业，而是几乎所有的大型垄断企业都是在创造剩余利润的前提下关切劳动。另一方面，工会官僚机构与大型垄断企业之间利益的和谐相处是众所周知的；您可以在希法亭（Hilferding）的《金融资本论》（*Finanzkapital*）中看到很多非常好的有关这方面的评论。**2** 所有这些都会使大型垄断企业成千上万的雇员成为"投敌叛变"（collaborationist）的劳工组织的真正的"群众基础"（mass basis）。

劳动贵族与其余劳动力之间的关系并不完全是积极的领导者与消极的追随者之间的关系。这种合作的趋势既有上层的原因，也有底层的原因。从工会政策中获得的物质利益是一种极其强大、极其现实的束缚。但是，支付该利益的经济根源又是什么呢？还是剩余利润吗？我不知道。

不管怎样，我相信我们都了解这种关系在纳粹德国的状况。纳粹对经理、厂长、理事等被其巧妙地训练成政治上可靠的、物质上享有特权的"精英"的这个社会阶层无疑充满着敌意。这就是我何以说法西斯主义的**劳动协作**（coordination）肯定不会成功的原因。无论如何，这种反抗都不是政治性的，也即是说，不是阶级斗争。

它是一种自发的、局部的抗议，它反对的只是恶劣的工作环境、提高生产率、延长时间以及劣质的食品等。

在这个国家，工会领导与有组织的工人之间的切身利益具有强烈的一致性，以至于前者几乎可以被称为后者的真正代表。而且，在许多引人关注的案例中，工人的协作态度似乎比工会的还要强烈。比如，克利夫兰市著名的 Jack & Heintz 公司（在 10 月 25 日《新共和杂志》中有一篇讨论该公司的好文章），就因为它是工人与管理者之间真实关系的典范而广受（包括共产党）盛赞。它也许是最典型的劳工自愿协作的例证，它表明法西斯主义也可以在民主环境中顺利地实施。 [249]

我必须为这些片断性（Zusammenhangslosigkeit）的简短评论道歉，

但是我可以向您保证，我会继续思考这个问题，并将我的评论寄给您。当然，我很乐意通读整篇论文，并将需要修订的段落标记出来。我希望下一周能做这项工作。战争越接近尾声，我们就越被工作压得透不过气来。

向您和您的妻子致以最良好的问候。

您最忠诚的赫伯特·马尔库塞

1 马尔库塞指的是霍克海默的《阶级关系社会学》研究，这在 1943 年 9 月 24 日马尔库塞致霍克海默的信的注释 2 中有过讨论（参见原书第 247 页）。

2 Rudolf Hilferding, *Das Finanzkapital: Eine Studie über die jüngste Entwicklung des Kapitalismus*（Vienna: 1910）; translated, Finance Capital: *A Study of the Latest Phase of Capitalist Development*. London: Routledge & Kegan Paul, 1981.

1945 年 5 月 22 日

华盛顿第十二街

西北区吕宋岛大道 6600 号

亲爱的霍克海默：

关于《哲学片断》，我迟迟没有给您写信，是因为我还没有做好充分的准备。**1** 虽然，我还没有准备好，但我觉得，我也应该先向您讲一讲我的情况。

《哲学片断》，我已经翻了两遍。可是，我的阅读不够连续，也不够集中：我经常由于办公室的工作——要么占用了我夜晚的时间，要么到晚上我已经累坏了——被迫中断几天乃至几周。其结果是：有很多段落，我不理解；也有很多观点，您对它们的阐释太过浓缩、简略，因此，我很难做进一步的探究。但是，我却必须这样做：在我有能力对它们做出回应之前，我必须先把握住片断背后的整体。因此，在华盛顿，我已决定下班后不再去阅读这些文本，而是拿着它们一起去度假，这样我可以把全部的时间和精力都投入到这上面来。

您可能不知道，没能见到您对我而言有多么遗憾。对我而言，我甚至都无法出差到纽约。现在我们正忙于战争罪行委员会（the War Crimes Commission）的工作，压力比以前还要大。而希望您能够到这里来，这个愿望也一直未能实现。 [250]

您已收到来自法兰克福的初步报告。我们希望在不久的将来可以取得更多的进展。具有象征意义的是，未受到破坏的大建筑物，只有火车总站、主要的犹太教堂以及法本公司（I. G. Farben）大厦。大学教授直到现在都没有公开表态。我们禁止一切政治活动。到处都在替曾经统治**神圣**（selige）魏玛共和国的**父辈们**（Väter）辩护：**鬼魂奏鸣曲**（Gespensterson-ate）。**2**

您要在纽约待多久？也许我有机会休几天假。

向您的妻子致以亲切的问候。

您最忠诚的赫伯特·马尔库塞

1《哲学片断》（*Philosophische Fragmente*）是霍克海默与阿多诺文本的原标题，这个文本就是后来的《启蒙辩证法》（在德文版中，原标题成了副标题，但在1972年的英译本中，却没有再使用）。在最初研究这项课题的时候，马尔库塞也是霍克海默的合作者之一，但阿多诺却最终成了霍克海默唯一的写作搭档，从这封信来看，马尔库塞整个地沉浸在了他的政府战争工作中，因而根本就没有完全地参与到该著作的创作过程中。

2 "……替曾统治神圣魏玛共和国的**父辈们**（Fathers）辩护：**鬼魂奏鸣曲**"，后者引自斯特林堡的剧作（1908）。

1946 年 4 月 6 日

华盛顿第十五街

切维蔡斯大道 4609 号

亲爱的霍克海默：

您的信是在波洛克及其夫人离开后的第二天寄到的。一如往常，用来好好讨论的时间不是很长。尽管如此，我们起码还是谈到了几个主题，而对它们做进一步讨论的必要性也再一次凸显了出来。

[251]　　对我来说，很快就会出现一个可以用来做这些事情的外部机会。您大概已经知道，国务院情报和研究局因其所谓的共产主义倾向遭到了猛烈的攻击。由于这个原因，拨款委员会暂时驳回了新的资助。常规的为达成老一套折中方案而展开的政治交易现已开始，该部门很可能在 6 月 30 日就要解散。[1]

实际上，要是这种情况真的发生了，我也不会感觉多么难过。近年来，我在"工作之余"编写和收集的材料为一本新书的形成奠定了基础，而关于该书的情况，波洛克会告诉您。该书很自然地把焦点集中在了"从未发生过的革命"这个问题上。您可能还记得我在圣莫尼卡关于语言的转变、科学管理的功能以及受严格管制的经验结构所撰写的手稿。我想把这些手稿当成该书的一部分来阐释。[2]

我该如何把这一切都纳入到您的计划中呢？您认为，在不久的将来——在反犹主义课题之后，或者与该课题同时——您有可能腾出时间来从事其他的课题吗？您有没有考虑继续刊发《社会研究杂志》（对此，我会强烈支持）？ **3** 再就是，您身体还好吧？生活过得怎么样？

希望很快就收到您的来信，向您及您的妻子致以最良好的祝愿和问候。

您的赫伯特·马尔库塞 **4**

1 国务院情报和研究局确实被关闭了，但是马尔库塞调到了国务院中欧局并担任领导，他在该局一直工作到 1951 年。

2 有关"从未发生过的革命"的反思在完稿于 1946—1947 年期间的《33 个论题》（原书第 217 页）中可以看到，而对语言、科学管理、受严格管制的经验的分析最终在《单向度的人》中被阐发了出来。在马尔库塞的档案馆中，我们没有发现他这里所提到的手稿。

3 马尔库塞一再催促霍克海默重新刊发《社会研究杂志》，并且他最后还为特刊——原本想重新发行这份关注现状的期刊，但该计划却从未实现——创作了《33 个论题》。

4 由本雅明·格雷戈翻译整理。

1946 年 8 月 22 日

华盛顿第十五街

切维蔡斯大道 4609 号

亲爱的霍克海默：

非常感谢您的来信。**1** 对于您罗列的这个时代所有不祥的征兆，我还 [252] 可以再补充很多。但对此，我们早已有所了解，并且我们先前早已经历过。最明智的办法也许就是与那些新老"上层集团"的成员——现在是德国苏占区统一社会党的领导阶层——发展或培养良好的关系。该集团的书面保证很快就会派上用场。但是，还是有人会怀疑！还是会有人认为它根本没什么用。

不过，还有一个方案，就是派我到欧洲，但是这可能得推迟一段时间，我决定一个人在伦敦逗留一两个星期。我母亲现已 70 多岁高龄，体衰多病，她以最迫切的言辞要我回去，我觉得不应该再继续长时间地推迟这趟行程了。我的计划是 9 月 21 日飞离纽约。我想我可以把行程定为从伦敦到巴黎（或荷兰），如果有什么我可以为您效劳的，请尽快告诉我。

听说正在就重新刊发《社会研究杂志》进行磋商，我非常高兴。当然，不受限制的进口在可以预见的未来几乎是不可能的，但我相信，我们能够获得官方的授权。无论如何，最重要的是，这类材料都是现成的，可以拿来就用，触手可及——其他事情到时都会水到渠成。

同时，我还在继续不断地收集我们的理论研究所需要的材料。收集到的材料已经相当可观。我原本很想把某些文件寄给您，但我还是不想把任何资料托付给邮件，因为它们大部分都是绝无仅有的，尽管还没有对它们进行"分类"。但愿我们很快就能够一起处理这些材料。

世界政坛上的所有恶棍再次把目光锁定在了犹太人身上，这有可能使您在效力于委员会的过程中感觉不到什么安慰。[2]

祝假期愉快，向您及您的妻子致以亲切的问候。

您的赫伯特·马尔库塞[3]

1 霍克海默请求马尔库塞帮助他拿到战后访问德国的签证。平民旅游是受到限制的，因此霍克海默试图取得一次受政府资助的访问机会。马尔库塞试图让他同意代表美国政府出访，并建议霍克海默与苏占区——最终成了德意志民主共和国（DDR）——的统一社会党建立联系。霍克海默收到了法兰克福大学的邀请函，并于

1948 年开始访问德国，于 1950 年返回德国社会研究所，而马尔库塞却一直留在美国生活和工作。

2 纽伦堡战争罪行审判这时正在进行，由集中营的恐怖带来的启示在媒体上得到了广泛的讨论，而霍克海默与研究所当时正在开展反犹主义的研究。　　[253]

3 由本雅明·格雷戈翻译整理。

1946 年 11 月 15 日

华盛顿第十五街

切维蔡斯大道 4609 号

亲爱的霍克海默：

感谢您的来信。这个消息比上一个更值得期待；这段时间，我一直都在为这事儿默默地祈祷。出于迷信，我不想对我所提出的、关于德国特刊的建议做详细的讨论，只想就我内心的想法说几句。**1**

可利用的材料非常广泛，包括经济学、哲学、政治理论与实践、法律、"文化的重新定位"等各个方面。不仅有各党派的正式方案，还有各党派内部的争论、政府工作人员大会的讲话、法律法规、评论、哲学小册子，等等。因此，在我们之间进行分工应该不会太困难：我们可以选择一个出现在当代辩论中的焦点问题。比如，在经济学中，围绕"放权"的形式、有限或局部的社会化、计划等形成的各种相互竞争的观点，以及有组织的工人运动对提振经济的作用。在文学中，经典没完没了的复苏（更主要的是这一复苏的作用）。在哲学中，卡尔·雅斯贝尔斯（Karl Jaspers）先生的声明。**2** 在政治理论中，社会民主主义和共产主义对马克思主义的"改造"，等等。只有以这样的方式，我们才能同样恰当地识别其他问题，因为我们能够立即把它们都追溯到一个共同的核心。当我们处在那个阶段的时候，我会仔细查阅资料，并给您寄去准确的概述和建议。

至于"外部"合作者的问题，显然，我从来没有把让·瓦尔（Jean Wahl）当成撰稿人：他十分令人厌恶，而且与我们丝毫没有共同之处。我也许会建议，梅洛－庞蒂（Merleau-Ponty），或者一位具有代表性的左翼存在主义者，比如，昂利·列斐伏尔（Henri Lefevbre）、查尔斯·贝特兰（Charles Bettelheim）、皮埃尔·纳维尔（Pierre Naville）。在名气不大的年轻学者中，斯蒂凡诺（Stefano）在翻译黑格尔方面成绩卓著。在巴黎的德国人中，弗里茨·迈耶（Fritz Meyer）可算一位。为提高销量，我[254]们可以说服名人萨特（Sartre），让他也写一篇文章在读过《现代》（*Temps Modernes*）这份杂志中他对历史唯物主义所做的批判性探讨后，我认为他决不会使我们名誉受损。[3]

另一方面，在英国，说实话，我没有见到任何我能叫得上名来的学者。理查德·洛文塔尔（Richard Löwenthal）极其聪明，但却令人讨厌。鲁道夫·施莱辛格（Rudolf Schlesinger）要好些，但却特别忙。[4] 然而，不幸的是，在往后的日子里，我们仍然需要操心这些事情。要是我们早已处在那个阶段该多好啊。

希望很快就能收到您的来信。

向您及您的妻子致以亲切的问候。

您的赫伯特·马尔库塞 [5]

1 霍克海默跟马尔库塞讨论了借由专门研究德国的特刊来重新发行《社会研究杂志》的可能性。马尔库塞在此列举了可能会用到的、可能会处理的材料与话题。

2 德国哲学家雅斯贝尔斯战争期间在瑞士度过，是为数不多的几位没有支持民族社会主义的重要的哲学家之一，他在战后德国甚至在国际知识界都颇具声望。

　　3 让·瓦尔是法国存在主义的领军人物，他写过关于克尔凯郭尔与海德格尔的著作。梅洛－庞蒂把存在主义、现象学与马克思主义结合了起来，列斐伏尔、贝特兰以及纳维尔都是具有代表性的马克思主义知识分子，斯蒂凡诺是一位黑格尔学者。"弗里茨·迈耶"可能说的是汉斯·迈耶，战争期间，他在巴黎一直受研究所的资助，后来成了德国重要的文学批评家，迈耶与霍克海默的关系很密切，两人在20世纪40年代有许多书信往复。当然，萨特是当时法国知识分子的代表人物，他在这期间渐渐地走向了马克思主义。

　　4 理查德·洛文塔尔是流亡英国的德国政治科学家，他写过极权主义、资本主义与社会主义方面的著作，而鲁道夫·施莱辛格则是一位德国文学评论家，他曾出版过研究苏联文学的著作，也曾就研究所杂志中的话题发表过文章。

　　5 由本雅明·格雷戈翻译整理。

1947年2月9日

华盛顿第十五街

切维蔡斯大道4609号

亲爱的霍克海默：

　　首先向您致以亲切的问候，祝您生日快乐。我曾希望1947年的这一天，我们已然在一起合作了，但是我现在不得不再次延缓这一希望。几天前，我在纽约与波洛克做了深入的交谈，他会亲自告诉您。需要说的是，再次延缓对我来说无论从主观上还是客观上都是难以接受的。这种说法也适用于《社会研究杂志》。我认为，现在重新刊发该杂志甚至比三个月前更具必要性——在充分考虑洛文塔尔的反驳之后。我已经完成了自己需要准备的那一小部分：我（而我却担心，只是我一个人）已准备好了我们上 [255]

次见面时取得一致意见的那些报告。它们仅仅是些笔记。不过，我正在对它们做进一步的阐释，由于还没有完成，我只能将很快就打印出来的第一部分寄给您。也许这样能够继续我们的讨论。[1]

不幸的是，这件事又要被打断了，因为我要从 4 月 1 日起离开三个月，前往德国和奥地利。[2] 波洛克和我都认为，我还是应该去一趟。如果在我离开之前，您能够让我知道您的意见与计划，我将感激不尽。

我想借此机会请您帮个忙。在我离开的时候，希望您能妥善保管我的那几本书。我记得，那些书中，有几本爱德华·伯恩施坦和托洛茨基的著作，现在我可能要用来做研究。如果您不再需要它们了，您可否让洛文塔尔一块儿带上？当然，如果您想摆脱这堆书的话，我现在就可以卸下您的负担。

希望很快就能收到您的来信。再次携家人向您及您的妻子致以最亲切的祝愿和问候。

您的赫伯特·马尔库塞 [3]

1 马尔库塞指的是《33 个论题》，该文稿完成于 1947 年，也被纳入了本卷。马尔库塞说得对，霍克海默、阿多诺及其他研究所成员可能都没有撰写，尽管在 1948 年 12 月 29 日致马尔库塞的信中，霍克海默指出，他与阿多诺正计划以马尔库塞这种以分段的形式撰写关于当代现状的文章，还指出他正在重新考虑研究所杂志重新刊发的事宜——可是这些想法最终却毫无结果。

2 在马尔库塞所提到的这次访问期间，他拜访了自己以前的哲学老师海德格尔；参见他们的通信（原书第 263 页及以下）。

3 由本雅明·格雷戈翻译整理。

1947 年 7 月 18 日

华盛顿第十五街

切维蔡斯大道 4609 号

亲爱的霍克海默：

　　我十分感谢您的来信，也感谢您能邀请我到加利福尼亚。我当然很乐意接受。但恼人的是，这一切都得取决于办公室的情况。下周，我们　　[256] 要驱车到新罕布什尔州短暂地休息一下。但是，我必须在 8 月份第二周的第一天就得赶回华盛顿。那时候，鲁尔区的英美会议（对此，我们做了大量的工作）也快结束了，而会议的决议将决定我们下一步的工作分配。不管怎样，我希望 8 月底或最晚 9 月初出去一趟。[1] 如果您那个时候方便，就请告诉我。

　　我已拜读了您的大作。[2] 此时此刻，我只想说，我完全赞同您的观点。只是您得尽快诠释一切您在文中仅稍作暗示的观点——尤其是那些最让我担忧的观点：理性（reason）这个已经变成了全面的操纵与权力的理念，即使如此它还是理性，也就是说，系统的真正恐怖之处更多的是来自理性而不是非理性。当然，这就是您**所说**的——但您仍然需要对读者讲得详细些——其他人都不能做也不愿做的事情。最后，我想跟您讨论一下这个问题。您分析指出，德国的形势已处在一个高级的发展阶段，而根据却是否定性的理性在德国变成了肯定性的非理性。

　　这个还需要再提醒您吗？我已经与很多问起《社会研究杂志》的学者做了交流。印刷品现在又可以进口到德国了。

　　希望不久就能再次见到您。

您的赫伯特·马尔库塞 [3]

1 马尔库塞曾在秋季拜访过霍克海默，霍克海默在 1947 年 10 月 3 日致洛文塔尔的信中写道："马尔库塞的到访简直太愉快了。作为一项可能要实施的计划，他为《社会研究杂志》撰写的论题，尤其是第二部分，包含着很多极为出色的、有关我早有耳闻的这类话题的阐释。由于既满足愿望又保持与旧版本差不多规模地出版《社会研究杂志》，有可能占用我们大量的共同时间，还有可能带来极大的风险，所以，我们考虑办一份较小规模的期刊，该期刊将专门致力于文化批判（比如，对书籍、期刊、戏剧、电影、乐曲等客观精神领域中各种作品的批判）……在未来的几个月里，我们每个人可能都得写一篇文章。"但这个建议最终也没有任何结果。

2 马尔库塞指的是霍克海默在 1946 年为征求意见而分发给同事的《理性之蚀》（*Eclipse of Reason*），这本书于 1947 年出版。显然，他在这期间从未对《启蒙辩证法》做过详细的评论，可是在 1978 年 12 月在拉荷亚（La Jolla）的访谈中，他却告诉我说，该书是"批判理论的真实的表现形式"。

3 由本雅明·格雷戈翻译整理。

[257]   1947 年 10 月 17 日

华盛顿第十五街

切维蔡斯大道 4609 号

亲爱的霍克海默：

在洛杉矶的那段时光，我要特别感谢您，因为对我来说很有意义，并且又使我对未来充满了希望。我立即开始了我的整个工作，并且本着我们讨论的精神，对这些论题做了补充。受我们讨论的启发，其他作品也会随之而来。

前几天，我收到了一封来自德国的书信，告诉我说，我的一位老熟人——一名前德国的社会学家，之前在柏林效力于军事政府，刚回来，目前在一所美国大学工作——想要创办一份美籍德国人的社会研究杂志。筹备工作已经全面展开。幸运的是，他的德国出版商问我觉得他的资格怎么样。我对此做了否定的回答，我说，我认为现如今在德国出版这样一份刊物是要承担巨大的责任的，因此不应该交给某些仅仅炒冷饭、讲废话的人。我想我已经把这事儿解决了。

为了找到与这项计划实施的专家使命（expert-missions）相关的资料，我又联系了罗伯特·施密特（Robert Schmid）。您对德国的施佩尔反犹主义委员会（the Speier Committee on Anti-Semitism）有何看法？**1**

随同这封信，我还给您寄去了《藐视人性录》（*Dokumente der Menschenverachtung*）和海德格尔的《真理的本质》（*Vom Wesen der Wahrheit*）。后一本书是给您的；而《藐视人性录》需要您在用完以后再还给我。

希望很快就能收到您的来信。再次携我妻子向您及您的妻子致以最亲切的祝愿和问候。

您的赫伯特·马尔库塞

您有没有想过要起草一份研究所的计划？ **2**

---

1 我没有发现任何关于罗伯特·施密特的传记材料。施佩尔反犹主义委员会的领导者是汉斯·施佩尔（Hans Speier），他是一位德国社会学家，于 1932 年就已经移居美国，曾在社会研究新学院任教，在 1942—1947 年这段时期效力于美国联邦政府。

2 由本雅明·格雷戈翻译整理。

[258]

1949 年 1 月 20 日

华盛顿第十五街

切维蔡斯大道 4609 号

亲爱的霍克海默：

　　糟糕的是，您的德国之行至今还悬而未决。上一周在五角大楼，我又问了一遍，他们的答复是，电报在圣诞节期间就已经发过去了，但至今还没有收到答复。[1] 我不想太过着急地催促这些人，因为他们只会建议我下周后再来联系他们。洛文塔尔肯定同您说起过，在这期间，我与他草拟了一份您关于社会研究最新趋势的演讲的简短的纲要，而该大纲是五角大楼要求我做的。当然，它绝不会让您承担任何义务，而是有可能被埋没在五角大楼的文件堆里——我们的目的是表明该演讲与美国军事政府办事处（OMGUS）的"社会科学规划"相一致。因为我们太着急，所以没能也没想拿这事儿麻烦您。

　　我满怀妒忌地把您的研究通读了一遍，唯一希望的就是我也能够加入您的研究。如果您的行程最终未能如愿，我想那时我们可以至少在夏天做一次充分的讨论！通过书面的形式展开简直太难了。卢卡奇那本关于黑格尔的书，我只读了一半，我认为摧毁神话非常有意义。[2] 至于我，由于 2 月份我要接着在哥伦比亚大学俄罗斯研究所做关于辩证唯物主义的报告，所以我再一次把时间都花在了马克思主义理论上。我总会赶上一些无比兴奋的事儿，它们与我在政府机关学到的东西紧密相关，让我感到特别激动。[3] 另外，我为《美国历史评论》（*American Historical Review*）撰写了一篇批判阿克顿勋爵（Lord Acton）《自由与权力》（*Essays on Freedom and Power*）的文章，现在我希望自己能够真正开始为《哲学杂志》（*Journal of Philosophy*）撰写一篇关于维柯（Vico）的文章。**4**

无论如何，都希望不久就能再次见到您，我携我妻子向您及您的妻子致以最良好的祝愿。

您的赫伯特·马尔库塞 **5**

1 为使霍克海默能够到德国法兰克福大学做演讲，马尔库塞一直都在试图利用自己在国务院的关系来帮助他办理一个护照。

2 Georg Lukàcs, *Der Junge Hegel*; translated The Young Hegel. London: Merlin Press, 1975.

3 马尔库塞曾在 1949 年 2 月以及 50 年代末于哥伦比亚大学的俄罗斯研究所做过报告；他在 1949 年 3 月 30 日致霍克海默的信中提到，他收到了俄罗斯研究所颁发的高级研究员聘书，他可以在那里学习俄语并从事俄国马克思主义的研究。该工作的最终成果就是后来他在哈佛大学完成的《苏联的马克思主义》。

4 马尔库塞对阿克顿《自由与权力》的评论刊载于《美国历史评论》〔*American Historical Review*, 54, 3（April 1949），pp. 447–9〕，而关于维柯的文章却从未发表，并且在马尔库塞的档案馆中也没有发现，因此可以猜测，他从未写过这样的文章。 [259]

由本雅明·格雷戈翻译整理。

1949 年 3 月 30 日
华盛顿第十五街
切维蔡斯大道 4609 号

亲爱的霍克海默：

情况发生了新变化，它涉及很多的问题，我想向您报告一下，和您做一下讨论，听听您的建议——哥伦比亚大学俄罗斯研究所要聘请我为高级研究员。各项津贴，总计 5000 美元，聘期两年，除学习俄语（在研究员津贴的资助下进行）以外，没有其他职责。这份聘书是报告带给我的。在担任研究员期间，我所从事的是与开始于 20 世纪初的西方社会的变革密切相关的俄国马克思主义（从俄罗斯共产党的分裂到斯大林主义的最新表现）研究。该研究可以出版一本书（但并不是一定要在俄罗斯研究所的资助下出版）。在两年结束后，研究所不承担任何义务和责任；可是，我听说，他们很有可能会给一个相当不错的学术职位，因为他们有很多非常好的关系。

　　具体情况就是这样。这会带来很多问题：我必须得在纽约工作，因为，我想利用研究所的条件，还想参加研究人员的交流讨论与专题研讨。我最多可以向国务院申请一年的假期，但两年是绝对不可能的；因此，我一年后就得辞掉国务院的工作。

　　如您所见，风险很高，尤其是考虑到我现在的职位特别稳定（当然，这绝不包括，假如这个政府机构被撤销了或出于其他原因，我被解雇了）。我的收入也会大大减少。另一方面，对我来说，我（请允许我说：我们）似乎没有任何权利拒绝这份工作，这也许是我能获得的最后一份工作。如果一个人有机会去做可以在我们天国的法庭面前蒙恩的工作，他是绝不会以继续我现在这样的职务为己任的。研究员期间的研究计划会使我有充足的时间来写我们（至少在非常大的程度上，在某些领域）想写的东西，而我也期待我们能够真正地携起手来。这些技术性的安排很容易就会实现。在那里，我会有充足的时间来完成一部分与您共同承担的工作。

[260]

　　当然，最大的障碍仍然还是物质基础。在新的安排下，5000 美元根本就无法维持我的生活，特别是我现在还要赡养我的母亲。您愿意为我提供额外的补助吗？我完全清楚财务状况，但我还是希望您能同意。我可以向您保证，我的回报，也就是最终的成果，会使您获得更高的声望，并且我还可以保证，您绝对不会感到后悔。当然，如果您现在可以安排我全职参与您的工作和我们共同的工作，情况就会完全不同；如若这样，我会很高兴地拒绝这份工作，并辞掉我现在的职务。不管怎样都由您来决定，不过决定不能再拖延了。因为说时间不多了，那也只是一种很保守的说法。[1]

我携我妻子向您及您的妻子致以最亲切的祝愿和问候。

您最忠诚的赫伯特·马尔库塞

[1] 马尔库塞请求霍克海默继续为他提供资助以确保他能够从事学术工作。但后来，马尔库塞的妻子苏菲得了癌症，他就留在了华盛顿，从事国务院的工作，直到1951年妻子去世，他才接受了哥伦比亚大学俄罗斯研究所的那份工作。

✝

海德格尔

[262] 马尔库塞与海德格尔的这些往复书信见于马尔库塞的档案馆；理查德·沃林将它们翻译成了英文，感谢他准许我们在这里发表他的译作。

[263] 海德格尔与马尔库塞的通信对话

马尔库塞致海德格尔（1947 年 8 月 28 日）

华盛顿第十五街

切维蔡斯大道 4609 号

亲爱的海德格尔先生：

对您在我访问托特瑙期间告诉我的事情，我思考了很长时间，想就此毫不掩饰地致信于您。[1]

您说您完全脱离了 1934 年的纳粹政权，在您的讲座中您对之做了极其严厉的批评，并且您还受到了盖世太保的监视。我对此毫不怀疑。但依然未变的一个事实是，在 1933 年您与那个政权的联系简直太过紧密了，以至于今天在许多人看来您都是那个政权最强烈的知识界支持者之一。[2]

您那个时期的讲演、著作和论文可以作证。您从来都没有公开撤回它们，甚至 1945 年之后也没有。您从来都没有公开解释您已得出新的判断，从来没有公开解释它们与您在 1933—1934 年明确阐述的、在您的作品中清楚表达的那些判断的不同之处。1934 年之后，虽然您本可以在国外几乎任何地方谋个职位，但您却还是留在了德国。您从来没有公开谴责那个政权的任何行为或意识形态。正因为如此，您今天仍然被认定为纳粹政权的同谋。我们中的许多人一直都希望能看到您的一份声明，一份能够完全彻底把您从该认定中解脱出来的声明，一份真诚地表达您对已经发生的事件 [264] 的当前态度的声明。但您从来没有发表过这样的声明，至少在私人领域没有发表过。我及其他很多人一直以来都很敬仰身为哲学家的您；我们从您身上获得的教诲不胜枚举。但是，我们无法区分身为哲学家的海德格尔和身为常人的海德格尔，因为这与您自己的哲学相矛盾。哲学家有可能会受到相关政治事务的蒙蔽；在这种情况下，他会公开承认自己的错误。但他不可能会受到一个屠杀数百万犹太人（仅仅因为他们是犹太人）的政权的蒙蔽，因为这个政权把恐怖变成了日常现象，把一切与精神、自由和真理的理念相关的东西都抛入了血腥的对立面。从任何一个角度都可以想象得到这个政权是对您自己曾经强有力地阐释并极力维护的西方哲学传统的致命讽刺。而如果该政权不是对这个传统的讽刺而是它在现实中的最高体现，那在这种情况下，也就不可能有什么蒙蔽，因为那时您将不得不控诉或否定整个传统。

您真想以此方式被载入思想史吗？任何反对这种普遍误解的尝试都会在拒绝严肃地对待某个纳粹意识形态拥护者的共同抵制面前遭遇失败。常识（在知识界也一样）是这类抵制的重要证据，它拒绝把您当成一位哲学家，因为哲学和纳粹主义势不两立。在该判决中，常识是正当的。我想再说一次：只有您就您已改变的看法做一个公开声明，您（和我们）才能反对把您的人品、您的作品与纳粹主义等同起来（以此避免您的哲学的解体）。

本周我会给您寄一个包裹。对此，我的朋友们强烈反对，指责我帮助一个认同那个把我的数百万同胞送进毒气室的政权的人（为防止误会，我要说的是，不单单因为我是一个犹太人，我才是一名反纳粹者，而是即使我是一个"百分百的雅利安人"，我从一开始也会出于政治、社会和知识的理由而是一名反纳粹者）。任何理由都无法反驳这个观点。我从良心深处这样来替自己辩解，即我是在给一位我在 1928—1932 年期间向其学习哲学的人寄包裹。我也知道这是一个不能自圆其说的托词。1933—1934年的哲学家不可能完全有别于 1933 年之前的哲学家；由于您是以哲学术语来表达和支持您对纳粹国家的热情辩护的，因此这种差别其实更少。

1 在 1947 年 2 月 9 日马尔库塞致霍克海默的信中（原书第 254 页），马尔库塞提到，他正在准备一次为期 3 个月的对德国和奥地利的访问，4 月 1 日动身。在此次部分地与他在国务院的活动相关的访问期间，马尔库塞到黑森林托特瑙山小木屋拜访了海德格尔，并在回到美国后与他有过书信往复。

2 关于海德格尔与纳粹关系的争议，参见 Richard Wolin（ed.），*The Heidegger Controversy: A Critical Reader*（New York: Columbia University Press, 1991）。

海德格尔致马尔库塞（1948 年 1 月 20 日）

如果可以从您的来信断定的话，可以说，您非常关注（正在形成的）有关我的作品和人品的正确判断，正因为如此您的来信也恰好表明，同那些自 1933 年就一直不在德国并且从民族社会主义运动的结果来判断它的开端的人对话有多么困难。

关于您信中的主要问题，我要说的是：

1. 关于 1933 年：我期望能够从民族社会主义中获得一次整个生命在精神上的复苏，社会对抗的一次和解，一次使西方此在（Dasein）免于共产主义危险的救赎。这些信念在我的校长就职演讲（您有没有**完整地**读过此文?）、一次论"科学的本质"的讲座和两次对［弗莱堡］大学学生的演讲中都有表达。还有一份长约 25—30 行的竞选呼吁，刊在［弗莱堡］学生报纸上。今天我认为其中的一些句子具有误导性［Entgleisung］。

2. 1934 年，我认识到了我的政治错误，为了向国家和党表示抗议，我辞去了校长一职。第 1 点［即海德格尔的党内活动］在德国与国外被政治宣传利用了，而第 2 点［他的辞职］同样出于宣传的理由而被掩盖了，这未能引起我的注意，更不能被用来反对我。

3. 您说得完全正确，我没有提供一个公开的、容易理解的表示反对的声明；这本该是我和我家人的最终目标。在这一点上，雅斯贝尔斯说过：我们仍然活着就是我们的罪过。

4. 在 1933—1944 年我的讲座和课程中，我形成了一种立场，它是如此明确以至于我的学生没有一个成为纳粹意识形态的牺牲品。我这段时期的著作，如果它们能够得以问世，将会证明这个事实。

5. 1945 年以后要发布一份声明对我来说是难以忍受的：纳粹的支持者以最令人憎恶的方式宣告着自己的变节；然而，我与他们毫无共同之处。 ［266］

6. 关于您对有效性问题的控诉，也就是您所讲的"这个政权把恐怖变成了日常现象，把一切与精神、自由和真理的理念相关的东西都抛入了血腥的对立面"，我只想补充一句，即如果您把"犹太人"换成"东德人"［即东部领土上的德国人］，那么同样的控诉也适用于同盟国，区别是 1945 年以来所发生的一切事情众所周知，但纳粹的血腥恐怖事实上却一直瞒着德国人民。

马尔库塞致海德格尔（1948 年 5 月 12 日）

华盛顿第十五街

切维蔡斯大道 4609 号

亲爱的海德格尔先生：

就是否该回复您 1 月 20 日的来信，我犹豫再三。您说得对，的确很难与那些自从 1933 年以来就不在德国的人进行对话。但我认为，很难对话的原因不在于我们对纳粹主义统治下的德国情势缺乏认识。我们对此非常清楚，甚至有可能比身处德国的人更清楚。我在 1947 年与许多这样的人的直接接触使我确信这一点。很难对话的原因也不能被解释成我们都是"从民族社会主义的结果来判断它的开端"。我们都知道，当然我也知道，开端已经包含了结果。很难对话在我看来须由下面的事实来解释，即身处德国的人接触到的一切概念和情感都完全发生了颠倒，而他们中的很多人轻易地接受了这种颠倒。否则，根本无法解释一位像您这样能比其他人更好地理解西方哲学的人能够从纳粹主义中看到一次"整个生命在精神上的复苏"、"一次使西方此在免于共产主义危险的救赎"（然而，共产主义本身是那个此在的一个本质组成部分！），这不是一个政治问题，而是一个理智问题——我不得不说，这是一个认知问题，一个真理问题。您，一位哲学家，是不是把西方此在的消灭与复苏混淆了？难道这种消灭不是早

[267]　在 1933 年之前很久就已清楚地呈现在"领袖"的每一句话与纳粹冲锋队

的每个姿势和行动中了吗?

　　不过，我只想处理您来信的一部分，否则我的沉默就会被解释成同谋关系。

　　您信中讲道，如果把"犹太人"换成"东德人"，那么我关于灭绝犹太人所说的话就都同样适用于同盟国。您这句话，难道不是站到人与人之间的对话在其中有可能发生的维度、即逻各斯之外了吗? 因为只有站在逻辑维度之外，才有可能通过说别人也会做同样的事情来解释、相对化 [auszugleichen] 和"理解"一种罪行。我还想问的是，怎么可能把数百万人所遭到的折磨、伤害和毁灭与那些没有经受过任何此类暴行（也许几个例外情况得除外）的团体所受到的强制性的人口重置相提并论呢? 站在今天的立场上，纳粹集中营与战后年代的放逐和拘禁的差别是人性与非人性的差别，它们有着天壤之别。按照您的说法，同盟国应该把奥斯维辛和布痕瓦尔德以及那里所发生的一切都留给"东德人"和纳粹党人，只有这样您的解释才适合! 然而，如果把非人性与人性之间的差异简化为这种错误的微积分，这就会变成纳粹体制——已经向世界证明西方此在在他们两千多年之后能够对自己的同胞做些什么——的世界历史性罪过。种子似乎早已落入了沃土：我们也许仍在经受某些开始于 1933 年的东西的延续。我无法断定您是否仍然视之为一种"复苏"。

[268]

索　引^①

A

---

① 所标页码为英文原版页码。——编者注

D

G

Geist，精神，153

Gemüt，性情，154

Gentile, G.，景体勒，104

German Artist-Novel，The，《论德国艺术小说》，29 脚注，30

German Labor Show，《德国劳动节目》，174

German Popular Psychology and Its Implications for Propaganda Policy，《德国民众心理及其对宣传政策的意义》，174

Germany，德国：Academy for German Law，德国法律学院，78；Allied occupation，同盟国占领，196；anti-bourgeois，反资产阶级，154；anti-capitalism，反资本主义，156，166 与脚注，182；anti-semitism，反犹主义，90，144，240 尾注，242 与尾注，244 与尾注，245，251，252 尾注，257 与尾注；army，军队、陆军，69—70，76，77，78，183，190；art，艺术，89—92，153，199—214；behavior，行为，154；bureaucracy，官僚体制，58—9，77，78，154，181；character，性格，152，153；chauvinism，沙文主义，17，235 与尾注，237，239，240 与尾注；competition，竞争，80；customs，风俗，154；de-Nazification，去纳粹化，20，23；distinction between people and Nazi regime，民众与纳粹政权之间的差异，160，166，181—2，237; East Germany，东德，252 与尾释，266；efficiency，效率，141；fatalism，宿命论，144；feudalism，封建主义，154；Fourteen Years，十四年，167—8；German Labor Front，德国劳工阵线，70，74，81，82；German-occupied territories，德国侵占的领土，194；Gestapo，盖世太保，78，81，161，176，207，263；Historical School，历史学派，113，121；Hitler's rise to power，希特勒登上权力顶峰，3，69，169；idealism，观念论，102，123—4；individualism，个人主义，67—92，154；industry，工业，51，74，78，162，171；investments，投资，175；Kultur，文化，141；labor，工人、劳动，21，158，159，162，175，176，220，246，248；language，语 言，148—52；literature，文学，144，152，153；logic，逻辑，148—52; Luftwaffe，纳粹德国空

N

O

P

S

[278]

责任编辑：曹　春　刘可扬
封面设计：木　辛　汪　莹

图书在版编目（CIP）数据

马尔库塞文集.第一卷，技术、战争与法西斯主义／（美）赫伯特·马尔库塞 著；
　高海青，冯波 译 . —北京：人民出版社，2019.1（2024.6 重印）
书名原文：COLLECTED PAPERS OF HERBERT MARCUSE VOLUME
ONE TECHNOLOGY, WAR AND FASCISM
ISBN 978－7－01－017344－3

I. ①马… 　II. ①赫…②高…③冯… 　III. ①马尔库塞（Marcuse, Herbert
　1898–1979）– 哲学思想 – 文集　IV. ① B712.59–53

中国版本图书馆 CIP 数据核字（2017）第 028487 号

马尔库塞文集　第一卷
技术、战争与法西斯主义
MA'ERKUSAI WENJI DIYIJUAN
JISHU ZHANZHENG YU FAXISI ZHUYI

[美] 赫伯特·马尔库塞　著

高海青　冯波　译

人民出版社 出版发行
（100706　北京市东城区隆福寺街 99 号）

北京新华印刷有限公司印刷　新华书店经销

2019 年 1 月第 1 版　2024 年 6 月北京第 2 次印刷
开本：710 毫米 ×1000 毫米 1/16　印张：23.25
字数：288 千字

ISBN 978－7－01－017344－3　定价：138.00 元

邮购地址 100706　北京市东城区隆福寺街 99 号
人民东方图书销售中心　电话（010）65250042　65289539